FAZHI SHIYEXIA
DE WENXUE
YU YUYAN

WENXUE YUYAN
FAZHI XUESHU
YANTAOHUI LUNWENJI

法治视野下的文学与语言

“文学 · 语言 · 法治”
学术研讨会论文集

中国政法大学人文学院中文系 编

当代中国出版社
Contemporary China Publishing House
2017 年 · 北京

图书在版编目(CIP)数据

法治视野下的文学与语言:“文学·语言·法治”学术研讨会论文集 / 中国政法大学人文学院中文系编. -- 北京:当代中国出版社, 2017.8
ISBN 978-7-5154-0777-7

Ⅰ. ①法… Ⅱ. ①中… Ⅲ. ①法治—中国—文集 Ⅳ. ①D920.4-53

中国版本图书馆 CIP 数据核字(2017)第 070936 号

出 版 人　曹宏举
责任编辑　姜楷杰
责任校对　康　莹
封面设计　古涧文化
出版发行　当代中国出版社
地　　址　北京市地安门西大街旌勇里 8 号
网　　址　http://www.ddzg.net　邮箱:ddzgcbs@sina.com
邮政编码　100009
编 辑 部　(010)66572264　66572154　66572132　66572180
市 场 部　(010)66572281　66572161　66572157　83221785
印　　刷　北京润田金辉印刷有限公司
开　　本　720 毫米×1020 毫米　1/16
印　　张　17.25 印张　1 插页　291 千字
版　　次　2017 年 8 月第 1 版
印　　次　2017 年 8 月第 1 次印刷
定　　价　50.00 元

目录

语言与法治

前言一　寻找司法文明与法治文化的连接点*

“司法文明与法治文化”高端论坛，主题是“文学·语言·法治”。

当初与李德顺老师和文兵院长商量组织这个论坛，是因为李德顺老师一直倡导法治文化研究，我们就想在司法文明和法治文化之间寻找一些关联。就司法文明来说，我们2013年申报国家“2011计划”，当时提出这个概念，主要是从司法在法治国家建设中的地位和作用来考虑的。法学界一直在讨论“书本中的法律”（“死的”法律）和“行动中的法律”（“活的”法律），我国2010年宣布社会主义法律体系基本建成，主要是指立法的任务基本完成，但司法文明建设还有许多重要的任务没有完成，司法就是行动中的法律。因此，2010年对我国法治建设来说是一个转折点，即法治建设的主要任务开始从立法转向司法。

司法在法治中的重要作用，有两个佐证。一个是WJP（世界法治指数），把法治这个抽象的概念定量化了，在法治的九个一级指标中，司法占了三个：即刑事司法、民事司法和非正式司法。就是说，司法在法治中占了三分之一的比重。在十八届四中全会《中共中央关于全面推进依法治国若干重大问题的决定》中，我检索“法治”一词共出现111次，“司法”一词出现73次，司法所占的比重是73/111，占了65.8%。举出这两个数字是要说明，司法是法治的一个重要组成部分，司法文明建设是法治文明建设的一个重要组成部分。

我们再来看司法文明的内涵和外延。从内涵上看，司法文明是与愚昧司法、野蛮司法相对的概念，指的是人类司法从野蛮走向开化的进程。当然，

---

* 本文系作者在首届“司法文明与法治文化”高端论坛——“文学·语言·法治”学术研讨会的发言。

司法文明又是一个历史的概念，在上千年的人类司法史上，亚里士多德和包公时代的司法文明，与现代以法治为基本坐标的司法文明还有本质区别。比如，与古代神明裁判相比，近代司法重口供、轻神明就更文明一些；但是，如果以现代法治文明的尺度来衡量，专制的口供裁判与证据裁判相比，显然就是野蛮而不是文明了。我记得去年下半年，中国法学会在北京航空航天大学开了一个关于司法规律的研讨会，有人提出，中国司法改革要借鉴五千年的司法规律，我发言时对这个观点不敢苟同。我认为，中国司法文明建设指的是建设现代司法文明，它是建立在现代法治文明基础上的，现代司法文明建设必须始终坚持法治文明的基本坐标和基本方向，否则就会迷失方向。所以要把司法文明纳入法治文化的轨道。社会主义司法文明，显然不是包公那个时代动辄“大刑伺候”的司法文明。

从外延上讲，我们对司法文明的理解包括四个领域：司法制度、司法运作、司法主体、司法文化。司法文化涉及司法的价值观念、思维模式、行为准则等。理性的司法文化是人们在司法活动中形成的司法智慧。

从对司法文明内涵和外延的理解出发，我们中心 2014~2015 年研究开发了一个司法文明指数指标体系。这是从 WJP 世界法治指数受到的启发，如果可以用 10 个一级指标和 47 个二级指标来界定“什么叫法治”，可以用 10 句话或者 47 句话来界定它。我们也应该可以用 10 个一级指标和 36 个二级指标来界定“什么叫司法文明”。在这 10 个一级指标中，指标 1 是司法权力（power），是要加以限制的公权力。对这个指标的测量依据，就是十八届四中全会决定所讲的六个字“依法、独立、公正”行使。指标 2 当事人诉讼权利（rights），是要大力加以保障的私权利，无论从我国《宪法》还是从四中全会《决定》关于保障人权的要求来看，还有就是我们看最近陈光中先生在呼吁全国人大常委会尽快批准《公民权利和政治权利国际公约》，实际上都与老百姓的诉讼权利保障相关。指标 3~5 是刑事诉讼程序、民事诉讼程序和行政诉讼程序。指标 6 证据制度。指标 7 司法腐败遏制，最近我们翻译了《马萨诸塞州司法行为准则》，从中可以看出美国通过法官行为自律来维护独立、公正司法的制度设计思路。指标 8 是法律职业化，最近我们受中央政法委的委托，对 10 个省的司法员额制和司法责任制的两项改革进行了评估，这两项改革都涉及到法律职业化问题。指标 9 司法公开与司法公信力。指标 10 就是司法文化，从狭义的角度来说，司法文化和法治文化的关系，我们觉得是更加密切的。

在司法文化这个一级指标中，我们设了4个二级指标（10.1~10.4）。10.1公众参与司法的意识及程度。一个国家的公众参与司法的程度有多深，或者说对这种参与有没有一种主人翁或主体意识，当然可以用很多题目来测量它，我们设计的一个问题是“如果你有做人民陪审员的机会，你是否愿意去做人民陪审员？”问卷是分省做的，我们看到有些省的指数统计出来很低，一些地区民众觉得审判就是法官的事，和普通百姓没什么关系；很多被调查者甚至对什么是人民陪审员制度也不太了解。这反映出公众参与司法的意识还比较淡薄。10.2公众诉诸司法的意识及程度，这是测量公众运用司法维护自身合法权益的情况。我们看到有很多文章说，中国改革开放之后，特别是进入21世纪之后，利益关系处于转型时期，各种社会矛盾凸显出来，大家的诉讼意识在提高。我们刚去了珠江三角洲调研，那里的诉讼数量每年增长一倍，浙江等东南沿海地区的案件量也是成倍增长，特别是去年民事诉讼实行了立案登记制度。

10.3公众接受司法裁判的意识及程度，10.4公众接受现代刑罚理念的意识和程度，这两个指标也很能反映司法文化或法治文化的程度。比较明显的是涉诉信访，这与中国传统司法文化有密切关系。大家在谈论报复性司法和恢复性司法的时候，都会追溯到亚里士多德的矫正正义思想，他讲得很清楚，什么叫公正呢？如果一个人把你的一个眼球打出来，公正就是要把他的两个眼球打出来，矫正正义是矫枉过正。像刑罚理念中的死刑，刘邦提出约法三章，其中第一条是杀人者死！中国人这种刑罚观念很浓，认为这是天经地义的事情。我们法大门口的地下通道里有很多时候住着上访的人，有的人有很好的工作，你要问他有什么冤屈呀，他说女儿被人杀了，法院判了被告人一个死缓。他说我这辈子的生命价值，就是要还我女儿一个正义。我一定要上访，把那个人从死缓上访成死刑立即执行。大家看，这位上访者头脑中固有的还是刘邦两千多年前提出的那个杀人者死的刑罚理念。这与现代刑罚理念的差别有很大呢！大概是2010年吧，北京有人杀了一个17岁德国男孩，很多记者去采访那个德国男孩的妈妈，你有什么要求，似乎是想安慰她，我们中国人一定要给你主持公道。但是，那个德国男孩的妈妈却说，如果问我有什么要求，那就是希望不要判杀我儿子的那个人死刑。后来又看到有报道好像是安徽，有一个灭门案，杀了德国人一家四口，他们的亲属过来也是说了同样的话。这就涉及深层的法治文化、司法文化了。按照现代恢复性司法理念，犯罪被看作是一种社会疾病。如果犯罪是一种“疾病”，那法院就是“医院”了，公安机关和检察院就是医院的预诊部，宗旨都是治病救人。人家病人来看病，就要把病给人治好，让他重归社会。而不能到了医院有去无回，把人给治死，那谁还敢去医院看病呀？

关于司法文化或法治文化其实还有很多话题。比如我们的法院文化；我们现在宣传无罪推定原则，但还有被告人带着戒具、穿着囚服被关在被告围栏中受审；不久前四川阆中的公捕公判大会。根据《中国司法文明指数 2015》问卷调查获得的数据：“公众接受现代刑罚理念的意识及程度”项，全国 20 个省平均得分仅为 63.6 分。不仅是被害人及其家属的司法文化还停留在“杀人偿命”的报复性司法阶段，缺乏对“犯罪是一种社会疾病”的现代恢复性司法理念的认知，一些地方政府和司法机关也热衷于召开公捕、公判大会，以发挥其震慑作用，而且还得到公众的认同。我们在 20 个省市的公众调查数据显示：对于在公共场所举行公捕、公判大会，受访公众中有六成（65.4%）表示支持，其中 26.4% 的公众表示坚决支持。因此，在普法教育中增加有关大众司法文化方面的内容，特别是现代司法理念、现代刑罚理念和人权保障等方面的教育，就显得十分必要。

最后就是司法文明和这次会议的主题“文学·语言·法治”。文学和法律的关系，我看苏力译过波斯纳有关这方面的书。我想从另一个角度来说说我们证据法对文学、语言理论方面研究的关注，实际上是最前沿的，就是证据解释理论。证据解释理论发端的背景，是因为在法院审判的事情都是在法院外面发生的，是过去发生的，无论是检察官、律师还是法官，实际上他们都没有亲眼看见，却要对法院外面发生的是非曲直做出一个裁决，这实际上是一件很难的事情。很多大家自以为知道的事情，与它实际上到底是怎么回事还是有很大差别的，有时候很难搞清楚。比如，一架飞机掉下来了，就有各种各样的说法，有不同的证据，不同的解释。这就涉及修辞学、叙事理论。进入 20 世纪后，哲学上好像有一个语言学转向，现在语言学实际上也进入了证据法的研究领域。因为事实具有可陈述性，陈述就是证人根据亲身知识讲故事，讲故事就会出现罗生门那样的情况，一个事实有多种说法。法庭里的事实认定之所以复杂，就是因为它要处理的通常是“一个事实、两个故事”的情况，那么，事实认定者怎么能在两个故事里认定其中一个故事呢？认定一个故事，其错误风险有多大？比如，辛普森杀妻还是没杀妻？在法庭上做出一个事实认定，其错误风险有多大？我觉得今天这个会议“文学·语言·法治”的主题，就涉及司法文明或法治文化的一个重要内容即证据裁判问题。证据裁判实际上是运用证据进行推理，证据本身不会告诉你任何事情，而且，证据有真有假。所以，在法庭上，控辩双方都在努力解释证据，并用自己经过解释的证据来证明自己的案情，而法官必须运用证据进行推理才能做出事实认定。在我们证据法里，一种情况正在引起研究者的注意，那就是有时候“好故事胜过真故事”。这个问题，我觉得我们可以一起来研究，对司法中的证据裁判、事实认定、证据解释等问题，可以开展交叉研究，从文学、语言学、哲学和法学结合的角度研究一下叙事理论，讲故事与听故事的关系，等等。

中国政法大学教授
“2011 计划”司法文明创新中心联席主任
张保生

前言二　法治要求怎样的话语表达?*

司法文明就是我们法律实践中的法治文化、法治文明。我们这个会议的主题是“语言、文学和法治”，我理解主要就是思想语言话语表达中的法治文化研究。我对语言、文学和法律都是外行。从哲学与文化学研究这个角度，我想我们要构建一个新时代的法治精神、法治文化体系的话，就对我们的语言和文字形象、文学方式等，提出了一些新的要求。

语言是文化的“第一载体”，文学艺术是运用这一载体表达社会生活和人生体验的永恒形象。其他各门人文社会科学也都是从不同方位和层次上的思维和表达。存在于语言、文学和法律等等之中的共同思想内容，尽管其角度、层次等等有所不同，却都一定是人们对社会历史的体验（认知和追求）的表达。生活实践本身是它们共同的、真实的对象、来源和背景。文学、语言和其他人文社会科学共同点都是人类的社会生活实践，主体都是人。这里面有共同的基础、共同的根据，那么就是社会的发展，是人的生活状况的改变。所以我说，法治文化不是将法治仅仅看作为一种治国方式和手段。当然，对于治国者来讲，它可以作为治理国家的方式。但是对于整个国家社会民族来讲，法治应该是我们共同普遍的生活方式，是社会上每一个人的权利和责任。

从这个角度来理解法治，我们现在思考的，主要是汉语的语言、文学与“法治”的思想与实践之间的关系。就是说，我们主要是解析在中国历史条件，回答“中国的语言和文学，如何成为法治建设的动力和助力，而不是阻力或消解力”的问题。这一问题，涉及整个中华文化现代化进程中的自我反思、超越和重建。我认为，中国的传统文化基本上是人治主义的文化。因此我们要建设

* 本文系作者在首届“司法文明与法治文化”高端论坛——“文学·语言·法治”学术研讨会的发言。

法治文化，就不仅需要有明确的法治意识、坚定的法治取向，而且要深谙中国传统文化的秉性，反思其在语言文学层面上的积习，才能扬长避短，创新出代表新型政治文明的话语和境界。就是说，必然要有一个自我的精神的脱胎换骨的改造过程，这个过程很深刻但是也很复杂、很不容易。

我们中国传统文化也有很多优良的成分，是有利于支持走上法治，建设法治文化的。中国传统的语言和文学艺术中，有很多支持走向法治的基因，可以成为它的精神基础。比如在主流价值观念表达中，人本而非神本主义的信仰方式，伦理政治化的传统价值观念，“厚德载物”的包容精神，注重实效的实践意识，等等。

例如，我们的传统文化基本上是一套伦理政治化的价值体向，我们中国人看问题一般很少首先突出功利，像经济功利或者技术功利这些，而是一般首先讲道德。在讲道德之理的时候，实际上也蕴含有通向法治的可能。尽管由于后面我说的种种原因，实际上并没有走向法治，但不是说不可能走向法治。比方说，我们不是以神为本，而是以人为本的传统中国式信仰，是符合马克思说的“人是人的根本”，不能到人以外去寻找人的根本的思想。那么，在以人为本来处理社会关系和社会秩序，寻求公共的理性和法治体系，就应该是一个很容易理解、很容易接受的，不必等待神的启示和命令再去搞。还有像“厚德载物”“大象无形”的包容精神，如果将这种精神自觉化、规范化、程序化的话，也会成为一种很好的法治思路。还如“和而不同”、寻求多元主体之间和谐统一的思想，注重时效的实践意识，等等，都是传统文化中有利于法治的思想因素。

同时，由于缺少科学批判和理性逻辑的传统，我们的传统文化有些又是很不利于法治的。例如：

一、重“应然”轻“实然”的思维取向

它往往表现为以理想为准，轻视现实。例如我在琢磨罗尔斯的正义论的时候发现，罗尔斯他们按照西方传统探讨正义，事实上是以“正”为“义”；我们中国则不同，中国传统是以“义”为“正”。这就是实然和应然的关系。西方的传统发展出科学、民主、法治，是从弄清“实然”、尊重“实然”的基础上，再去找“应然”的成果。而中国传统文化则有些重应然轻实然。一件事发生了，先问这件事好不好、有利不利、道德不道德，不去问事情为什么发生，怎么发生，实际情况怎么样。比如传统的图腾物，我们用的是龙和凤，它们是集中所有禽兽的长处而构造出来的，两个最“高大上、白富美”的形象。我们喜欢它们、追求它们，而实际上这两者在地球上是没有的。龙凤是我们认为“应该有”的最佳的形象，其他如国画重意境轻写实、戏曲人物的脸谱化等等，都有这种“用应然引导实然”的特色。

二、推崇“圣贤”贬斥“凡人”的等级意识

儒家传统中“人”的观念，包含有“君子—小人”等级化的人权观、标签化的人格观、纲常（非公共）化的道德观、圈子化的人情观、权责分裂的神秘化秩序观等垫脚配套的观点。其总体的思维方式，也不是从理解现实存在的人出发，而是用应然的道德标准去规定什么是人。“水火有气而无生，草木有生而无知，禽兽有知而无义，人有气有生有知亦且有义，故最为天下贵也”（荀子）。就是说，要没有仁义，这样的人就不算是人。这种只讲应然，以为应然的东西就应该取代实然的思维方式，必然把人的现实生活条件的差异当作人的价值的等级，进而崇尚圣贤，贬斥凡人。把现实的人分成三六九等，认为人都应该向上层，向圣贤、大人、君子看齐。而普通凡人，现在叫屌丝，则不足挂齿，没有资格得到理解和尊重。所要做的就是教育他们都向往尧舜，每个人都要想着“修齐治平”。我们没有建立起每一个普通人的权利和责任是神圣不可侵犯的，每一个人的人生都是平等的、珍贵的、不可重复的。平凡人的一生就是真实的人的一生，这种观念就很弱。相反，按照这样的等级心态，必然就是官本位、迷信权势，每个人都想从自己的等级向上爬，没有人觉得我在这个位置上就是好的，就是光荣的。我们的家长那么费劲给孩子找学校、考大学，其实都是想顺着这个等级往上爬。

顺便说一句，不用中性的描述概念而用价值评价概念，用“应该”的、“好”的表现来定义一个客观事物，这种思维现在也还流行。譬如有些人炒作的“公共知识分子”，其实就是他们自己推崇的“优秀”知识分子。这就像用“劳模”的标准给“劳动者”下定义。按你的定义，大多数劳动者就都不能算劳动者了。既然如此，那么也不能真正理解劳模优秀在哪里。所谓公共知识分子，反而没有多少公共性，仅仅是一小拨人的自我标榜而已。

三、重“运用”轻“程序”的规则意识

就是做事情重运用、轻规则，是重成事，不重立规矩。一件事怎么能办成我就怎么办，并不是处理完一个事情建立起一个规矩作为共识。这一点也与权责的等级化、个人化有关。权利与责任都个体化了，规则就必然模糊化，随意化。同样的事，由不同的人去办，就要办出不同的花样来，最后发现只有拉关系走后门才靠得住，而规则、规范、法律靠不住。在“不求精准，够用就行”的效益观影响下，“运用之妙在乎一心”就成了最高的技巧。比如，围棋很能代表中国传统文化。围棋的棋子只有两种颜色，每个棋子都没有个性，不像象棋。但是整盘围棋却千变万化，奥妙无穷，全在于棋手运用之妙。如果我们国家管理者把自己当棋手，把老百姓当棋子的话，就是这么一个状态。运用之妙能不能形成规则规范，尤其是社会公共事务方面，一直处于一种含糊的边缘状态，人治的空间就在这里保存着。如果每个棋子都是大家商量怎么走好这盘棋，那么就该轮到考虑民主法治了，而不是人治了。

四、缺少反思和自我约束的道德强权主义

轻视现实的人及其权责的存在，总会产生缺少自我批判的道德强权。一切以道德为本位，道德就会成为一种强权，成为一种精神专制和精神暴力。这种传统心态自古以来就有。孔夫子整理《春秋》时，就讲“乱臣贼子人人得以诛之”。一个人道德上不好，那么他就没有任何权利，没有任何人权，别人怎么对待他都可以；如果我政治上正确，道德上高尚，那么我怎么对待你都是有理的。这种心态就会完全无视法治。“文化大革命”最大的教训，我觉得就是这一点。“无法无天”决不可成为惯例。

就是说，你的政治再正确，再高尚，也不应该不讲民主法治，不能没有法治的自我约束的意识。但是直到现在，我们的认识也还不很到位，以道义名义施加的精神暴力也还常见。以政治正确为名义的道德强权主义经常占据舆论上风。其代价则是我们的法治意识受挫，证明了法治建设的艰难。

总之，我们面对的情况很复杂。为此要考虑我们的话语和文艺形象，究竟怎样才有利于法治、推动法治建设，引导人们学会在法治的方式中生活、思考，形成健康的健全的思想感情。这些有时是司法系统管不了的，而是要整个社会的思想、舆论关注和引导，潜移默化才能够打造出来的东西。对于无论哲学、史学、文学还是语言的研究来讲，这也是非常重要的一个期待和挑战。

中国政法大学终身教授　李德顺

文学与法治

秋菊二十年

——反思“法律与文学”

陈　颀*

1996年，苏力发表《秋菊的困惑和山杠爷的悲剧》，奠定了从文艺作品讨论法律与社会问题的“法律与文学”学术范式。从现代学术工业的评价标准来看，“秋菊的困惑”是过去二十年最有生命力的中国法学理论命题之一。从这个命题衍生的诸多学术论文就是明证，无论其态度是支持、推进，还是质疑、反对。一个遭遇批评的命题不代表命题本身有问题，可能恰恰是它有一些刺激读者的新东西。用苏力自己的话来讲，是“批你也算是看得起你”。

不过，遗憾的是，过去二十年对《秋菊打官司》（简称《秋菊》）的方法论反思并不充分，以至于许多争论不过是学者们在不同的频道上“自说自话”。学者们往往基于不同的法律观念和立场讨论和使用“秋菊形象”。而且，《秋菊》的文学理论研究的方法和立场也存在着多样的歧异。在这个意义上，不论是否支持“秋菊的困惑”，研究者需要追问一个“法律与文学”的方法论问题：我们在讨论秋菊时是以什么态度和方式进行怎样的讨论？

秋菊的困惑：法盲与法治

“我就是要个说法，怎么把人给抓走了？”从《秋菊》的戏剧性结尾入手，苏力建构了“秋菊的困惑”的基本命题：根据（西方）“普适权利”构建的当代中国正式法律制度无法容纳和回应秋菊的“讨说法”，反而损害乡土社会中长期存在的社会互惠关系，造成悲剧性结局。

“秋菊的困惑”挑战了当代中国的主流法治理论。这种理论主张每个中国公民都应该敢于“为权利而斗争”，强调政府官员必须依法行政，不得侵犯秋菊们的个人权利。于是，要实现这个大写的“法治”，需要普通公民和政府官员都具备“法治意识”——法治的前提是民众“理解”乃至“信仰法律”。“秋

---

* 陈颀，法学博士，重庆大学人文社会科学高等研究院副教授。

菊的困惑”则提出了一套与主流法治不同的叙事模式：秋菊“讨说法”的目的并不是通过法律实现个人权利（无论是民事赔偿还是刑事惩罚），她要的是村长道歉，并继续为西沟子村人服务。从乡公安到市人民法院的法律程序并没有给秋菊一个“说法”，但是村长救助难产的秋菊和秋菊的顺利生产，已经让西沟子村一度紧张的官民冲突得以“自然弥合”。然而在影片结尾，国家法律的介入带走了村长，反而破坏了乡土社会的互惠秩序。

在主流法治叙事看来，秋菊不过是个“法盲”。在苏力看来，“秋菊的困惑”意味着中国法治需要摆脱基于普适主义的“法律移植”的诱惑，认真理解和对待“秋菊的困惑”。理解的第一步是听懂秋菊充满乡土气息的“说法”。由此出发，有论者深入分析了“说法”背后的“本土资源”：中国农民传宗接代的生活信仰，乡土社会中“气”和“面子”的生活逻辑。也有论者强调现代法律体系必须理解中国民族的“生育本能”，因为这是维持秋菊一家与西沟子村的安定团结的根本原因。作为“生育制度”的家庭及其价值，也理应成为理解中国法律与社会关系的基本立足点。更有论者从“秋菊的困惑”转向“村长的困惑”和“李公安的困惑”，讨论电影反映的改革开放以来的官民关系变迁、基层治理困境及其根源等“中国政治与法律的根本性问题”。

当然，也有不少论者质疑苏力的基本命题。“秋菊的困惑”在什么意义上构成真实世界“法律与社会”的冲突，抑或只是苏力建构的一种巧妙的修辞？——现实法律实践中很少出现这种二元对立的矛盾冲突。于是，秋菊不依不饶地要求村长道歉本身是不是就是一种不合理的请求？现代法律制度，无论是民法的“赔礼道歉”，行政法的“依法行政”，还是刑法的“依法审判”，对“秋菊的说法”可能是不完美但是后果更好的替代解决方案。更进一步来说，如果说在改革开放早期“秋菊的困惑”尚属寻常事件，那么到了“中国特色社会主义法律体系已经基本形成”的今天，“秋菊的困惑”是不是早已被现实解决，或者成为理应进入“历史的垃圾箱”的过时命题？

秋菊的逻辑：法律与社会

其实，第一个自觉反思“秋菊的困惑”的学者正是苏力本人。在《从文学艺术作品来研究法律与社会？》（1996）一文，他讨论“法律与文学”得以成立的四个理由：第一，《秋菊》是“现实主义流派”电影；第二，“秋菊的困惑”的真实性在于生活的逻辑建构及其背后的普遍意义；第三，已有许多以文艺作品作为素材来研究法律的成功范例；第四，文学故事解释相对于法律解释更具开放性，可以提供区别于主流法学理论的多元视角。

苏力式的“法律与文学”，研究素材是文艺作品，研究方法是文学（故事）的生活逻辑建构及其开放性，研究对象是法律与社会。二十年来，从“秋菊的困惑”命题出发，学者们讨论了当代中国的“国家与社会”“权利与情理”“现代与传统”“法治与法盲”等二元对立的法律冲突与矛盾，主张中国法治应当建立在尊重“秋菊”为代表的普通中国人的生活方式及其法律需求的基础之上。因此，以“秋菊的困惑”为代表的中国“法律与文学”研究，与苏力提倡的法社会学、社科法学分享着共同的方法论基础：将“中国（社会）经验 / 价值”带回中国法学研究。在这个意义上，“秋菊的困惑”是一个立足于中国语境的学术创造，而非西方“法律与文学”既有理论的简单套用。毋庸置疑，这是苏力对中国法学研究的独特贡献。

沟通中国“法律与文学”的是“中国社会”，或者说立足于解释中国社会特定经验的法社会学理论。因此，“秋菊的困惑”对《秋菊》电影的使用当然是素材意义的。这种法社会学的文学素材使用与文学解释存在区别。文学解释并不必然受制社会科学限制，一个成功的文学解释并不必然依赖于外部社会解释。如果仅仅把文学故事当作法社会学的素材，那么这样的解释对于文本而言就是外在的。在我看来，“秋菊的困惑”命题面临的真正挑战是：如何超越“法社会学”等“外在理论”对文艺作品的内在形式和整体结构的“素材化 / 对象化”束缚，从而超越“法律与社会”等法社会学命题的二元对立的矛盾冲突，进而思考更具建设性的新的法律思想和实践的可能。前者意味着需要重思文学故事建构法律命题的方法论，后者决定着“秋菊的困惑”仅仅是一个“批判法学”的特殊性命题，还是更具建设性的开放性的法学理论问题。

反思和推进“秋菊的困惑”，首先需要超越对文艺作品的“素材”式（因而是法社会学理论先行的）方法论预设。换言之，不是用一种外在的“法律与社会”理论裁剪《秋菊》，而是力求文学的叙述形式与社会语境的统一。在《秋菊》的电影形式中寻求语境化的理解和解释，在此基础上连接更为广阔的“理论问题”。相比起纠结于秋菊故事的真实性或代表性等实证主义问题，不如直接把《秋菊》视为一部虚构作品，从秋菊故事的隐喻中寻求不同主体对于当代中国法律和政治的不同想象。因此，秋菊故事的意义首先在于论者的叙事建构，尽管其“可信性”依赖于更为广阔的社会语境。在这个意义上，有理由认为，讨论“村长的困惑”和“李公安的困惑”等命题的学者推进了《秋菊》的文本与语境的研究。

秋菊的隐喻：超越“法社会学”

从“秋菊的困惑”视角出发，国家法律的“入侵”必然导致秋菊和村长（也就是乡土社会）的双重悲剧。“秋菊的困惑”之所以是悲剧性的，是因为背后的（西方）社会学理论本身蕴含国家与社会、法律与伦理、现代与传统的二元对立。“所有的道路都通向城市”，面对以普适话语出现的现代国家法律，代表着传统社会伦理的秋菊必然遭遇悲剧，而且秋菊们的个体命运无法逃脱国家现代化转型的普遍逻辑。

“秋菊的困惑”受困于“二元对立”的之处，正是“法律与文学”的开放性和可能性能够推进的地方。尽管遭遇了现代法律带来的戏剧性结局，但是《秋菊》的结尾并非秋菊故事的必然结局。

到《秋菊》，在讨论“秋菊的困惑”的“欧亨利式”的结尾之前，需要回到电影的核心情节：秋菊为什么百折不挠地“讨说法”？在讨说法的过程中，除了坚持和挫折，新的经验（特别是城市经验）带给秋菊什么超越“传统农民”动力和主体意识的可能？追问和推演秋菊的“生活逻辑”需要解释和重构秋菊的“生活世界”。在我看来，秋菊之所以走出乡土社会进入镇里、县上和城市讨说法，其动力不仅是生儿育女的乡土伦理，而且包含着平等的尊严和要求村长“为人民服务”的社会主义政法伦理，以及家庭联产承包后通过种辣椒—市场交易而获得的财产—经济权利。换言之，这三种因素都是秋菊讨说法的动力。在这个过程中，秋菊多次（在多个瞬间）以为“社会主义政法伦理”（李公安——严局长）和“市场经济—法治”（法院）能够帮助她讨个说法，让村长道歉。

在讨说法的路上，秋菊已经成长为一个真正的“主体”。传统伦理、政法传统和市场法治这三种“社会逻辑”共同塑造了秋菊，使她超越了传统农村妇女的生活局限，成为万家新的家长、西沟子村人重视的“能人”。从秋菊的主体性出发，她与村长之间的矛盾未必不会以和解告终，尽管她可能遭遇新的挫折。秋菊的主体性意味着一种新的历史和法律的理论可能性。

透过秋菊的隐喻，可以发现当代中国“法律与社会”的复杂性：纠葛在乡土伦理、政法传统和市场法治等多种“社会逻辑”之中，蕴含着悲喜剧的种种可能。反之，这也意味着某种单一的“社会科学”不可能建构一个完美的“法律与社会”秩序。今天我们之所以没有跟秋菊说再见，是因为我们在现实生活中常常“再见秋菊”。只要随便百度一下，秋菊已经不再是传统农村妇女的法盲形象，而成为向政府 / 法院讨说法的代言人，甚至成为当代的“法治英雄”、普法宣传的正面典型。法律实践中的“讨说法”常常意味着老百姓与政府打官司，但与秋菊一样，现实社会中司法判决本身往往不能让秋菊们心服口服，因为他们“讨说法”的目的并不局限于法治教科书所提倡的“为权利而斗争”。如果判决结果在根本上不符合“秋菊们”的“理”，判决的权威和执行力就会大打折扣。在这个意义上，理解秋菊就是理解秋菊讨说法的叙述形式背后的社会“道理”。进言之，虽然不是所有“理”都应当被国家法律认可，但是一个忽视社会共识的法律体系注定外在于民众的真实生活。

《秋菊》的故事必将继续，续写秋菊的故事，需要我们勾连文本形式和更广阔的社会语境，思索秋菊的未来。秋菊们的未来，可能不在西沟子村，而在城市。因为 90 年代初种辣椒能让秋菊一家奔小康，但在家庭土地和小农生产的局限让秋菊们不大可能通过种植经济作物实现真正的富裕。因此，秋菊的未来似乎不可避免地卷入了国家现代化和城市化的社会转型的大潮中。假设秋菊来到城市打工，当她再次遭遇法律纠纷的时候，她还愿意信任国家法律和政府官员吗？如果答案是否定的，她会用什么办法来讨回自己的公道呢？

秋菊之后：推进“文学与法律”

从“秋菊问题”出发，“法律、文学与社会”三者共同构成了中国“法律与文学”运动的核心要素。因此，讨论秋菊的意义至少有三重：首先，建构“秋菊的困惑”，挑战主流法治的“皇帝新衣”；其次，追溯秋菊讨说法的动力及其社会历史传统；最后，反思秋菊的隐喻如何从“法盲”到“法治英雄”。

诚如冯象教授所言，改革开放“新法治”或法律自主，意味着社会生活中法律占据中心，而文学自甘边缘。处于社会中心的“法治”既需要文学（艺术）为法治话语的大众普及服务，也需要社会实践服从“法治”的权威。在人文和社会科学日益“西化”和专业化的时代，“法律、文学与社会”既批判基于“西方移植”的现代化法律体系，也反思“去社会语境化”的文学——审美标准，还试图超越社会—国家、传统与现代等“二元对立”的社科理论模型。

就此而言，“法律与文学”真正推进，需要在“法律、文学和社会”三方面分别超越各自的学科限制。对（中国）法学而言，文学—社会既是反思和批判现代法治合理性和有效性的工具和方法，也是构建不同于“主流法学”的多元法律图景的中国语境。对（中国）文学而言，法律—社会既是文学阐释的语境和思路，也是评价文学价值的参考标准。对（中国）社会而言，法律—文学既在社会语境中实现各自的权威和功能，也是重新激活对中国社会的多元性和可能性阐释的必要中介。

从中国“法律、文学和社会”的复杂关系和多元传统出发，有两类文艺作品值得进一步的“法律与文学”研究。

第一类是“新法治”建立后被放逐或遗忘的法律经验和法律传统，特别是两种“文学经典”的再阐释。在“新法治”建立之前，法律与伦理并不分离，通过法律伦理化和伦理司法化紧密联系。首先是以儒家礼法代表的中国法律传统兴起和衰落的得失教益，包括经史中“刑罚”“复仇”“婚丧”“清官”“循/酷吏”等“法律故事”的礼法意涵，以及唐传奇、元杂剧、明清戏曲和小说等“通俗文学”所反映礼法原则与社会实践之间的冲突与调适。其次是中国近代革命的兴起和社会主义政法传统的“再发现”，包括鲁迅等现代经典作家的小说，从延安时期到土改阶段的文艺作品（如赵树理小说和《白毛女》等戏剧），以及新中国成立后以样板戏为代表的革命—政法文艺作品。

第二类是“新法治”建立过程中被压抑或忽视的法律斗争和法律想象，特别是“主流文学”之外“大众文化”。“新法治”建立，意味着“诗人”被剥夺了教化者的权利。正如奥登在《悼念叶芝》（1939）所叹：“诗歌不能让任何事发生”。“新法治”的统治地位，或许可以排除非“法律人”参与法律讨论的合法权利，但是不可能排除大众文化中的各种“法律想象”。如何发现那些被压抑的主体的法律故事？可以阅读“底层小说”，尽管我们已被再三警告：“底层”之名并不等于“底层”之实，因为代言“底层”的创作者是知识分子。又比如，中国电视剧一向擅长“伦理与社会纠纷”题材，在剧中“法治”多半服务于伦理主导的社会生活。近几年，当代商业电影越来越多涉及法律题材，其中“非法”的社会犯罪（如宁浩导演作品）和法庭剧的兴起（如《全民目击》）都展现了新生代导演和城市观众的“市民社会的法律想象”。当然，还有想象未来社会可能图景的科幻小说，刘慈欣的《三体》系列描绘了地球与三体的“文明冲突”，反思了现代社会和政法制度赖以成立的基本道德观和法律观的脆弱性。此外，一个更“大众化”的法律想象来自于网络小说特别是“历史穿越”小说：

几乎每一部主流历史穿越小说都关涉穿越者对政治和法律的评判和重构。在点击率超过千万的《新宋》和《宰执天下》两部穿越小说中，作者分别设计了“封建南海”和“大议会”等宋代文明基本宪制，对当下中国宪制也不无启迪。

上述两类文艺作品的“再阐释”和“再发现”，意味着在中国讨论“法律与文学”的广阔前景，也预示着中国法治的新的可能性。最后，带着“法律、文学与社会”的新思路，让我们思考一个秋菊的“版本学”问题。在《秋菊》上映后的十多年间，原著小说《万家诉讼》的作者陈源斌陆续创作了《秋菊杀人》《秋菊打假》和《秋菊开会》等“秋菊系列”小说，然而反响平平。在这些故事中，“懂法”的秋菊打完官司又打假，而且成为人大代表，甚至“让高官人头落地”。作者陈源斌也从一个默默无闻的普通作者成为某省文学院院长，甚至担任过某市市委副书记。或许秋菊的“开会”和“打假”的“法律实践”，与作者成名之后的经历有关吧。不管怎样，这些以“张艺谋”“巩俐”大名自抬身价的“秋菊系列”不属于西沟子村，也不属于文学史或法律史。而坚持要“讨个说法”的秋菊，会与中国的“法律、文学与社会”一直在路上。

参考文献

1. Alan A. Stone,“Comedy and Culture”, Boston Review Oct./ Nov. 1993.

2. 苏力：《秋菊的困惑和山杠爷的悲剧》,《法治及其本土资源》，中国政法大学出版社 1996 年版。

3. 苏力：《从文学艺术作品来研究法律与社会？》,《法治及其本土资源》，中国政法大学出版社 1996 年版。

4. 苏力：《法律与文学——以中国传统戏剧为材料》，生活·读书·新知三联书店 2006 年版。

5. 冯象：《秋菊的困惑与织女星文明》,《木腿正义——关于法律与文学》，中山大学出版社 1999 年版。

6. Zhang Xudong,“Repetition and Singularity in The Story of Qiu ju,” *Understanding Film:* Marxist Perspectives (ed. by Mike Wayne), Pluto Press, 2005.

7. 张旭东：《叙事、文化与正当性：〈秋菊打官司〉中的重复与独一性》,《全球化与文化政治》，朱羽译，北京大学出版社 2014 年版。

8. 赵晓力：《要命的地方：〈秋菊打官司〉再解读》,《北大法律评论》第 6 卷第 2 期，北京大学出版社 2005 年版。

9. 桑本谦:《秋菊的困惑：一个巧妙的修辞》,《博览群书》2005 年 12 期。

10. 凌斌:《村长的困惑:〈秋菊打官司〉再思考》，强世功主编:《政治与法律评论》第 1 辑，北京大学出版社 2010 年版。

11. 缪因知:《秋菊的错误与送法下乡》，苏力主编:《法律和社会科学》第 10 卷，法律出版社 2012 年版。

12. 徐斌:《教化权、官员伦理与秩序变迁——以〈秋菊打官司〉中的李公安为分析对象》，强世功主编:《政治与法律评论》第 3 辑，北京大学出版社 2012 年版。

13. 尤陈俊:《中国法治事业中的空间因素与性别因素——从〈秋菊打官司〉的角色隐喻切入》,《学习与探索》2013 年第 3 期。

（本文删节版曾发表于《读书》2016 年第 9 期）

圣谕宣讲与公案书写：近代小说《跻春台》中的法律叙述

崔蕴华 *

一

19 世纪末至 20 世纪初，大量公案作品如《三侠五义》《彭公案》等以清官加侠客的模式流行于坊间，呈现出热闹的市井气息与侠义想象。当然，在纷繁复杂的文化语境下，对公案的书写并非仅有上述一种类型。小说《跻春台》便呈现出另一种独特的书写姿态，透过此书，“圣谕宣讲”这一清代特有而被今人遗忘的文化实践进入人们的视野，彰显出庶民的律法意蕴与秩序观念。那么，何谓“圣谕宣讲”，它与公案故事又有怎样的关联？本文试论之。

纵观有清一代，“圣谕宣讲”之风颇为盛行。[①]“圣谕”是指康熙九年（1670 年）向全国颁布的“上谕十六条”。在颁布之后，各地官吏组织专门的讲生对之大力宣传与普及，从康熙至光绪的二百余年间，圣谕宣讲逐渐制度化、规范化，成为朝廷训令向民间传播的一种典范。“上谕十六条”的具体内容包括：

敦孝弟以重人伦　笃宗族以昭雍睦
和乡党以息争讼　重农桑以足衣食
尚节俭以惜财用　隆学校以端士习
黜异端以崇正学　讲法律以儆愚顽
明礼让以厚民俗　务本业以定民志
训子弟以禁非为　息诬告以全善良
诫匿逃以免株连　完钱粮以省催科

---

* 崔蕴华，中国政法大学人文学院教授，文学博士，硕士生导师。

① 参看周振鹤：《圣谕广训集解与研究》，上海书店 2006 年版；常建华：《〈圣谕广训〉与清代孝治》，载《南开史学》1988 年第 1 期；戴宝春：《圣谕教条与清代社会》，载台湾《历史学报》第 13 期；郑志明：《台湾民间宗教论集》，台湾学生书局 1984 年版，第 93~96 页。

联保甲以弭盗贼　解仇忿以重身命[①]

雍正又将其扩充解释成《圣谕广训》，并于雍正二年（1724年）颁行。从此，对“上谕十六条”的诠释，就是以《圣谕广训》为范本。如同雍正所说：“自纲常名教之际，以至于耕桑作息之间，本末精粗，公私巨细，凡民情之所习”[②]，可谓全包括在内，雍正通饬地方官进行宣讲。乾隆三年（1738年）、五年都曾重申乡约制，几年后又云：“九年覆准，现在所有申明亭，俱行修整，应将所奉教民敕谕缮写刊刻，敬谨悬挂，并将旧有一切晓民条约悉行刊刻木榜，俾郡邑士民瞻仰传诵，共遵圣化，永沐皇恩。……凡不孝不弟及一应为恶之八，书其姓名于事，能改过自新者，则去之，仍照旧制遵行”。[③]可见到了乾隆时期，宣讲已经十分普及。乾隆之后，圣谕宣讲逐渐成为地方官吏的必修课，具有了仪式化特征。道光曾云：“我朝列圣相承，圣谕广训十六条久垂功令，地方官每月朔望敬谨宣读，俾众著于爱敬睦姻之义，百数十年来，海澨山陬，罔不奉行惟谨然。”[④]清代的宣讲一般为每月初一、十五日，也有个别地方为十六日。宣讲人员既可以是地方官吏，也可以是乡绅儒士。地点从公庙、祠堂、乡社到街市不一而足。道光间《西江政要》中“牌式”的第一项内容规定：“宣讲圣谕，以兴教化。”每逢祭祖聚集之时，于公祠内将上谕十六条：“句解字释，高声曲喻，俾各宗族姓务各心领神会，父慈子孝、兄友弟恭、夫和妇顺、敦族睦渊，以成仁厚之俗。”[⑤]

宣讲要深入民间，需十分注意其通俗性与地方适用性。乾隆严求地方官听讼之余宣传《圣谕广训》，“或不妨以土音谚语敬谨诠释”，[⑥]道光时又加以重申。现存宣讲文档中便有“吴语”及“粤语”等不同版本的“土音”宣讲方式。有了皇帝的教诲，地方官员自不敢懈怠。“凡为州县者父母斯民首先教导，每遇朔望两期，务须率同教官佐贰杂职各员，亲至公所齐集兵民，敬将圣谕广训逐

①《圣谕广训》，《故宫珍本丛刊》第350册，海南出版社2001年版，第257~281页。

②《大清会典事例》卷三九七，“礼部·风教·讲约一”条，第315页。

③《大清会典事例》卷三九八，“礼都·风教·讲约二”条，第334页。

④《大清十朝圣训》之《清宣宗圣训》卷五十二，“训臣工”（道光二年十一月乙亥），北京燕山出版社1998年版，第7561页。

⑤《西江政要》道光三年“牌式”，江西按察司衙门清刻本。

⑥《大清会典事例》卷三九八，“礼都·风教·讲约二”，第335页。

条讲解，浅譬曲喻，使之通晓”。[①]

以通俗的语言及艺术形式对上谕进行宣讲成为普遍的做法。康熙间知县王植曾自豪地说：“余尝演上谕，通俗解以俗言敷衍广训之文。令讲生以土音宣谕。听者颇知领略。”[②]太平府黎昌县知县梁延年以“铸词典雅，小民未必周知”，于是加以解释，立即刊行，并极力宣讲，合邑家喻户晓，江南总督等将其事迹推荐，受到皇帝嘉奖。梁延年受宠若惊，又针对儿童、妇女目不识丁，乃辑《圣谕像解》一书，于康熙二十年（1697年）利行，该书把经史中有关孝弟的事情分类，配上浅显解说，并附有图画，近似连环画，妇孺易于通晓。

值得注意的是，对圣谕的宣讲与解释从一开始便呈现出与法律合流的倾向。[③]首先，圣谕中至少有三条涉及法律内容，即“息讼”“读律”与“诬告”；其次，很多地方在宣讲完圣谕后，还要将律法纲要性地讲解给庶民百姓，使得大家了解律条从而“术耳警心，知国法之不可犯”。从康熙至光绪二百多年间，不断有人在圣谕之后添加大清律法的相关资料。康熙时陈秉直编有《上谕合律直解》，此书在每条圣谕之后都附有相关律法；尤其是乾隆时期镇江府儒学教授陈秉义编纂的《圣谕广训附律例成案》，不仅在十六条圣谕后均附有“律”，甚至还不厌其烦地附上“例”和“成案”。如该书在圣谕第一条“敦孝弟以重人伦”之后，附有以下内容：

> 律：凡骂祖父母、父母及妻妾骂夫之祖父母、父母者，并绞。需亲告乃坐。
>
> 律：凡闻父母及夫之丧匿不举哀者杖六十、徒一年。……
>
> 例：礼部为敬陈末议等事，雍正十三年十二月议河学邹登恒疏，应行直省，嗣后凡文武生员及举、贡、监生遇本生父母之丧，令其呈明，期年内不许应岁科两试及乡、会两试。……其有隐匿不报、蒙混干进者，事发照匿丧例治罪，永著为例。奉旨：“依议。”……
>
> 案：康熙四十六年七月，刑部议晋抚噶礼疏，高元登娶妻秦氏，其妾范氏生子高赀后，秦氏亦生一子高贡，元登终后兄弟各居，秦氏嗔高赀不往拜节，切责其非，高赀高贡所使，辄登贡门殴打，伤贡头

---

① 田文镜：《钦颁州县事宜》“宣讲圣谕律条”，同治戊辰年江苏书局刊本（首都图书馆藏）。

②《牧令书辑要》卷六“教化”条，同治戊辰年江苏书局刊本（首都图书馆藏）。

③ 周振鹤：《圣谕广训集解与研究》，上海书店2006年版，第621~626页。

颇并骂及其母，高赞依凡骂父母者绞立决。再，该抚疏称秦氏哀于请宽，情词悯恻，出自至情，应照例奏请定夺等语。查律内凡毁骂父母及父母告息词者奏请定夺等语，应将高赞奏请定夺。奉旨“这情事着九卿詹事科道会议具奏”。[①]

上引“成案”讲述了康熙间同父异母兄弟高赞与高贡之间发生的“非孝弟”事件，高赞在气愤之余竟然辱骂高贡之母，以至于按律当“绞立决”。这个情节如果再增加一些当事人的对话及家庭生活场景，便十分近似文学作品了。此处添加律、例、案不仅使得上谕的内容具有了律法依据，而且对于大量不懂律法的民众而言还可普及律法知识，所附的实际案件更使律法生动逼真，比较贴近民众的日常经验。对于民众而言，鲜活的律法个案远比某个条文更具说服力。为了使民众对律法认识更深，清代还有一书《圣谕广训（附大清刑律图）》在书后附有刑律图七幅，包括凌迟、斩立决等，真可谓触目惊心。

圣谕与法律并置有着独特的文化意味。光绪二年（1876 年）大臣吴鸿恩在《圣谕广训衍说律例附跋》中提到，将法律条文与圣谕宣讲放在一起，“亦犹《周官》以乡三物教万民而即以乡八刑纠万民，一劝一惩，法良意美”。[②] 先劝后惩，德化之而后法行之，充分体现了传统社会“德主刑辅”的文化模式。

二

当各级地方官吏、士绅以各种文本形式对圣谕进行阐释时，还有大量民间文艺作品以更具娱乐性的美学风范介入到对圣谕的民间解释中。这些作品因其跌宕起伏的故事及感人肺腑的唱词而引人入胜，完成了道德劝诫与娱乐心性的双重建构，圣谕宣讲由此而真正渗透民间。这些地域性民间资源与朝廷规制形成微妙的互动关系。在民众眼中，朝廷训令与国家法律并非只是一种自上而下的刚性压制，而是以曲折的公案故事、韵散结合的音乐性歌词传递出来的艺术化情境。换言之，康雍乾时期极具特色的“圣谕宣讲”，将国家的刚性制度以民间宣讲的柔性方式得以渗透民众心理与文化，这本身也体现了国家法律文化的多元运转。据笔者所见资料，民间文艺中的“圣谕表达”当以晚清小说《跻

① 陈秉义编纂：《圣谕广训附律例成案》，周振鹤：《圣谕广训集解与研究》，上海书店 2006 年版。
② 吴鸿恩：《圣谕广训衍说律例附跋》，周振鹤：《圣谕广训集解与研究》，上海书店 2006 年版。

春台》及广东木鱼书唱本描述最伙。

《跻春台》，晚清人省三子编著，首都图书馆现存民国刻本。该书分为元、亨、利、贞 4 卷共 40 个独立的小故事，一些学者将其看作中国文学史上最后的拟话本小说集，书中故事大多为公案故事，从兄弟争产到盗窃杀人十分丰富。当然也有几个小故事仅涉及道德劝诫并无诉诸公堂的情节（如《过人疯》《节寿坊》《平分银》等）。此书所涉公案故事并无太多新意，框架结构多沿袭晚明公案作品的案件形式，旁杂以李渔小说的市井气息，兼以蒲松龄《聊斋志异》的鬼怪叙述，结局无非劝人为善。但是书中多次出现的圣谕宣讲无疑颇有清代气息，同时小说中大量添加民间说唱的唱词以增加情感渲染力则为其他小说所无，实为罕见。从这一角度看，此书并非严格意义上的拟话本小说，而是明清时期民间词话体小说的延续。20 世纪 70 年代在上海发现明代成化时期坊间刊刻的《成化说唱词话》，该作品中已出现散文体与说唱体相结合的叙述风格，这种边说边唱的形式源于民间的说唱艺术。结合《跻春台》中的四川方言与鲜活口语，笔者揣测，此书应为当地文人模仿说唱而完成的“词话体”小说。

朝廷颁布的圣谕宣讲在民间具体是何种情形？《跻春台》卷二中一则故事《平分银》让我们看到了清代民间宣讲的真实图景。故事讲述两位同乡郭安仁、江正宗一起帮别人做长工。一日两人挑粮上街去卖，无意中见到一名讲生正在公庙宣讲圣谕。

> 一日，郭、江二人挑粮食上街去卖，钱要下午才有。二人到处看望，见一人在公庙行礼，衣冠俨然，进去一看，知是讲圣谕的，便坐下去听。那讲生念了王章神戒，上台坐下，讲的“重农桑以足衣食”那条，讲到后头又念一篇歌词，与众人一听：
>
> 今日里坐讲台来把善劝，无非是说报应先哲格言。
> 劝男子敦孝悌改恶从善，劝女子守六戒名节要全。
> 劝富贵破银钱来把善办，劝贫贱安本分莫坏心田。
> 劝商贾做生意切勿欺骗，劝农工久晴雨莫怨苍天。
> 劝僧道守清规苦把经念，劝医巫把性命莫当戏玩。
> 读书人先品行后讲文翰，当家师明旬读学规要严。
> 有三教和九流人人都劝，还须要劝雇工月活长年。

像你们在前世都未修善，到今生支落得将力卖钱。
就该要立志向忠厚勤俭，主家事须当做已事一般。
每日里起得早睡得迟晏，切不可当主勤背主耍奸。
紧工月大齐家多把劲展，莫只徒喊主人去请天天。
主人喊主母唤手足灵便，身未去声先应莫装痴憨。
待火房与牧童站高望远，切不可因些小就呋祖先。
空闲时搓脚马逢雨施散，夜晚些扎火把送与客官。
莫杀龟与打蛇莫食牛犬，遇古墓有崩颓垒土还原。
碍道上有荆棘见了就剪，当途中有瓦石除去一边。
凡高坡与陡坎有些缺憾，拿乱石和泥土补砌完全。
这都是尔雇工当行方便，善虽小功德大又不要钱。
果能够久遵行天爷照看，保佑你不久日就把稍翻。
讲生歌毕，又说了一案，乃钱益蒸稗，其子受报，得了科甲之事。[①]

两人深受宣讲内容影响，并劝主人胡氏要听圣谕行善心。之后两人到处修路行善，在修路时得银600两，各分得300两后结婚成家，后得以子孙绵延、家族兴旺。两人均以长寿而终。

值得注意的是，民间文艺作品中的圣谕宣讲似乎更多涉及劝善内容，这与地方官吏对圣谕的解释有所不同。如同样是宣讲第四条“重农桑以足衣食”，在《圣谕广训》中收录的文本多围绕农桑与国家秩序、民众生计而展开，而上引《跻春台》中的故事在讲完“农桑”之后所唱大段唱词已经与农桑无直接关联，而是以劝善作为主旨。该书序言中也表达了“善”的企盼：

《易》曰：“积善之家，必有余庆；积不善之家，必有余殃。”《书》曰：“作善降之百祥，作不善降之百殃。”是经书中未尝不言善恶之报，以警惕中人，使之改恶从善也。然改恶从善之法，圣贤教人千言万语，不外劝惩。特精言之则为性理，士知学者可解；粗言之则为报应，人不知学者可解。劝惩因人而语，未可徒重精深，而概薄浅近也。昔明代大儒吕新吾先生所著《呻吟语》极精深，而教流俗、妇人、

① 省三子：《跻春台》卷二，民初刻本（首都图书馆藏）。

> 孺子、樵夫、牧竖诸人，专以俗歌俚语切训之。其书名曰《吕书五种》，吾先师黄晓谷夫子曾刊之以劝世。此浅近之言，最宜中人以下者也。而后世之效之者甚伙，特借报应为劝惩，引案以证之。俾善宣讲者，传神警觉人也，闻清夜钟声也。中邑刘君省三，隐君子也。杜门不出，独著劝善惩恶一书，名曰《跻春台》。列案四十，明其端委，出以俗言，兼有韵语可歌，集成四册。知交者怂恿付梓，省三问序于予。予曰："此劝善惩恶之俗言，即《吕书五种》教人之法也，读者勿以浅近薄之。"诚由是，积善必有余庆，而余殃可免；作善必召百祥，而降殃可消。将与同人共跻于春台，熙熙然受天之祜，是省三著书之意也夫。[①]

作序者是作者省三子的友人，序中所云"俾善宣讲者，传神警觉人也"已经道出此书与清代宣讲的直接关联。通过"俗歌俚语"的浅近话语与音乐形式宣讲善恶，对庶民百姓最适宜不过。"与同人共跻于春台，熙熙然受天之祜"也呈现出作者对善的人文思考与天理企盼。

此种倾向与明清时期民间流行的善书有密切关系。酒井忠夫在其名著《中国善书研究》对于善书所下的定义是"所谓善书，就是劝善之书。这种劝善，指的是任何人都可以做得到的道德项目，……善书就是为了劝善惩恶而印有民众道德，以及有关联的因果报应故事，在民间流通的通俗书本。它的内容是在三教合一的信仰之中，述说民众道德的规范。其书籍的形式也和儒释道三教经典不一样。其文体则是采用了故事式的记述，有时也用俗文，具有较大的大众性格。"[②] 现存于《道藏》《藏外道书》中的道教劝善书主要有《太上感应篇》《文昌帝君阴骘文》《太微仙君功过格》《十戒功过格》《警世功过格》《石音夫功过格》等。在明清时期的民众中影响甚重。笔者所见《跻春台》为首都图书馆藏民国初刻本，卷一中缝中有"祈母往生自刊"字样，看来此书的刊刻与民间印书以使亲人超生有一定关联。圣谕宣讲本来是不涉及宗教、超生等内容的，但在民间传播过程中，只有与庶民日常生活关联才能接地气，达到温润而"化民"的目的。

---

① 省三子：《跻春台》序，民初刻本（首都图书馆藏）。

②［日］酒井忠夫：《中国善书研究》，弘文堂 1960 年版。

无独有偶，现存广东说唱文学木鱼书中也有大量宣讲劝善的描写。木鱼书是广府地区的一种民间说唱艺术形式，形成于明，盛行于清，是17世纪以来最有影响力的岭南艺术形式之一。现存大量清代木鱼唱本中有不少宣讲的唱词，十分珍贵。在木鱼书中，朝廷圣谕与道德训诫及劝善书往往勾连在一起，呈现十足的民间气息。其中很多是描写家庭生活及对庶民伦理的劝诫。相对于长篇的历史故事和才子佳人传奇而言，这类唱本一般篇幅较短，但数量极多，流传甚广。如《醒世良规》题目已显示出其劝世的意味。《大八百钟全本》共四卷，是多篇短文的汇合，包括《善恶分明》《存孝道》《逆子回心》《守本分》《顾荷包》《儿母相安》《雇工稳慎》《夜谏金兰》《孔怀兄弟》《夫妻顺》《和乡党》《念亲恩》《家庭乐》《跳出生天》《妻妾相合》《惊醒梦》《谏女贪吃》等十七篇。虽说讲述的都是习以为常的伦理教诲，但却能以生动浅显的韵文形式表达出来，再配些历史故事，颇有意味，不能一概以"腐朽庸俗"否之。如《念亲恩》："初启语唱长文，且讲天伦首务要真。因见解心邪语行于世，惟有忠孝之言总未闻。近日世情多改变，贤孝善孝不及古时人。记得圣贤书有话，教人仔女要孝顺双亲。仔女若唔存孝行，得到养子方知父母恩。檐前滴水无差错，点点还须照旧痕。"[①] 又如《顾荷包》讲到"禁赌"之事：

> 五伦尽丧君知否，赌博遗秧第一罪名。朝廷禁赌非无意，免至各人输到苦楚零丁。个的后生唔识利害，总望绅衿老设立章程。你系读书明道理，齐家治国理所当应。……肯禁得清无赌博，地方福泽大过南京。子弟尽能知守慎，乡村世界易得安宁。[②]

由此，民间曲艺成为土音宣讲的最佳载体，因其通俗的故事化讲唱、方言口语的添加而具有了特殊的民间亲和力。木鱼书中的作品中常有一个母题，即"母虐子"模式，继母杀害前妻之子如《老康记》《谋夫孩子阴阳报》；亲生母亲杀害儿子如《杀子有报》。这些作品均以处于弱势的儿童视角切入，声泪俱下，显示出民间社会常见的家庭悲剧。另外，戒烟、戒赌、戒酒等对男性无节

---

①《念亲恩》，《俗文学丛刊》476册，台湾"中央研究院"历史语言研究所、新文丰出版股份有限公司2006年版，第335、343页。

②《顾荷包》，《俗文学丛刊》476册，台湾"中央研究院"历史语言研究所、新文丰出版股份有限公司2006年版，第335、343页。

制生活的劝诫是有较现实的生活基础的。许多闺中少妇就是在吟唱或聆听此唱句的感伤中度过孤独无助的生活的。《和乡党》中对邻里关系的讲述也充满着民间的温情与独特的生存智慧："人生必有一个安居处，或居城市或居乡。"[①]

劝诫乃是对群体文化的一种整合，其社会意义不可小觑。说唱中的劝诫不仅带来了新的演出题材，也会在长期的艺术活动中对地域风俗形成一定的变化。在清代笔记中，木鱼歌的说唱活动起到了移风易俗的作用："……邑迎神赛会，多演戏，男女混集，王公严禁之。俗好唱摸鱼歌，王公自为孝、悌、忠、信四歌，令瞽者沿街唱之，日给以口粮，风俗为之丕变。"[②]"其事或有或无，大抵孝义贞烈之事为多。竟日始毕一记。可劝可戒，令人感泣沾襟。"[③]学者曾经精辟地指出，通俗歌谣实具有针砭顽俗补弊救便的社会功能，是乡间知识分子透过大众传播工具，将其理性智慧运转在社会伦理上，创建一套符合实用的人生处世经验。"这些经验加深了社会规范的多元化与深刻化，支配了社会机制下角色行为的基本意识。……让我们深入到中国亘古以来的社会文化特质，体会了有血有肉充满了热情与关爱的生活传统。"[④]

三

小说《跻春台》的独特之处还在于，它将絮叨乏味的制度化宣讲从朝廷训令转化为愉悦性的公案叙述，从而在严肃与娱乐之间找到了属于文学的书写空间。具体而言，单纯劝善或宣讲从阅读心理与文学创作的角度而言缺乏情感的张力与冲突性，如何增强圣谕的美学力量？兄弟析产、婚姻纠纷、劫财谋杀等斗争性叙述，以及无辜被冤、屈打成招等公案情节的介入使得宣讲具有了震撼人心的效果。大量案件的描写使《跻春台》成为中国公案文学长河中的一分子。中国公案文学经唐、宋、元不断成熟，至明代中晚期达到高潮，大量作品如

---

①《和乡党》，《俗文学丛刊》476册，台湾"中央研究院"历史语言研究所、新文丰出版股份有限公司2006年版，第345页。

② 罗天尺：《五山志林》，吴绮等撰，林子雄点校：《清代广东笔记五种》，广东人民出版社2006年版，第74~75页。

③ 屈大均：《广东新语》卷十二，中华书局1985年版，第359页。

④ 郑志明：《文学民俗与民俗文学》，嘉义县南华管理学院1999年版。也有学者从正面指出其教育意义："此种木鱼书……是大有益于世道人心而为国民道德、民族文化最高标准深入民间之重要传播器，此则是其特别的教育价值而不当轻视也。"简又文：《广东的民间文学》，《台北广东文献》卷一第3期，第19页。

《龙图公案》《新民公案》涌现出来。这些公案多描写从案发到侦查再到破案的完整过程。与上述公案小说不同的是，在《跻春台》中“案件”本身往往只是造成可叙述的对象事实，并非小说主旨所要表达的思想内容。而作品之所以以司法案件作为足以带动情节发展的要素，主要是因为此类案件能引起足够的冲击力。[①]因此，《跻春台》的公案书写不侧重司法的技术性与程序性描写，而是侧重由案件引发的道德期待。

小说卷三《假先生》与《双冤报》两则故事便通过刑事案件的叙事张力、民与官的公堂对峙、刑法的严峻等层层情节铺排出生死一线的炫目场景。《假先生》中杨学儒四处坐馆教书糊口，却学规不严、教书中错误百出。一次与学生四喜因分食肉丸而起争执，次日早四喜到馆中偷吃冷肉引起肚疼，七窍流血而死。其家人将杨学儒扭送至官府，以“毒死学生”罪屈打成招。后新任县官查阅卷宗后实地勘验，发现四喜吃饭处有毒蜈蚣出没而真相大白，遂释放杨学儒。杨出狱后改过自新，并亲自学讲圣谕，向众人现身说法：

> 时有讲生，是四川人，乃胡炳奎徒弟，在文县宣讲。学儒即去拜门，学讲圣谕，每到台上把案讲完，即将自己过错做成歌词，说与众听：
>
> 今日里坐讲台来把善劝，说的是圣上谕仙佛格言。
> 说罢了且讲个新鲜证案，你众人须鉴戒来把善迁。
> 论这人家不富也不贫贱，想财利去教书好弄银钱。
> 在馆中论学规全无半点，任徒弟去作孽打骂签翻。
> 凡根本与孝悌丝毫不谈，只图他月混月年复一年。
> 论胸中他原是学问疏浅，性懒惰气乖张又不耐烦。
> 凡音韵与句读错讹扯断，当点的他不点当圈不圈。
> 年小的嚼不得一字一根，大徒弟哄着他免得问难。
> 时乎而又装成斯文体面，俨然他是一个饱学生员；
> 时乎而与徒弟笑谈乱讪，结交些邪朋友打牌吃烟。
> 逢朔望习礼仪原是正眷，他不该哄徒弟偷米换钱。

① 王瑷玲：《洗冤补恨：清初公案戏之艺术特质与其文化意涵》，熊秉真：《让证据说话》(中国篇)，台湾麦田出版社 2001 年版，第 22 页。

办酒菜打平伙自己免算，一堂中好子弟被他坏完。
因此上造罪多天怒神怨，才使他遭命案身受牵连。
跪法堂来拷问实在凄惨，用苦打成了招丢入禁监。
他妻子到监中来把夫看，请父亲陪着他一路往还。
在中途他父亲去把酒滥，把女儿失去了不知那边。
后遇到好清官明冤断案，归家去无妻子痛断肠肝。
因此上改恶习立心为善，四乡中讲圣谕教愚化贤。
你众人若问他姓名近远，就是我愚不才一部新传。
愿众人须当要以我为鉴，无学问莫教书免造孽愆。
使不教不受辱斯文有脸，老天爷定佑你福寿绵绵。
杨学儒从此在外宣讲，将身作劝，十分勇往。[①]

从故事叙述来看，官员审案是否清明、案件是否形成冤案等显然不是故事关注的核心。故事更关心的是当事人从邪念出现到被扭送官府直至悔恨的个人心路历程，公案仅是人生忏悔的一个引子。

《双冤报》故事与此类似。高秀性情急躁，好打蛇；其妻王氏爱食虾子。高秀与表弟魏有仁出门做生意多年，积攒下家私后回家种田。一日王氏去田间为丈夫送去自己亲手做的煎虾饭，恰表弟魏有仁路过，王氏便上前闲谈。高秀在旁十分生气，吃完饭后与王氏大吵，并认定她与魏有仁有奸情。是夜，高秀肚疼而死，王氏被高家人扭送至官府，在严刑之下，王氏无奈承认自己通奸杀夫。之后，高平县令白良玉受托重新审理此案，亲自去送饭现场考察，并令王氏重新做好虾饭，自己隐身树后观看。继而发现有大蛇从树中吊下，在虾中放毒。案件从此真相大白，王氏解刑释放。有感于此案之曲折，也为了使百姓不再伤生，白良玉亲自将案件编成歌词以宣讲："提羊毫来把众人劝，尔百姓一一听详端。人在世存心要慈善，莫伤生去把口腹贪。"[②]值得注意的是，歌词宣讲完后他还命人"刊版印送"，以书面形式将宣讲内容广泛传播。这当然不仅是文学虚构，联系前文所述黎昌县知县梁延年将圣谕加以通俗解释并刊行，合邑家喻户晓，最后受到皇帝嘉奖的史实，可看出清代各地官员对圣谕的个性

① 省三子：《跻春台》卷三，民初刻本（首都图书馆藏）。
② 省三子：《跻春台》卷三，民初刻本（首都图书馆藏）。

化解释现象十分突出。无论是用图像解释，还是充分利用各地弹词、鼓词、道情等民间说唱曲词都可看出民间对朝廷政策的独特吸纳与微妙认同。

在民间文本对国家规制上达下释的背后，是否还有更深刻的东西存在？方言、土语的民间声音背后是否还有更广阔的信仰空间与观念场域？置言之，民间与国家到底是何种关系？传统中国的民间社会，既不是只受国家支配的非自立存在，也不是自立于国家之外的自我完善的秩序空间，而是通过共同秩序观念而与国家体制连接起来的连续体。[①]这种秩序观念包括对天理人情的考量、包括对阴阳转换的思考，也包括对因果报应的共同性认知。

现实世界与精神世界之间的关联构成国人主要的信仰体系与秩序观念。从此角度关照，《跻春台》及其他公案作品中大量的阴间报应、神鬼情节等便有了独特的精神意义。学者指出，专治皇权社会晚期的中国人民通过两条互不相干的途径追求公平——真实的法庭审判和包括向苍天控诉的神判仪式。在公案作品中，由被喻为青天的官员们集体运行的、活跃于全人类精神中的、作为一种回报原则的“报”的观念，为人们提供了一个不公平审判终将得到纠正的希望来源。[②]另有人认为，这种诉诸天道与报应的叙事，反映出来的是中国古代两种法律秩序“王法”与“神法”之间的“互动”关系——支持与背离的格局。[③]《跻春台》中“报”“报应”“冤孽”“神”“阴间”等随处可见。如“天网恢恢不漏，神威赫赫甚严。任你用尽巧机关，报应到头自现”（《男乡井》）；“可知天之报应，不爽毫发”（《评分银》）；“有德必报冤必伸，亲到法堂投审”（《审豺狼》）；“切莫造孽辱斯文，一旦天加谴，财空绝后根”（《六指头》）；“莫作等闲不认真，冤孽到头方信”（《假先生》）。这些无数次在叙述中重复的话语呈现出庶民普遍的信仰价值体系。“报应”不仅随口而出的日常话语，更是民众内心崇拜敬畏的庄严词汇。这些民间词汇早已越过一时一地，成为古代中国从庶民到缙绅普遍认同的知识体系与精神空间。这种报应观自有中国文字记载开始，一直是中国宗教的基本信仰，是一种真正的替天行道。[④]这种报应既与佛

① [日] 沟口雄三：《中国与日本公私观念之比较》，《二十一世纪》1994年2月号。

② Paul Katz，*Idictment Rtuals in Late Imperial China*（《中华帝国晚期的审判仪式》），及 Carlitz 的文章。转引自 [美] 欧中坦：《解释性群体：清朝的法律与文学》，王冰如译，载《南京大学法律评论》2006年春季号。

③ 徐忠明：《案例、故事与明清时期的司法文化》，法律出版社2006年版，第186~187页。

④ [美] 包筠雅：《功过格——明清社会的道德秩序》，杜正贞等译，浙江人民出版社1999年版，第28页。

教有关，又与本土道教密切相关。正如前述，报应等不仅是底层民众的精神需求，对于那些经过多年儒家正统教育熏陶的知识分子亦如是。清代名幕汪辉祖一生断案无数，从其所著《病榻梦痕录》中案件实录可看出其审案之缜密、推理之精准。而他背后的精神所系为何物？竟是国人最熟悉不过的“因果报应”：

> 因果虽二氏之言，然《易》六十四卦皆言吉凶祸福；《书》四十八篇皆言灾祥成败;《诗》之《雅》《颂》，推本福禄寿考之故。“无所为而为善，无所畏而不为不善”，惟贤者能之，降而中才不能无藉于惩劝。余年十五，检败簏得先人旧遗《太上感应篇图释》半部。诵其词，绎其旨，考其事，善不善之报，捷如桴鼓。自念少孤多病，惧以身之不修，废坠先祀，怵然默誓。
>
> 日晓起洗讫，庄诵《感应篇》一过，方读他书。有一不善念起，辄用以自儆。比在幕中，率以为常，日治官文书，惟恐造孽，不敢不尽心竭力。从宦亦然，历五十年，幸不为大人君子所弃，盖得力于经义者犹鲜，而得力于《感应篇》者居多。故因果之说，实足纠绳。夙夜为中人说法，断不可废。①

在充满“罪与罚”叙述的公案文学中，报应成为罪恶与惩罚之间的一种精神杠杆，拥有了人文高度。当田产被人侵占之时，当婚约受到侵犯与篡改之际，当生命被无辜践踏甚至惨遭杀戮之时，也是报应逐渐显现其叙事威力之处。最终有罪必罚，报应得以完美彰显，呈现出与法律实践不尽相同的“叙事正义”或“诗学正义”。《跻春台》中的“报”与一般意义上的“报”还不尽相同。在传统公案故事中，犯罪嫌疑人往往在做恶事时因无人知晓而暂时逃脱法网，最终却是法网恢恢疏而不漏，经过官员曲折的审判最终查明实情，嫌疑人最终受到制裁，因而是典型的“犯罪—逃脱—制裁”的叙述模式。而在《跻春台》中“报”着重强调的不是真正罪犯之报，而是心念之报、欲望之报，即“心动—入狱—释放”的心理结构。卷四《双血衣》中倪泽山之妻彭氏容貌秀丽，倪泽山的表弟孙子良及邻居塾师骆心田都对彭氏垂涎已久却苦无机会。一日深夜，孙子良趁倪泽山外出偷偷潜至其家欲亲近彭氏，谁知却在花园遇仆人死尸

① 汪辉祖：《双节堂庸训》卷二“因果之说不可废”，江苏书局（清光绪刻本）。

而惊走。因他身上沾有血迹而被倪泽山指认为杀人犯而入狱。之后有人在庙中偶然发现藏有血衣，此衣乃彭氏隔壁书馆塾师骆心田之物，骆心田由是也被抓捕入狱。两人先后在公堂受尽折磨几欲死。孙子良屈打成招，遍体鳞伤，被抬回家中指认杀人之刀藏匿之处。当他见到家人时，痛心疾首，字字带血：

> 见爹妈不由儿肝肠痛断，见妻子与哥嫂心如箭穿。
> 都只为倪表兄家出命案，儿不该贪淫欲钻入绰圈。
> 又不知是何人狼心狗胆，杀死人惹得儿血染衣衫。
> 倪表兄起疑心捉儿送县，受不起苦毒刑才画供单。
> 无衣刀就与儿一千小板，打得儿两腿上皮破血鲜。
> 丢卡中无亲人把钱讲断，将你儿放毛厕臭得难堪。
> 屙尿的对着儿一身洒满，唾口水捉虱子放儿身边。
> 到晚来那臭虫成了线线，足上镣手加肘任他饱餐。
> 板疮上那虱子尽都满，又在痒又在痛好似油煎。
> 一晚上到天明鼓起双眼，白日里受遭路刻不能安。
> 疮结疤法堂上又喊比案，虽然是二百板胜过二千。
> 弄得儿难行坐又难立站，无钱使无人问怎把命延？
> 比三案儿求官大施恩典，才命差押着儿转回家园。
> 呀，爹妈呀！如不信你将儿两腿细看，血糊涂肉青肿脓水不干。
> 呀，爹妈呀！难道说儿受苦都不怜念，为甚么藏衣刀不献与官？
> 呀，爹呀，妈呀！有血衣无非是把儿头砍，无血衣受比案好不作难。
> 受斩刑只一刀即时了念，受比案隔几日要入九泉。
> 与其在受苦刑时死时转，到不如早些死也得安然。
> 呀，爹妈呀！要看儿今日里多看两眼，恕你儿不能够送老归山。
> 呀！妻呀！你若是要看夫就此快看，从今后鸳鸯鸟定要打单。
> 呀，哥嫂呀！倘若是丁封到法场取斩，望哥哥收尸首莫使狗衔。
> 念小弟是凶魂难回家院，逢年节在门外多化纸钱。
> 诉不尽别离情活长日短，要相会除非是梦里团圆。[①]

① 省三子：《跻春台》卷四，民初刻本（首都图书馆藏）。

这些唱词是全书中最有冲击力的文字之一，其重要价值并不在于揭露酷刑之害，而是用极民间化、口语化的韵文唱词铺陈出内心的压抑与痛苦，突出与父母妻子的生死离别，这正是千万普通民众内心最真实而朴素的情感吟唱。另一嫌疑人骆心田在毒刑之下也只得招认“是这样苦毒刑实在刻苛，生而死死又生怎么煞搁！我先前不招供真真有错，就上天与入地也难逃脱。倒不如受冤屈把供招过，自然有菩萨知观音弥陀。这都是起淫心轻言招过，挨手掌受夹棍怪得谁何。”后经清官仔细审理才发现凶手另有其人。冤狱平反后，孙子良与骆心田两人发誓改淫念行善事，终得善报。正如开篇诗所云“心机动先伏祸冤”。故事讲述的是一场人命大案，但又似一场精神炼狱式的想象公案。欲念存而公案生，心机动而灾祸至。身受折磨而精神反思，终得冤狱平反，这是一场为人心而设的公案叙述。如果说“法”是外在的强制性规范，那么小说中所强调的向“善”的悔过意识才是免于牢狱之灾的真正保障。

总之，《跻春台》以公案的形式宣讲圣谕，一方面可以普及、传播朝廷政策与法律知识，“法律知识从宗教仪式、集市上的表演、市面上的说书者、小说以及审判自身等各种没有异议的公开途径而来。因此，尽管普通民众缺少讼师所掌握的程序细节、也不及刑部官员精通案件档案及案件分析，但他们已远非对作出审判决定无知的解释者。”[①] 另一方面，又通过故事渲染等使民畏法，“愚民触目精心，庶不致轻坏法网”，呈现双向互动。而这一切又是通过小说家、俗曲艺人等共同形成的“故事填充”以轻松娱乐的方式呈现出来，泄露出晚清时期公案文学多元而微妙的书写姿态。

（本文曾发表于《社会科学论坛》2013 年第 9 期）

① [美] 欧中坦：《解释性群体：清朝的法律与文学》，王冰如译，《南京大学法律评论》2006 年春季号。

法学是一门人文科学

丁国强 *

“学科”在《辞海》中有两种解释：一是学术的分类，指一定的科学领域或一门科学的专业分支；二是指教学科目的教程，即科目。在英文中通常被翻译为 disciline，subject，academic field。20 世纪以来，随着科学技术和知识经济的发展，各门学科呈现出大分化、大组合的趋势，促进了人文科学与社会科学、自然科学的沟通。法学被不同的研究者归为人文科学、社会科学甚至自然科学。法学的学科归类问题，不仅关系到知识领域和学术视野的划分，而且也关系到法学的价值取向和学术立场。

一、人文学科的形成与发展

人文科学是对人类精神生活、人文现象和规律进行系统研究的理论体系，是人类理解自我、反思自我的基本方式，对于构建人类的精神救援和意义世界发挥着重要作用。《简明大不列颠百科全书》说：“人文学科是关于人类价值和精神表现的人文主义学科。”① 在德国，人文科学（Humanwissenschsft）也被称为历史科学（Ceschichtwissenschaft）、文化科学（Kulturwissenschaft）或者是精神科学（Geisteswissenschaft）。② 人文科学的发展经历了四个阶段。第一个阶段是形成时期，12、13 世纪欧洲一些大学里的学者为了从现实中印证基督神灵的威权，将哲学装扮为效劳神学的婢女，将科学装扮为侍从于宗教的仆人，增设了人文学科对其人和自然的特定对象以及古典人文著述专门研究，促进了人文学科的形成。与此同时，社会上新型世俗知识界把对抗宗教文化和神学教义的行动转向不可逆转的轨道，抒发理性认识人的情怀，伸张人的权力，建构人的

---

* 丁国强，西南政法大学特聘教授。

①《简明大不列颠百科全书》卷六，中国大百科全书出版社 1986 年版，第 760~761 页。

② 参见［德］恩斯特·卡西尔：《人文科学的逻辑》序，沈晖、海平、叶舟译，中国人民大学出版社 2004 年版，第 12 页。

科学，传承人的文化，使人文学科的诞生和发展获得了现实的社会基础。第二阶段是与社会科学合并时期。19世纪，人文科学因在普遍执政的资产阶级看来减弱了工具价值，而在形式上与社会科学合并，统称社会科学。第三阶段是人文科学与社会科学分离时期。19世纪末20世纪初，适应科学发展的人们认识和解决社会问题的需要，将人文科学与社会科学相分离，并行发展。第四阶段是人文科学功能凸显时期。20世纪下半叶以来，在人们深刻反思该世纪中爆发的政治危机、经济危机、技术危机、军事危机、社会危机的五大危机中，人文科学的地位越来越受到普遍重视，体系由于研究需要和兴趣的拓展越来越成熟和完善，对解决世界上重大问题和根本问题的作用越来越明显。[①] 在中国，人文学科的独立形成比较晚，这是由特定的历史条件所决定的。近代中国所急于解决的是救国图存的功利问题，而人的价值等深远问题则被搁置起来。“作为学术分类概念，‘人文学科’与‘人文科学’直到20世纪80年代才进入以中国大陆为核心的汉语文化圈，落后于自然科学和社会科学现代学术分类进入中国近一个世纪。”[②] 人文学科是将认知与科学融入价值考量和人文视野之中，“它不仅关注知识的运用，更关心这种运用是否和人类的目的相一致。”[③] 人文科学与社会科学、自然科学所关注的对象存在交叉性，但是，人文学科的思考方式却与社会科学、自然科学存在明显差别。“人文学科与回答‘是什么’的客观陈述（科学）不同，它要回答‘应当是什么’，也就是它要包含价值导向。人文学科总是要设定一种理想人格的目标或典范。人文学科引导人们去思考人生的目的、意义、价值，去追求人的完美化。”[④] 不少学者认为划分人文科学与社会科学是没有必要的。皮亚杰说：“在人们通常所称的‘社会科学’与‘人文学科’之间不可能作出任何本质上的区别，因为显而易见，社会现象取决于人的一切特征，其中包括心理生理过程。反过来说，人文学科在这方面或那方面也都是社会性的。只有当人们能够在人的身上分辨出哪些是属于他生活的特定社会的东西，哪些是构成普遍人性的东西时，这种区分才有意义（这一假设正是这种区分的根源）。”[⑤]

---

① 石亚军：《话说人文素质及教育》，《比较法研究》2006年第4期。

② 赵景来：《人文科学若干问题研究述要》，《社会科学战线》2006年第3期。

③ 王多：《人在哪里——西方人文主义对科技进步的诘难》，（上海）《探索与争鸣》2005年第3期。

④ 叶朗：《谈谈人文教养与人文学科》，《中国大学教学》1996年第5期。

⑤［瑞士］让·皮亚杰：《人文科学认识论》，中央编译出版社1999年版，第1页。

二、法学的学科归类

法学是一门历史悠久的古老学科。西语中有关法学的称谓，最早见于拉丁文中的“Jurisprudentia”，原意指“法律的知识”或“法律的技术。”查士丁尼在《法学阶梯》中指出：“法学是关于神和人的事物的知识；是关于正义和非正义的科学。”[①]中国先秦时期将研究法律的学问称为“刑名之学”或“刑名法术治学”，商鞅改法为律之后，关于法律的学问遂成为“律学”，主要侧重于对法典的注释和个案处理的法律技术，缺乏对法与正义的本质问题的研究。19世纪末20世纪初，随着清政府实行法律改革，从日本传入中国现代意义上的“法学”，1906年7月设置的直隶法政学堂正式开设了“法学通论”课程。[②]我国法学界关于法学成为一门独立的学科的认识，大多沿用恩格斯的经典论述：“随着立法进一步发展为复杂和广泛的整体，出现了新的社会分工的必要性；一个职业法学家阶层形成起来了，同时也就产生了法学。”[③]法学的学科归类不外乎三种：自然科学、社会科学、人文科学。法学与自然科学的联系主要体现在思维上，“现代科学最先不是出现在自然科学领域，而是出现在法学领域”，“抽象化、系统化的法律研究方法后来成为自然科学的范型。”[④]但是，法学所研究的事实和现象毕竟不同于物理学、化学、生物学、心理学的研究对象[⑤]，自然科学的研究对象是没有思维的物体，其任务在于发现研究对象的运行规律，人文社会科学所研究的事实和现象是人的活动而非自然存在，因此法学更多地被归属于人文领域。无论是在古罗马时期，还是在文艺复兴时期，法学都是推动社会人文发展的重要力量。德国哲学家李凯尔特指出：“文化包括了宗教、法学、史学、哲学、政治经济学等科学的一切对象。”[⑥]英国《大不列颠百科全书》将法学归入人文学科之列，其“人文学科”（humanities）条目说：“人文学科包括以下研究范畴：现代与古典语言、语言学、文学、历史学、哲学、考古学、法学、艺术史、艺术批评、艺术理论、艺术实践以及具有人文主义内容和运用

① [古罗马] 查士丁尼：《法学总论——法学阶梯》，张企泰译，商务印书馆1989年版，第5页。

② 何勤华：《汉语“法学”一词的起源及其流变》，《法学》1996年第3期。

③ 恩格斯：《论住宅问题》，《马克思恩格斯选集》第3卷，人民出版社1995年版，第211页。

④ 强世功：《法律共同体宣言》，《中外法学》2001年第3期。

⑤ 法医学是一个例外，其研究对象与生理学基本相同，属于自然科学的范畴。

⑥ [德] 李凯尔特：《文化科学与自然科学》，涂纪亮译，商务印书馆1996年版，第22页。

人文主义方法的其他社会科学。”[①] 值得注意的是，杰出的法学智慧往往不是出于专业法律人之手，许多文学家、历史学家、哲学家溢出自己的知识边界，表达了深邃的法律思想，而许多学法律出身的人也并不以法学家著称，如马克斯·韦伯是法学博士却以社会学家著称，法学科班出身的卡夫卡最终成为著名的现代派作家。[②] 这充分说明，法学并不像现在这样是一门具有职业性、技术性的学科，而是具有强烈的人文色彩的知识领域。[③] 概念法学派对法律规范过分崇拜，认为法律规范是精美无瑕，因此拒绝法官的价值判断参与司法裁判，法官只能依照演绎推理的模式进行简单呆板的形式逻辑运算，成为法治形式主义的极端发展形式。[④]“法学的研究是一种人文的研究，要完全实现‘价值中立’，这既不现实，也不可能。”[⑤] 在中国，人们习惯于把法学归入社会科学，《中国大百科全书》对法学的解释是：“法学，又称法律学、法律科学，是研究法这一特定社会现象及其发展规律的科学，属于社会科学的一个学科。”[⑥] 这种归类方式在很大程度上受了苏联法学研究模式的影响。人文科学与社会科学的根本区别在于前者侧重于研究人的内心精神世界和价值观念，后者则侧重于研究社会现象和社会发展规律。“同样是文科，人文科学与社会科学，思考问题的方式不一样，文化情怀与学术理念也有很大差异。”[⑦] 有学者认为，社会科学的价值意义是较为功利性的，直接作用于社会的，而人文科学则是较为非功利性的，主要是作用于人心的。[⑧] 法学的任务固然是推动社会的“规则之治”，但是，如果不用法律改变人的思维、心态和生活方式，法学的社会作用就无法充分发挥出来。“正因为法学不是探讨社会的内部结构、制度等客观的社会现象，而是力

---

①《简明大不列颠百科全书》第 8 卷，中国大百科全书出版社 1986 年版，第 760 页。

② 参见刘三木、汪再洋：《法学中的概念移植问题之研讨》，《法学评论》2006 年第 5 期。

③ 学者蒋庆指出：“法律在古今中外学术史上本身就是人文学科的一个组成部分，只是随着西方近代以来学术分科出现后才独立出来，而历史上真正伟大的法学家、法律思想家、大法官、大律师却不只精通具体的法律技术，而且还具有很高的历史、理论、文化、宗教等人文素养。”见付子堂主编：《法理学讲演录》第 1 卷，法律出版社 2006 年版，第 221 页。

④ 耶林在批判概念法学时指出：“整个对逻辑的崇拜想把法学抬高为法的某种数学，那种迷信崇拜是一条迷途，它是建立在对法的本质错误认识之上的。并非生活为概念而存在，而是概念为生活而存在。”转引自［德］科殷：《法哲学》，林荣远译，华夏出版社 2002 年版，第 218 页。

⑤ 胡玉鸿主编：《法律原理与技术》，中国政法大学出版社 2002 年版，第 41 页。

⑥《中国大百科全书·法学卷》“法学”，中国大百科全书出版社 1984 年版，第 1 页。

⑦ 陈平原：《大学何为》，北京大学出版社 2006 年版，第 205 页。

⑧ 刘鸿武：《人文科学引论》，中国社会科学出版社 2002 年版，第 295~296 页。

图建立一个符合道德性的实现社会正义的规范秩序，所以，法学不属于社会科学，它因其道德性、公正性而应被视为人文科学。”[①] 法学不只是研究法律现象的学问，这种狭窄的规定是对法学学术领域的一种限制。有学者认为，假若把法学归为社会科学，把法学的世界观意义限制在具体的学科领域，必然会忽视法学的本体论、价值论和认识论的特征，导致法学研究出现束手束脚的现象，导致法学内部的无序和冲突。[②] 应当说这种担心不是多余的，法学研究的触角早已超出现象层面，延伸到精神和价值层面。有学者提出将法学划入社会科学的尴尬状态：“由于什么是社会科学这一根本问题未能得到合理而深入的解答，因而将法学归位社会科学没有多大实质意义，仅仅是为法学贴了一个空洞的标签，而不能为法学研究提供认识论和方法论的指导。”[③]

近年来，中国的法学研究人文化倾向越来越明显，许多学者如郭道晖、苏力、梁治平、张恒山、谢晖、高鸿钧、舒国滢、冯象、卓泽渊、许章润等都按照人文科学的研究思路和方法进行法学研究。法学在中国实质上已经成为介于社会科学和人文科学之间的一种知识形态。郭道晖认为：“法学既有其科学性，又不是纯科学；既不能脱离实践作纯学术研究，又不能完全按照自然科学和社会科学的思维来对待和处理。法学是融合社会科学方法与人文精神的学科。”[④] 法学与社会科学中的其他学科的重要区别在于其鲜明的人文性。“法学作为社会科学是解决人与人关系的，它不纯粹是证成知识与真理的科学，而是一种价值判断，即需要法官的判断力去正确评价具体情况，以便把法律具体化”[⑤]。价值判断离不开人文建构，这就使得法学具有人文科学的性质。“法学以法律现象为研究对象，它考察法的产生、发展及其规律，各种法律规范、法律制度的性质、特点与相互关系，研究法的内部联系和调整机制，研究法与其他社会现象的联系、区别及相互作用，因此具有社会科学的性质；同时，法律又是人们生活意义的规则体现，是规则与意义的交结，法学要解决不同民族不同国度人们生活所面临的问题，要为人们在规则下生活提供精神导向，因此又具有人文

① 方泉：《略论刑法学研究中的“事”与“器”》，《中外法学》2006 年第 2 期。

② 曹义孙：《漂泊的思：现代性视野下的法学与教育》，中国法制出版社 2006 年版，第 9 页。

③ 黄文艺：《法学是一门什么样的科学》，法苑精萃编辑委员会编：《中国法理学精萃（2002）》，机械工业出版社 2002 年版，第 207 页。

④ 郭道晖：《法理学精义》，湖南人民出版社 2005 年版，第 5 页。

⑤ 范进学：《“法学”是什么？——比较法视域中的“法学”含义诠释》，中国人民大学复印报刊资料：《法理学法史学》2006 年第 11 期，原载《法学论坛》2006 年第 4 期。

科学的性质。”[①] 法学的人文特征是很明显的。法学是一门关于人的学问，关注着人的需求、权利、利益和尊严，体现着人的价值判断。强调法学的人文性，并不意味着放弃或排斥科学的研究方法，但是，仅靠科学手段和技术分析是无法对丰富多彩的人的生活作出合理解释的，个性化的人是很难抽象化、对象化和定量化的，所以，必须从人的本性及人文要求等方面来审视和谋划法律实践。法学的人文性是融入其实践性的。法学不能为人文而人文。“法学是一门充满实践理性的学科，魅力主要不在坐而论道，建构价值，因为其他学科也共担这样的使命，而在于如何通过规范把价值作用于事实，作出外有约束力、内有说服力的判断的技艺，这种技艺就是要使预设的价值、规范在事实的运动场上跑起来，让它们在舞动中获得新生或延续生命。”[②]

三、将法学归入人文科学的意义

知识的分类反映着学术研究的价值取向。关注法学的学科分类，是对法学知识形态及其精神品性和文化意义的一种重视。法学学科既具有社会科学的特质又具有人文科学的特质，其学科归属体现了特定时代的文化背景和偏好。新中国成立以后，中国的学术界一直把法学当作一门应用学科来对待，法学学科的人文性遭受贬抑。法学研究在向技术化、实用化挺进的同时，也陷入了“见物不见人”的误区。“本世纪的法学和法学者的历史表明：纯粹的法律技术对法律和社会是危险的。”[③] 法律具有普遍性和抽象性，在对具体细微的生活现实进行概括和规范的过程中，必然会对个人的欲求形成一种控制。有学者认为：“从某种意义上讲，法就是主体秩序化要求外化的产物，一种变异或异化形式——它源于人的需要，一经产生便成为凌驾于人之上的异己力量。”[④] 如何将法律的这种异化控制在适当的幅度内，是法学研究的重要课题。法学是一门“以人为本的学问”，[⑤] 法学研究只有充分凸显人文性，法治实践才能与现实中的人和具体的日常生活紧密融通，而不致于发生隔阂。“人文科学由于其综合性、价值性，往往

---

① 朱景文：《关于法理学向何处去的一点意见》，朱景文主编：《法理学研究》上册，中国人民大学出版社 2006 年版，第 11 页。

② 郑永流：《译后小记：让规范舞动起来》，[德] 恩吉施：《法律思维导论》，郑永流译，法律出版社 2004 年版，第 284~285 页。

③ [德] 伯恩·魏德士：《法理学》德文版前言，法律出版社 2003 年版。

④ 林喆：《法律思维学导论》，山东人民出版社 2000 年版，第 139 页。

⑤ 赵震江、付子堂：《现代法理学》，北京大学出版社 1999 年版，第 3 页。

承担一种文化和价值批判的角色。”[①] 法学所担负的文化使命是不言而喻的，有学者认为：“与其他专门知识相比，法学知识具有特殊性——对人的素养培育的特殊意义。”[②] 正是由于对人的关怀，法学成为一个开放的学术系统，一个具有较强吸纳力的学科。博登海默说：“法律是整个社会生活的一部分，而且绝不是存在于真空之中。法律并不是社会科学中一个自给自足的独立领域，能够被封闭起来或者可以与人类努力的其他分支学科相脱离。”[③] 法学如果不回答人是什么，就无法把握世界对人的意义和人在世界中的地位和作用等重大问题，从而也必然限制了其对法律的深刻理解。不知人，焉知法？理解人是理解法的前提。将人置于价值盲区和意义空白的法学是一门危险的学问。有学者曾经进行过这样的反思：“中国法学的一个重大悲剧就在于忽略了人在法中的地位”，“人文观念和科学观念的缺失是法学界的重大失误，法、法治或法学都在极大程度上忽视了人”[④]，无视人的存在，漠视人的价值，法就会成为人的对立面。法学研究只能建构在人之上才能焕发出旺盛的学术生命来。“法学研究的出发点和归属点在人而不在实在法律，因此，法学不能没有人文关怀，法学者应当将自己看作与他人无异的常人而不是什么先知先觉，法学应当是有‘我’的法学和有‘人’的法学”[⑤]。作为与功利主义、工具主义法学相抗衡的一个法学流派，人文主义法学由于重视人的价值和需要而不断焕发出新的活力，成为影响法学研究的重要学术流派。“人文主义法学的中心思想是，法律应将人作为目的，尊重人的需要和利益，防范人的恶性，宽容人的弱点，鼓励人的优点。法律不应将人作为任意摆布和任意驱使的对象，而应该时时处处关心人、爱护人。只有关心人、爱护人的法律才能在人们的心中树立权威，才能为人的生存和发展创造良好的条件，进而增进人的幸福。[⑥] 人文主义法学突出了法律的人文维度，对于校正工具论、技术论的法学研究倾向具有积极的意义，也为构建以人为本的司

---

① 赵景来：《人文科学若干问题研究述要》，《社会科学战线》2006 年第 3 期，转引自《新华文摘》2006 年第 16 期。

② 孙笑侠等：《法律人之治——法律职业的中国思考》，中国政法大学出版社 2005 年版，第 369 页。

③ [美] 博登海默：《法理学—法哲学及其方法》，邓正来、姬敬武译，华夏出版社 1987 年版，第 491 页。

④ 卓泽渊：《法治泛论》，法律出版社 2001 年版，第 1、11 页。

⑤ 姚建宗：《法理学——一般法律科学》，中国政法大学出版社 2006 年版，第 421 页。

⑥ 刘国利、吴镝飞：《人文主义法学引论》，《中国法学》2004 年第 6 期，转引自《高等学校文科学术文摘》2005 年第 1 期。

法奠定了理论基础。法学学科的人文性和实践性不是对立的。我们并不否认法学研究的科学性和应用性，但是，人们对法律的认识和应用都必须要建立在人文关怀之上才具有意义。在重视法学学科的人文品性的同时，也要注意不能高估和过分夸大文化的作用，防止陷入文化决定论的误区。学者桑本谦形象地指出："法学研究中的人文精神，就象蒸馒头时的酵母、炒菜时用的盐，或是恋爱中的眼泪，少则为佳品，多了就会泛滥成灾。"[①] 这一比喻表达了对法学过度人文化的担忧，不过这一说法并不准确，因为人文既有形式化、修辞性的一面，有点类似调剂品，但是人文还是关乎人之精神出路的价值体系，也是一种思考方式。法学要从人文出发，最终还是要回到人文，关注规则的目的说到底还是人。

我们一方面要防止人文思维凌空蹈虚，因为法学问题不能单纯靠思辨来解决，而离不开实证和逻辑。法学问题一旦脱离了严谨的实证思维就会流入无意义的空谈。"在人文知识分子的思维中，只要稍一偷懒，便会滑入'想当然'，论点与论据之间就会即刻脱节，或者自说自话地就硬将两者挂钩拧合，其实既无逻辑性更无科学性。"[②] 另一方面还要防止脱离社会现实。法学是一门实践性很强的学科，法学的生命在于通过"规则之治"促进社会的健康有序运转。撇开社会现实，漠视公众生存状态，而一味清谈玄谈，是法学研究的大忌。"我们人文学者衣食无忧，因而多注重个性化的精神生活和独特的内心体验，而很少体察芸芸众生的感受、期待和追求。"[③] 我们所强调的法学的人文性，是立足于现实，立足于实证的人文关怀，而不是它的反面。人文既是一种价值立场，也是一种研究方法。"学科一旦有了自己的方法，也就建立了独立性。"[④] 人文作为一种研究方法，决定了一门学科的基本的学术态度。正如黑格尔所说，学科的方法不是外在的形式，而是内容的灵魂。[⑤] 只有坚持法学学科的人文品性，才能使法学学科不至于与技术性、工具性学科相混同。[⑥] 有学者主张不要用自然

---

① 林来梵主编：《法律与人文》，法律出版社 2007 年版，第 501 页。

② 裴毅然：《人文知识分子常见病》，《学术界》2006 年第 6 期。

③ 高鸿钧：《无话可说与有话可说之间——评张伟仁〈中国传统的司法和法学〉》，《政法论坛》2006 年第 5 期。

④ 刘仲林：《跨学科导论》，浙江教育出版社 1990 年版，第 7 页。

⑤ [德] 黑格尔：《小逻辑》，贺麟译，商务印书馆 1980 年版，第 427 页。

⑥ 学者许章润慨叹："虽然今日的法学院既是生源盈门、最难报考的科系，又是在大学享有较高地位的部门，但若从学术角度言，其价位却在人文学术之下，不过'职业培训'而已。"见《法学家的智慧——关于法律的知识品格与人文类型》，清华大学出版社 2004 年版，第 230 页。

科学、社会科学、人文科学的三分法来确定法学的学科归属，认为法学是一门与之相并行的独立学科。[①] 这种观点在强调法学的独立品格的同时，也揭示了将法学归属于三大学科体系中的其中一种的困难和矛盾。但是，将法学置于三大学科体系之外，又势必会造成法学学科属性的迷失。总之，法学是一门形而上与形而下相结合、技术理性与实践理性相结合、人文精神与科学精神相结合、直面现实与建构理想相结合、实证与思辨相结合，通过对作为社会存在的人的法律行为、法律关系的研究，来阐明秩序、公正、正义、自由等价值的内涵和意义的学问，人文性是法学的根本特征。

① 李秀群:《法学的品格》，郑永流主编:《法哲学与法社会学论丛》2006 年第 2 期，北京大学出版社 2007 年版，第 206 页。

文学与法治精神的培养

董 燕*

在法治建设进入全面深化阶段之后，如果说全面推进依法治国的顶层设计能够为实现中华民族的伟大复兴提供有力保障，那么，文学则能够为实现依法治国的全面推进提供内生动力。毕竟，文学自身的特性决定了它可以从深层次把握法律现象，并引导受众作出合理判断，它对法治的推动是除了政治力量之外最令人瞩目的精神力量，有了文学的深度参与，法治建设将事半功倍；而法治建设的总体目标也为文学提供了价值导向。

一、应充分认识文学在社会治理方面的作用

从中国语境的独特性上讲，在中国传统社会，文学尤其广义的文学，是以一种积极的姿态承担着社会管理和教育的职能的，正如苏力所说："广义的文学事实上总是具有某种塑造人们行为和思想的作用……，尽管这一点在中国传统社会也许一直夸大了。"①但正是由于这种夸大，包括戏剧等在内的文学艺术实际承担了意识形态的教化功能和社会控制职能。这种现象在中国社会始终存在，并有其不可忽略和代替的价值意义。

文学协助法律实现社会治理是中国社会自古以来的一大特色，最典型的例子莫过于"春秋决狱"，"即以《春秋》等儒家经典里的经义和事例作为审判决狱的依据。因以《春秋》为主，故名之，但却不限于此，故又称经义决狱，或引经决狱。"②由此可见人们对"文以载道"的崇信和追求。所谓"文以载道"传达的信息是：文学是载体，要服务于政治、道德、法律、社会生活等各个方面，最终目的是通过对主流意识形态的传播而协助统治阶级实现、完善对国家的治理。文学自诞生之初，就与政治、伦理、道德教化等联系在一起。如《诗

---

* 董燕，中国政法大学人文学院副教授，主要研究方向为中国现当代文学。

① 苏力：《法律与文学：以中国传统戏剧为材料》，生活·读书·新知三联书店2006年版，第28页。

② 参见蒋冬梅、黄川倪：《论"春秋决狱"对中国法律传统的影响》，《华东理工大学学报（社会科学版）》2007年第4期。

经》非常强调诗歌的美刺作用，强调以诗言志，诗歌被看作辅助政治的工具。到梁启超则强调小说的新民作用。这样的“文以载道”绵延在几千年的文学创作和文学批评中，“随便翻哪个文学者的集子，总可以看见‘文以载道’这一类气味的话。很难得几篇文学是不攻击稗官小说的，很难得几篇文字是不以‘借物立言’为宗旨的”。[①]可见，文学的社会职能、政治作用在中国一直得以强化，即便进入法治社会，文学的干预作用仍不容忽视。在现代法治语境下，随着法律观念的确立，法律逐渐进入社会控制的中心位置，文学的社会控制作用逐渐式微，但文学依然具有“实践意义上的言行教化功能，这是任何社会治理都无法忽视和超越的功能”。[②]文学不仅能够将意识形态层面的法律从抽象的理念转化为具象的文艺实践，而且能够承载宣传教化的政治功能，从而达到攻心治心的效果。这恐怕是纯粹的法律无法代替的。

国内学者普遍表现出对文学以其教化功能与法律共同实现社会治理这一话题的兴趣。冯象从广义文学的角度，最早注意到《在延安文艺座谈会上的讲话》、“老三篇”等在培育“社会主义新人”的教化型话语实践中所起到的社会控制作用。[③]在新中国成立初期高度重视教化的意识形态语境中，他指出文学作为主流意识形态的载体与法律共同完成了社会治理任务。这在苏力看来是提出了“作为法律的文学”这一命题，指出了与法律同为社会控制体制组成的文学的道德教化作用。[④]苏力除了在广义文学的范围内继续关注外，还结合具体文学作品进行阐发。如在《作为社会控制的文学与法律——从元杂剧切入》一文中，他从《蝴蝶梦》《合同文字》《窦娥冤》等元杂剧入手，认为：“在一个传统的大国中，由于国家通过法律对社会进行政治治理能力的不足，或者交易费用过高，因此不得不诉诸道德意识形态，并往往借助于文学艺术的表现形式来加强社会控制。”[⑤]由此，他指出：“在实现社会控制上，文学与法律具有某种程度的互补。”[⑥]近年来对这一问题做出进一步探讨的是陈文琼。她在《国家政治

① 茅盾：《文学和人的关系及中国古来对于文学者身份的误认》，《茅盾全集》第18卷，人民文学出版社1989年版，第59页。

② 陈文琼：《论作为社会控制策略的“法律与文学”》，《广西大学学报（哲学社会科学版）》2009年第3期。

③ 冯象：《木腿正义》，北京大学出版社2007年版，第31~32页。

④ 苏力：《法律与文学：以中国传统戏剧为材料》，生活·读书·新知三联书店2006年版，第8页。

⑤ 苏力：《作为社会控制的文学与法律——从元杂剧切入》，《北大法律评论》2005年第2期。

⑥ 苏力：《作为社会控制的文学与法律——从元杂剧切入》，《北大法律评论》2005年第2期。

语境中的“法律与文学”》一书中，从冯象、苏力所开创的话题出发，立足于1949~1956年的政法实践，并延伸至改革开放后，详细考察了特定政治语境中文学和法律的合作以及由此而生成的社会控制效力。[①]另外，余宗其在“文学法律学”的理论建构中非常注重文学的社会批判性，这其实也是间接强调文学的社会治理作用。

二、应充分认识文学之于法律的内在价值

从具有普遍意义上的文学之于法律的内在价值讲，文学能够真实反映法律自身所不能反映的内容。法律给文学提供的更多是外部的影响，如素材、规制、保护等，而文学给法律提供的更多是内部的冲击，如对法律的局限、价值和意义的批判、展现等。充分认识文学之于法律的内在价值，有助于发挥文学对法律的积极影响，以促进人们法治观念的树立、法治思维的培养，唤起人们对文学承担的特殊责任的关注，为“发挥法治的引领和规范作用”[②]提供有效资源。

首先，法律无法反映自身的局限以及法律现实的某些具体情况。如法律只能无限接近真相却无法还原真相；面对涉及道德败坏、忘恩负义、始乱终弃之类伦理道德领域的法律事件，人们常感到力不从心。如在程小青“霍桑探案”系列的《第二张照片》中，作恶者王智生先是引诱顾英芬的姐姐私奔并始乱终弃造成其姐姐的自杀，再是四年后在顾英芬订婚后试图诽谤、敲诈顾英芬，由于学过法律，王智生小心翼翼地避过法网，因此，“法网虽密，竟也奈何他不得”[③]。其他如徐之玉（《活尸》）、尤敏（《无头案》）、鲁柏寿（《虱》）、董贝锦（《灰衣人》）、戚佩芝（《魔力》）等人，他们是道德上的罪人，在法律无法进入的伦理道德范畴内作恶，甚至其中有人很是懂得如何规避法律、利用法律，以致于有时一些不公正现象能够以“合法”的形式逃脱法律制裁。面对法律的无可奈何，文学不仅可使人们充分认识并反思法律所不能及之处，且能为法律的完善提供思路。文学对法律中存在的问题进行展示、揭露和批判，可以说是理想秩序对现实秩序的超越，是一种关于规则的规则。

其次，法律无法充分反映自身所蕴含的内在精神。法律并不是一个冷冰冰

---

① 参见陈文琼:《国家政治语境中的“法律与文学”》，中国社会科学出版社2013年版。

②《中共中央关于全面推进依法治国若干重大问题的决定》,《人民日报》2014年10月29日，第1版。

③ 程小青:《霍桑探案集》(13)，群众出版社1988年版，第268页。

的规则体系。法律旨在维护社会秩序，是实现一定价值的规范体系，之所以能够得到人们的普遍拥护和信仰，究其根本，并非仅仅是因为国家话语所赋予它的威严与至上地位，更是因为它本身所内含的对人的尊严的尊重和理解，对人的权利的肯定和维护，其内在精神能够满足人们实现公平、正义、自由、权利、秩序等人类基本价值理想的心理需求。若不能满足这些普遍的人性情感和人伦道德，法律则不能成其为法律，或者说“恶法非法”。制定良好的法律内含人们认同并追求的普遍原则，因而能够成为满足人类主体追求幸福、实现公平正义的理想寄托。也正是在这样的意义上，法律题材获得了作家的认可，“法律作为文学的描写对象是如此普遍”。[①] 法律由人制定并以人为目的，但作为一种社会调控手段，其外在规制的刚硬与内在人文情怀的柔软形成了巨大反差。机械化、逻辑化、平面化的法律条文有时无法直接反映出其背后所蕴含的人文精神，而有了文学手段的辅助，则可将法律内含之精神外化，正如魏斯伯格所说：“文学是我们以一种伦理的方式了解法律的一种活生生的、可以接受的媒介”。[②] 通过文学，人们看到的不再是抽象的概念化的法律，而是具体直观的、某种社会生活情境中的法律。

再次，文学跟法律相比具有超前性。法律需要保持相对稳定，若改动频繁，则会失去权威。但这样一来，滞后性也随之产生。作为法律的调整对象，社会生活在不断发生变化，而本来就未必与社会生活一一对应的法律却未必能够随着社会的变化而及时变化，这样，法律就容易与社会生活脱节，出现疏漏或过于僵硬。而文学不同，就如亚里士多德在《诗学》中指出：“诗人的职责不在于描述已经发生的事，而在于描述可能发生的事，即根据可然或必然的原则可能发生的事。……诗是一种比历史更富哲学性、更严肃的艺术，因为诗倾向于表现带普遍性的事，而历史却倾向于记载具体事件。”[③] 也就是说，文学与历史不同，它所要描述的是带有普遍性、必然性的事，是“可能发生的事”，文学也由此具有了超前性。从这个角度讲，文学能够及时反映社会变迁以及随之而来的法律困境，为法律提供深层次价值理念。研究者也对文学这种描述“可能”的能力极为看重：“如果在文学作品中看到的事件、情节等故事发展逻

---

① [美] 理查德·A. 波斯纳：《法律与文学》，李国庆译，中国政法大学出版社 2002 年版，第 13 页。

② 转引自胡水君、南溪：《法律与文学：文本、权力与语言》，朱景文主编：《当代西方后现代法学》，法律出版社 2002 年版，第 287 页。

③ [古希腊] 亚里士多德：《诗学》，陈中梅译注，商务印书馆 1996 年版，第 81 页。

辑在现实中有可能存在，此便是重要的。这缘于一个普遍易接受的理论预设：现实中的未来，总存在许多可能，而法学学术，并不拒绝相反恰是欢迎这些可能的研究。”① 或者可以说，在相对稳定却刻板机械的法律与日益复杂的社会生活不相匹配时，文学能够先于法律觉醒。

最后，文学描写对官方法律记载有补充价值，有时可能更为真实。冯象曾指出：“要弄懂中国老底子的政法手段，光读《唐律疏议》《资治通鉴》《明公书判清明集》是不够的，搞不好还被蒙了。不如听那门子讲一遍‘贾不假，白玉为堂金作马’的‘护官符’来得切綮中肯，纲举目张。”② 如果冯象的表述还不够形象的话，那么从《白毛女》的文本中可以得到进一步论证。《白毛女》中有个细节是，杨白劳因还不起债而被迫在女儿喜儿的卖身契上按了手印。研究者指出：“卖身为奴在汉代就被法律所禁止，民国时代当然更不合法。但是，法律不仅是静止的规范文本，同时也是动态的、实然的社会秩序和事实。而文学的可贵，就在于记录了法律的实然状况，胜过律例（法的文本）和统治者书写的正史（政治文本）。”③ 这样的例子还有很多，如程小青的“霍桑探案”系列对平等、正义等问题的思考，赵树理《小二黑结婚》中的自由恋爱问题，莫言《蛙》中的计划生育问题，苏童《红粉》中新中国成立初期妓女的改造问题，等等。文学让我们看到的是人们实际做了什么，社会实际发生了什么，而不是法律规定的人们应该做什么，社会应该发生什么。通过对事件、人物、心理等的描写与刻画，文学更能从整体上把握社会生活的本质，真实反映人的思想情感、伦理道德倾向。也正因此，徐忠明指出所谓“客观存在”的历史主要是官方学者利用手中的权力刻意塑造的结果，在这种情况下，作为人类生活史和精神史的表达形式的文学，尤其民间文学，“对于我们解读民间百姓的法律思想、法律意识、法律观念、乃至法律情感，就有不可小视的意义和价值”。④ 从这个意义上讲，官方记载有时并不可靠，而法律规定的是应然层面的秩序，文学描述的则是实然层面的状况，因此，文学对人类存在状况的反映更真实，更精准，更贴近人性和人的本质。

---

① 刘星：《马锡五审判方式的“可能”的运行逻辑：法律与文学》，《清华法学》2014 年第 4 期。

② 冯象：《木腿正义》，北京大学出版社 2007 年版，第 16 页。

③ 余晓明：《文学与法律之间——以〈白毛女〉的文本演替为例》，《南京师范大学文学院学报》2004 年第 1 期。

④ 徐忠明：《包公故事：一个考察中国法律文化的视角》，中国政法大学出版社 2002 年版，第 441 页。

文学能够提供的是一种法律之外的更高理性，以及为法律的完善和法律的人性立场提供的一种精神支持。无论肯定的立场还是否定的姿态，文学以其感性、生动、立体的描述能够使法律化成具体可感的形象，从而易于广为传播并被接受，也更易于展现法律的局限以及隐匿于法律背后的精神价值和意义，使人们深刻理解法律所蕴含的人性关怀。

三、以文学培养法治精神的几个向度

1. 在纵向上，可通过文学关注法律的发展演变及其在各时期的不同特点，鉴往而知来

一个时代的法律状况势必会投射在作家的创作中，文学所坐落社会的时代精神、价值观念，也是其时法律存在的同一个文化环境和社会空间，因此，在丰富的文学文本中所呈现出来的社会状况、法律纠葛、文化心理等内容是研究各时期法律的重要资料。比如，在公案文学作品中，清官情结、清官崇拜是司法实践过程中的突出特点。清官在断案过程中往往缺乏现代法治精神，而是重察言观色，甚至要依靠刑讯逼供或神鬼指引。形成对比的是，在赵树理的小说中，虽然也体现出一定的清官情结——这是对中国绵延几千年的传统审美的服膺，但是，在新的历史背景下，赵树理小说中的清官情结还是有了改变和发展，与传统文学文本中的清官崇拜有明显不同。从本质意义上说，中国古代的清官只是统治阶级的工具，是为了维护、稳固君主专制体制。清官只是联结上层统治者和下层受压迫者的纽带，并在不触及特权阶层利益的情况下满足下层人民的利益诉求。在政治黑暗、民众力量极为薄弱的古代中国，下层民众唯有将对公平正义的渴望寄望于为民做主的“清官”。于是形成文学作品中的清官情结。而在赵树理的小说中，这一切开始发生变化。赵树理在塑造清官形象的同时，否定干部特权，注重制度、政策、法规等的保障作用。这与传统的清官崇拜有了很大不同，在一定意义上表现出人民主体意识的觉醒——等级制度正在被打破、对政策与法规的依赖正在形成——虽然还停留在无意识层面，而且从根本上说，赵树理也不可能超越中国社会文化传统，更无法超越其时社会政治制度的拘囿——但他能够在一定程度上与传统的清官崇拜保持距离，从而使作品具有了时代新质。由此可见，随着新中国的成立，法治建设成为一个日渐清晰而坚定的目标，法律已开始发挥其规范、指导、维护社会稳定、保障民众利益等作用。再如，从民国时期程小青“霍桑探案”系列的《无头案》《轮痕

与血迹》[1] 等诸篇，到新中国成立前后赵树理的《小二黑结婚》《登记》[2] 等作品，可以看到“父母主婚”“家长包办”虽然艰难但却必然地一步步退出了青年人的婚恋生活，以及20世纪上半叶中国婚姻制度在不同时代背景下呈现出的不同面貌。了解中国法律的历史演变，可帮助人们认清中国法治发展的大势所趋，从而为法治建设提供理论支持。

2. 在横向上，可通过文学关注中西法律文化的不同或冲突，为二者的融合提供可靠保证

通过对相关作品的研究，可以观察不同法律制度及其背后的法律精神、文化传统，从而提示我们在法律移植过程中，要考虑不同国家的不同社会背景和文化习俗，以便更好地将外来法律制度与本民族传统相结合，并使之获得良好的发展。如在程小青的“霍桑探案”系列中，作家借包朗之口说：“总而言之，吾国司法界的一般状况，已渐渐儿从迷信腐化和草菅人命的恶魔掌握中解放出来，而趋向于‘凭借理智’‘利用科学’和‘扶植人权’‘推行法治’的光明途径。”[3] “霍桑探案”表现出尊重法律权威、追求平等、重视程序正义等法治思想，通过对现代法治思想的传播能够促使国民自觉不自觉地对两种法律制度进行对比，从而唤起对西方先进法律制度与思想的认同和期待。但内在矛盾依然显而易见。一方面，作品表现出对法律至上权威的尊重，尽力维护法律的尊严和价值；另一方面，霍桑又会本着侠义精神和普遍情感的立场，常常站在作案者的立场和处境考虑问题，依据道德情感标准解决情与法的冲突。一方面，作品表现出对法律面前人人平等的追求，批判那种根据事主的阶层高下而区分案件缓急，以及趋炎附势、漠视平民生命权利的做法；另一方面，霍桑又常常对事主有态度上的区别对待——鄙视官僚等所谓的上流阶层，倾尽全力帮助受压迫、受迫害的平民阶层，以此补偿不圆满的现实社会。一方面，作品表现出对程序正义的追求，遵循寻找疑点、调查推理—收集证据—揭示真相几个步骤，尤其重视证据的收集，没有证据绝不轻易给人定罪；另一方面，霍桑又会在程序正义与实体正义发生矛盾的时候，在不明显违背法律的前提下选择实体正义。相

---

① 在这些作品中，虽然婚姻自由已经成为时代潮流，但父权的影响和压力却仍然左右着子女的婚姻，也由此导致了青年人一幕幕的婚恋悲剧。

② 在这些作品中，虽然父权的压力仍在，但在新政权、新《婚姻法》的支持下，青年人自主婚姻的获得成为可能。

③ 程小青：《霍桑探案集》(6)，群众出版社1987年版，第67页。

较中国传统文化观念而言，“霍桑探案”所蕴含的现代法治思想是更为先进的思想，是作家在积极思考后提出的更高法律追求，意在传播现代法律理念，对改变当时中国落后的法律状况具有积极的时代意义。但不可否认的是，传统文化观念影响深远，并不会随着“法治”口号的提出而自动消失，体现在“霍桑探案”中，便是完全中国化的文化观念和情感模式随处可见。由此带来的启示是，在法治中国的建构过程中，应正视根深蒂固的传统文化观念所具有的巨大能量及其造成的影响，循序渐进，充分考虑中国社会的特殊性，否则，一味强制推行只会适得其反。再如小说《刮痧》提供的思考是，不同的文化传统、文化背景必然造就不同的法律传统、法律精神，就如作品中，中国文化重视家庭伦理，美国文化推崇个人自由与独立，因此在对待儿童的问题上，中国人与美国人有完全不同的思维模式，这也导致了中美两国对法律的不同理解。当代中国的法律体系是在对西方法律体系的借鉴、学习、参照中逐步建立起来的，在引进、吸收西方法律制度方面不遗余力，但是，法律制度的移植比较容易做到，而与之相适应的文化传统、文化观念却无法以相同的速度和模式移植过来。在日益国际化的环境中，外来法律制度与中国文化传统的沟通和融合成为一个越来越值得关注的问题——只有跨越了不同文化的壁垒，才能达成相互之间的理解。

3. 在实践层面，可通过文学积极思考法制建设、法治进程，从侧面有力剖析法治中国的现实处境

现代法治观念是对传统文明秩序的突破，但二者之间的博弈状态反映出中国法治进程的艰难处境。新中国成立后，中国需要在政党领导下逐步建立法治社会，这与西方通过自下而上的变革完成法治国家的建构有本质不同，特殊的政治、经济、文化等因素决定了中国法治社会建构过程的特殊性。新时期以来的中国文学中既有鲜明的法治追求，又有其独特性，带有中国社会发展、法律变革的特殊印记。如余华的《河边的错误》、池莉的《云破处》、苏童的《犯罪现场》《一桩自杀案》等小说试图在对真相不断追问、质疑的过程中，在生与死对立的展现中追寻法律的意义，对法律与现实之间存在的差距进行生动展示和质问。作品直指法律文化内部，指向法律内部对暴力行为的无可奈何以及以暴制暴思想的死结。再如当代文坛颇为引人注目的官场小说，以官场、权力场内的权力斗争为题材，通过对当代中国法治建设背景下的法律工具主义盛行、权力缺乏监督、法律执行不畅等问题的揭示，反映出当代中国法治进程的真实

处境，既实现了文学的社会功能，也表现出文学对法律的积极思考——通过文学文本反思当下社会的法治建设。

法治实践中另一个需要关注的问题是对传统法律文化的创造性继承和现代性转化。作为一个“外生型”法治国家，从建构法治中国之日起，现代法治精神与传统法律文化就紧紧缠绕在一起，并时常陷入矛盾冲突之中。至今仍为学界所关注的对电影《秋菊打官司》《被告山杠爷》等的讨论，则涉及了传统社会礼治秩序在法治社会何去何从的问题。通过探讨传统社会一显一隐两套秩序体系（国家正式法规构成的法律秩序和习俗风尚、乡规民约等构成的礼治秩序）之间的矛盾冲突，相关研究提出的问题值得思考：如何充分发挥礼治秩序在法治建设中的作用，如何协调二者间的冲突，如何促进现代法律制度在礼俗社会的有效接受、消化与吸收？传统法律文化是建构法治中国的重要“本土资源”。要实现中国社会的法治转型，我们必须继承和发扬传统法律文化的优秀部分，并结合中国的本土实践，弃其糟粕、取其精华，在充分发挥传统法律文化积极作用的前提下，取西方法治精神之长以补己之短。可以说，传统法律文化构成了法治中国的“土壤”，离开“土壤”的法治只能是空中楼阁，效果可能适得其反。在文学和法律的交叉研究中，我们应对中国传统法律文化做出合理的价值判断，为建立符合中国国情的法治社会寻找传统动力和可靠路径。

通过相关文学作品对中国的法律、法制建设和法治进程进行选择、审视、反思或批判，能够为法治中国的建构提供有效参照，并对加强社会主义核心价值观中的——平等、公正、法治等有所裨益。

中共第十八届中央委员会第四次全体会议审议通过了《中共中央关于全面推进依法治国若干重大问题的决定》，其中明确指出：要“坚持走中国特色社会主义法治道路，建设中国特色社会主义法治体系”。[①] 因此，依法治国、全面推进法治建设成为时代的崇高使命。而文学作品通过对美与爱的张扬给人心灵以陶冶和震撼，通过批判现实表现社会生活中隐藏的矛盾和冲突，通过对现实法律的反思与探索为法治发展提供参照。从本质上讲，法治社会追求的是公平正义，文学探寻的是真善美，它们都具有普遍性，都是关于人和社会的终极关怀，在惩恶扬善的价值取向上能够达成共识，具有目的上的一致性，正是这种一致性使文学对法治精神的培养能够起到积极的、不可低估的作用。

---

①《中共中央关于全面推进依法治国若干重大问题的决定》，《人民日报》2014 年 10 月 29 日，第 1 版。

神农教而不诛与当代法治文化建设

方　铭*

《史记·赵世家》载赵武灵王说："虙戏、神农教而不诛，黄帝、尧、舜诛而不怒。及至三王，随时制法，因事制礼。"①《隋书·裴虔传》裴虔上书北周高祖，有"古先圣帝，教而不诛"之句。②"教而不诛""诛而不怒"是上古圣贤为我们留下的宝贵法治文化遗产，而伏羲、神农氏的"教而不诛"观念，更是我们传统法治文化的基石，也是为孔子及原始儒家所忠实继承的法治原则。

一

《尚书·舜典》因虞舜说："皋陶，蛮夷猾夏，寇贼奸宄。汝作士，五刑有服，五服三就。五流有宅，五宅三居。惟明克允！"③士即法官。《史记·五帝本纪》载，"皋陶为大理，平，民各伏得其实"。④因为皋陶治狱公正清明，所以后代传说皋陶得神兽廌的帮助，廌即獬豸，是独角兽。《说文解字·廌部》说："廌，解廌，兽也。似牛一角。古者决讼，令触不直者。"⑤《后汉书·舆服志》说："獬豸神羊，能别曲直。"⑥《异物志》载："东北荒中，有兽名獬，一角，性忠，见人斗，则触不直者；闻人论，则咋不正者。"⑦王充《论衡·是应》说："'角虎'者，一角之羊也，性知有罪，皋陶治狱，其罪疑者，令羊触之。有罪则触，无罪则不触，斯盖天生一角圣兽，助狱为验。"⑧这些记载所要表达的意愿，都是期待能有神圣能力或者超能力保证刑罚的公正性。

---

* 方铭，北京语言大学孔子与儒家文化研究所教授。

① 司马迁：《史记》卷四十三，《四部备要·史部·册十五》，中华书局 1989 年版，第 622 页。

② 魏征：《隋书》卷六十二，《四部备要·史部·册二十二》，中华书局 1989 年版，第 469 页。

③ 孔颖达：《尚书注疏》卷三，《四部备要·经部·册三》，中华书局 1989 年版，第 29 页。

④ 司马迁：《史记》卷一，《四部备要·史部·册十五》，中华书局 1989 年版，第 33~34 页。

⑤ 许慎撰，段玉裁注：《说文解字注》卷十，上海古籍出版社 2000 年版，第 469 页。

⑥ 范晔：《后汉书》卷四十，《四部备要·史部·册十七》，中华书局 1989 年版，第 319 页。

⑦ 杨孚撰，曾钊辑：《异物志》，中华书局 1936 年版，第 5 页。

⑧ 王充：《论衡》卷十七，《四部备要·子部·册五十四》，中华书局 1989 年版，第 152 页。

虽然依法治国是中国古代人的理想，但是，中国古代“法”和“律”的概念比我们现在所说的“法”和“法律”的概念内涵狭窄。桓宽《盐铁论·刑德》曰:“法者所以督奸也。”[①]《盐铁论·诏圣》“法者刑罚也，所以禁强暴也。”[②]督奸禁暴，就是惩处犯罪，其内容相当于今日之刑法。

“法”本写作“灋”，省为“法”。《说文解字·廌部》说：“灋，刑也。平之如水。廌，所以触不直者，去之，从廌去。”[③]中国早期文献中，“法”的本义是刑罚之意，而公正是其基本特征，所以以水之平为其基本价值。也正因此，早期多称为“刑”。如《尚书·虞书·舜典》说：“象以典刑，流宥五刑，鞭作官刑，扑作教刑，金作赎刑。”[④]《尚书·夏书·胤征》说:“其或不恭，邦有常刑。”[⑤]《尚书·商书·伊训》说：“敷求哲人，俾辅于尔后嗣，制官刑，儆于有位。”[⑥]夏朝有禹刑，商朝有汤刑，周朝有吕刑，皆不称为“法”。

《尚书·周书·吕刑》说三苗效法蚩尤，专任刑罚，“苗民弗用灵，制以刑，惟作五虐之刑曰法，杀戮无辜，爰始淫为劓、刵、椓、黥”。[⑦]也就是说，周穆王时，“刑”与“法”即可通用。战国初期，李悝著《法经》，即以“法”称“刑”。《尔雅·释诂》说：“法，常也。”“刑，常也。”“刑，法也。”又说：“宪，发也。”“律，常也。”“律，法也。”[⑧]《尔雅·释训》说：“宪宪、泄泄，制法则也。”[⑨]因此，不但法、刑通用，法还可以称为“宪”“律”。《史记·屈原贾生列传》说战国时屈原受楚怀王委托造为“宪令”，此“宪令”即法令。

至商鞅在秦变法，则称法为“律”，嗣后，有秦律、汉律、魏律、晋律、隋律、唐律、明律、清律等，宋称刑统，元称典章。《管子·七臣七主》说：“夫法者，所以兴功惧暴（同暴）也；律者，所以定分止争也；令者，所以令人知事也。法律政令者，吏民规矩绳墨也。”[⑩]法律政令皆为规矩。《史记·律说》说：

---

① 桓宽:《盐铁论》卷十,《四部备要·子部·册五十四》，中华书局 1989 年版，第 67 页。

② 桓宽:《盐铁论》卷十,《四部备要·子部·册五十四》，中华书局 1989 年版，第 71 页。

③ 许慎撰，段玉裁注:《说文解字注》卷十，上海古籍出版社 2000 年版，第 470 页。

④ 孔颖达:《尚书注疏》卷三,《四部备要·经部·册三》，中华书局 1989 年版，第 26 页。

⑤ 孔颖达:《尚书注疏》卷七,《四部备要·经部·册三》，中华书局 1989 年版，第 69 页。

⑥ 孔颖达:《尚书注疏》卷八,《四部备要·经部·册三》，中华书局 1989 年版，第 76 页。

⑦ 孔颖达:《尚书注疏》卷十九,《四部备要·经部·册三》，中华书局 1989 年版，第 191 页。

⑧ 邢昺:《尔雅注疏》卷一,《四部备要·经部·册六》，中华书局 1989 年版，第 7 页。

⑨ 邢昺:《尔雅注疏》卷四,《四部备要·经部·册六》，中华书局 1989 年版，第 39 页。

⑩ 管仲:《管子》卷十七，房玄龄注,《四部备要·子部·册五十二》，中华书局 1989 年版，第 144 页。

"王者制事立法，物度轨则，壹禀于六律。六律为万事根本焉。"[①]《说文解字·彳部》说："律，均布也"。[②] 均布是古代用竹管或金属管制成的定音仪器，段玉裁《说文解字注》说："律者，所以范天下之不一而归于一，故曰均布。"[③]《礼记·礼运》有"五声六律十二管"之说，[④] 古人根据音的高低分六律和六吕，合称十二律。律是音乐的规矩，因此，也可以引申为人类的行为法则，即天下应该一致遵循的格式、准则。

《庄子·徐无鬼》说："法律之士广治，礼教之士敬容。"[⑤]《管子·七法》说："论功计劳，未尝失法律也。"[⑥]《管子·法法》说："令重于宝，社稷先于亲戚，法重于民，威权贵于爵禄。故不为重宝轻号令，不为亲戚后社稷，不为爱民枉法律，不为爵禄分威权。"[⑦]《史记·田敬仲完世家》载战国时邹忌说："请谨修法律而督奸吏。"[⑧]《韩非子·饰邪》说："舍法律而言先王明君之功者，上任之以国。"[⑨]《史记·李斯列传》载赵高说："严法而苛刑，令有罪者相坐诛，至收族，灭大臣而远骨肉；贫者富之，贱者贵之。尽除去先帝之故臣，更置陛下之所亲信者近之。此则阴德归陛下，害除而奸谋塞，群臣莫不被润泽，蒙厚德，陛下则高枕肆志宠乐矣。计莫出于此。二世然高之言，乃更为法律。于是群臣诸公子有罪，辄下高，令鞠治之。杀大臣蒙毅等，公子十二人僇死咸阳市，十公主矺死于杜，财物入于县官，相连坐者不可胜数。"[⑩]《史记·五宗世家》说汉景帝之子彭祖"为人巧佞卑谄，足恭而心刻深。好法律，持诡辩以中人"。[⑪] 以上事例说明"法律"一词的形成最晚在战国时期。

二

在原始儒家的思想体系中，比"法"更接近现代"法"的概念的，是"礼"

---

① 司马迁:《史记》卷二十五,《四部备要·史部·册十五》，中华书局 1989 年版，第 429 页。

② 许慎撰，段玉裁注:《说文解字注》卷二，上海古籍出版社 2000 年版，第 77 页。

③ 许慎撰，段玉裁注:《说文解字注》卷二，上海古籍出版社 2000 年版，第 77 页。

④ 孔颖达:《礼记注疏》卷二十二,《四部备要·经部·册四》，中华书局 1989 年版，第 272 页。

⑤ 庄周:《庄子》卷八，郭象注,《四部备要·子部·册五十三》，中华书局 1989 年版，第 97 页。

⑥ 管仲:《管子》卷二，房玄龄注,《四部备要·子部·册五十二》，中华书局 1989 年版，第 22 页。

⑦ 管仲:《管子》卷六，房玄龄注,《四部备要·子部·册五十二》，中华书局 1989 年版，第 20 页。

⑧ 司马迁:《史记》卷四十六,《四部备要·史部·册十五》，中华书局 1989 年版，第 650 页。

⑨ 韩非:《韩非子》卷五,《四部备要·子部·册五十二》，中华书局 1989 年版，第 41 页。

⑩ 司马迁:《史记》卷八十七,《四部备要·史部·册十五》，中华书局 1989 年版，第 903 页。

⑪ 司马迁:《史记》卷五十九,《四部备要·史部·册十五》，中华书局 1989 年版，第 732 页。

的概念。而强调“礼”的重要性，即在突出神农“教”的意义。

《史记·太史公自序》说：“夫礼禁未然之前，法施已然之后。”[①]“礼”主要讨论的是有关权利和义务的内容。在现存文献中，《周礼》可以看作是组织法，《仪礼》则包含有实体法和程序法的内容，《礼记》既有实体法和程序法的内容，还有讨论立法原则的论述，这些关于立法原则的论述，包含现在宪法等根本法的气象。《大戴礼记·本命》云：“妇有七去：不顺父母去，无子去，淫去，妬去，有恶疾去，多言去，窃盗去。不顺父母去，为其逆德也；无子，为其绝世也；淫，为其乱族也；妬，为其乱家也；有恶疾，为其不可与共粢盛也；口多言，为其离亲也；盗窃，为其反义也。”[②]又云：“妇有三不去：有所取无所归，不去；与更三年丧，不去；前贫贱后富贵，不去。”[③]这里既规定了夫妻仳离的七个要件，又规定了三种不可以仳离的原则。又《礼记·曲礼上》云：“侍食于长者，主人亲馈，则拜而食；主人不亲馈，则不拜而食。共食不饱，共饭不泽手。毋抟饭，毋放饭，毋流歠，毋咤食，毋啮骨，毋反鱼肉，毋投与狗骨。毋固获，毋扬饭。饭黍毋以箸。毋嚃羹，毋絮羹，毋刺齿，毋歠醢。客絮羹，主人辞不能亨。客歠醢，主人辞以窭。濡肉齿决，乾肉不齿决。毋嘬炙。卒食，客自前跪，徹饭齐以授相者，主人兴辞于客，然后客坐。侍饮于长者，酒进则起，拜受于尊所。长者辞，少者反席而饮。长者举未釂，少者不敢饮。长者赐，少者、贱者不敢辞。赐果于君前，其有核者怀其核。”[④]这里，对于和长者饮食的礼节规定得具体而微，甚至连食不出声这样的细节也考虑到了。

《礼记·礼运》说，自夏禹而后，“天下为公”变为“天下为家”，“各亲其亲，各子其子，货力为己，大人世及以为礼，城郭沟池以为固，礼义以为纪，以正君臣，以笃父子，以睦兄弟，以和夫妇，以设制度，以立田里”。[⑤]这是说，礼是“天下为家”时代的产物，目的是调节“天下为家”时代“大人世及”的秩序，其内容包括有关君臣、父子、兄弟、夫妇、制度、田里关系的规范性文件。

关于“礼”产生在家天下的看法，也可以在道家思想家的著作中找到相同

---

① 司马迁：《史记》卷一三〇，《四部备要·史部·册十五》，中华书局 1989 年版，第 1181 页。

② 戴德：《大戴礼记》卷十三，《四部丛刊初编·经部·册十》，（上海）商务印书馆 1929 年版，第 86 页。

③ 戴德：《大戴礼记》卷十三，《四部丛刊初编·经部·册十》，（上海）商务印书馆 1929 年版，第 86 页。

④ 孔颖达：《礼记注疏》卷二，《四部备要·经部·册四》，中华书局 1989 年版，第 24~25 页。

⑤ 孔颖达：《礼记注疏》卷二十一，《四部备要·经部·册四》，中华书局 1989 年版，第 260 页。

的表述。《道德经·德经》说："故失道而后德，失德而后仁，失仁而后义，失义而后礼。夫礼者，忠信之薄，而乱之首。"①《庄子·知北游》说："道不可致，德不可至。仁可为也，义可亏也，礼相伪也。故曰失道而后德，失德而后仁，失仁而后义，失义而后礼。礼者，道之华而乱之首也。"②《道德经》没有说明这句话的出处，《庄子》则明确说明这句话出自黄帝。按照《礼记·礼运》记载的孔子的论述，五帝时代属于"天下为公"时代，是"大道之行"的时代；五帝之后"天下为家"，三王时期属于"大道既隐，天下为家"的第一时期，"德治"是其特征；春秋时期礼崩乐坏，孔子倡导"仁政"，就是为了补救"德治"缺失的真空。③

由于礼与法的密切联系，因此，礼法经常连结在一起。《周礼·春官宗伯》中小史"大祭祀，读礼法"，"凡国事之用礼法者，掌其小事"。④《庄子·天道》有"礼法度数"一词，⑤《列子·周穆王》说"礼法相持"，⑥《荀子·修身》说："故非礼，是无法也。"⑦又说："故学也者，礼法也。"⑧《荀子·王霸》说："农分田而耕，贾分货而贩，百工分事而劝，士大夫分职而听，建国诸侯之君分土而守，三公摠方而议，则天子共己而已。出若入若，天下莫不平均，莫不治辨，是百王之所同也，而礼法之大分也。"⑨礼法联系在一起，所要表达的意思，正与今日所言法律接近。

三

中国古代的法治观念，其基本思想仍然是来源于孔子。概括孔子及原始儒家的法治观念，首先是强调立法一心为民，制定善法。《管子·七臣七主》说："法律政令者，吏民规矩绳墨也。夫矩不正，不可以求方；绳不信，不可以求直。法令者，君臣之所共立也；权势者，人主之所独守也。故人主失守则危，

① 老子:《老子》下篇，王弼注，《四部备要·子部·册五十三》，中华书局 1989 年版，第 15 页。
② 庄周:《庄子》卷七，郭象注，《四部备要·子部·册五十三》，中华书局 1989 年版，第 85 页。
③ 孔颖达:《礼记注疏》卷二十一，《四部备要·经部·册四》，中华书局 1989 年版，第 259~260 页。
④ 郑玄:《周礼注疏》卷二十六，《四部备要·经部·册四》，中华书局 1989 年版，第 259 页。
⑤ 庄周:《庄子》卷五，郭象注，《四部备要·子部·册五十三》，中华书局 1989 年版，第 57 页。
⑥ 列御寇:《列子》卷三，张湛注，《四部备要·子部·册五十三》，中华书局 1989 年版，第 28 页。
⑦ 荀况:《荀子》卷一，杨倞注，《四部备要·子部·册五十二》，中华书局 1989 年版，第 10 页。
⑧ 荀况:《荀子》卷一，杨倞注，《四部备要·子部·册五十二》，中华书局 1989 年版，第 10 页。
⑨ 荀况:《荀子》卷七，杨倞注，《四部备要·子部·册五十二》，中华书局 1989 年版，第 57 页。

臣吏失守则乱。"[①]立法工作的重要性，在整个法律活动中，毫无疑问是首要的。

《易传·坤卦·象辞》说："君子以厚德载物。"[②]《易传·坤卦·文言》说："积善之家必有余庆，积不善之家必有余殃。"[③]《尚书·虞书·舜典》说："眚灾肆赦，怙终贼刑。钦哉，钦哉，惟刑之恤哉！"[④]《尚书·虞书·大禹谟》载皋陶说："帝德罔愆，临下以简，御众以宽；罚弗及嗣，赏延于世。宥过无大，刑故无小；罪疑惟轻，功疑惟重；与其杀不辜，宁失不经；好生之德，洽于民心，兹用不犯于有司。"[⑤]《尚书·虞书·皋陶谟》载皋陶曰："宽而栗，柔而立，愿而恭，乱而敬，扰而毅，直而温，简而廉，刚而塞，疆而义。彰厥有常，吉哉！"[⑥]"天聪明，自我民聪明。天明畏，自我民明威。达于上下，敬哉有土！"[⑦]《论语·八佾》说"尽善尽美"，[⑧]《论语·八佾》载孔子说："人而不仁，如礼何？人而不仁，如乐何？"[⑨]《论语·泰伯》载孔子说："好勇疾贫，乱也；人而不仁，疾之已甚，乱也。"[⑩]《礼记·大学》说"止于至善"，[⑪]《孟子·公孙丑上》说："故君子莫大乎与人为善。"[⑫]制定善法就是要体现仁心，执法时体现宽容，面临疑惑时不做有罪推定。桓宽《盐铁论·刑德》说："法者，缘人情而制，非设罪以陷人也。故《春秋》之治狱，论心定罪。志善而违于法者免，志恶而合于法者诛。"[⑬]汉代倡导的"春秋决狱"，原情定罪，也是为了最大限度地保证刑罚的善意。

《史记·孝文帝本纪》载，孝文帝元年十二月，汉文帝说："'法者，治之正也，所以禁暴而率善人也。今犯法已论，而使毋罪之父母妻子同产坐之，及为收帑，朕甚不取。其议之。'有司皆曰：'民不能自治，故为法以禁之。相坐坐收，所以累其心，使重犯法，所从来远矣。如故便。'上曰：'朕闻法正则民悫，

① 管仲：《管子》卷十七，房玄龄注，《四部备要·子部·册五十二》，中华书局 1989 年版，第 144 页。
② 王弼：《周易注疏》卷一，《四部备要·经部·册三》，中华书局 1989 年版，第 17 页。
③ 王弼：《周易注疏》卷一，《四部备要·经部·册三》，中华书局 1989 年版，第 18 页。
④ 孔颖达：《尚书注疏》，《四部备要·经部·册三》，中华书局 1989 年版，第 270 页。
⑤ 孔颖达：《尚书注疏》卷三，《四部备要·经部·册三》，中华书局 1989 年版，第 26 页。
⑥ 孔颖达：《尚书注疏》卷四，《四部备要·经部·册三》，中华书局 1989 年版，第 36 页。
⑦ 孔颖达：《尚书注疏》卷四，《四部备要·经部·册三》，中华书局 1989 年版，第 41 页。
⑧ 邢昺：《论语注疏》卷三，《四部备要·经部·册六》，中华书局 1989 年版，第 19 页。
⑨ 邢昺：《论语注疏》卷三，《四部备要·经部·册六》，中华书局 1989 年版，第 19 页。
⑩ 邢昺：《论语注疏》卷八，《四部备要·经部·册六》，中华书局 1989 年版，第 54 页。
⑪ 孔颖达：《礼记注疏》卷六十，《四部备要·经部·册四》，中华书局 1989 年版，第 631 页。
⑫ 孙奭：《孟子注疏》卷三，《四部备要·经部·册六》，中华书局 1989 年版，第 47 页。
⑬ 桓宽：《盐铁论》卷十，《四部备要·子部·册五十四》，中华书局 1989 年版，第 68 页。

罪当则民从。且夫牧民而导之善者，吏也。其既不能导，又以不正之法罪之，是反害于民为暴者也。何以禁之？朕未见其便，其孰计之。’有司皆曰：‘陛下加大惠，德甚盛，非臣等所及也。请奉诏书，除收帑诸相坐律令。’”[①]这是汉文帝积极修正恶法，建立善法的义举。

有了善法，就要依法治国。《论语·季氏》载孔子说：“天下有道，则礼乐征伐自天子出；天下无道，则礼乐征伐自诸侯出。自诸侯出，盖十世希不失矣；自大夫出，五世希不失矣；陪臣执国命，三世希不失矣。天下有道，则政不在大夫；天下有道，则庶人不议。”[②]礼乐征伐自天子出，就是为了强调法律的普遍性原则。《论语·子路》载，子路曰：“卫君待子而为政，子将奚先？”孔子曰：“必也，正名乎！”子路曰：“有是哉？子之迂也。奚其正？”孔子曰：“野哉，由也！君子于其所不知，盖阙如也。名不正，则言不顺；言不顺，则事不成；事不成，则礼乐不兴；礼乐不兴，则刑罚不中；刑罚不中，则民无所措手足。故君子名之必可言也，言之必可行也。君子于其言，无所苟而已矣。”[③]孔子在这里提出的“正名”措施，就是为了纠正礼崩乐坏的体制下，法律严肃性所面临的挑战。正名关系言顺、事成、礼乐之兴、刑罚之中，而最终可以落实到使民可“措手足”，即让人民有规矩可依之目的。《论语·颜渊》载，颜渊问仁，孔子说：“克己复礼为仁。一日克己复礼，天下归仁焉。为仁由己，而由人乎哉？”颜渊说：“请问其目？”孔子说：“非礼勿视，非礼勿听，非礼勿言，非礼勿动。”颜渊曰：“回虽不敏，请事斯语矣。”孔子提出“非礼勿视，非礼勿听，非礼勿言，非礼勿动”，[④]也就是说领导人应该克制自己专制的冲动，一切行为都应该在法律规定的范围内活动。

《史记·张释之冯唐列传》载，汉文帝行出中渭桥，有一人从桥下走出，乘舆马惊。廷尉张释之认为一人犯跸，当罚金。汉文帝怒曰：“此人亲惊吾马，吾马赖柔和，令他马，固不败伤我乎？而廷尉乃当之罚金！”张释之说：“法者天子所与天下公共也。今法如此而更重之，是法不信于民也。且方其时，上使立诛之则已。今既下廷尉，廷尉，天下之平也，一倾而天下用法皆为轻重，民安所错其手足？唯陛下察之。”良久，汉文帝说：“廷尉当是也。”后有人盗

① 司马迁：《史记》卷十，《四部备要·史部·册十五》，中华书局 1989 年版，第 164~165 页。
② 邢昺：《论语注疏》卷十六，《四部备要·经部·册六》，中华书局 1989 年版，第 107~108 页。
③ 邢昺：《论语注疏》卷十三，《四部备要·经部·册六》，中华书局 1989 年版，第 85 页。
④ 邢昺：《论语注疏》卷十二，《四部备要·经部·册六》，中华书局 1989 年版，第 79 页。

汉高祖庙坐前玉环，张释之案律盗宗庙服御物者为奏，奏当弃市。汉文帝大怒，说："人之无道，乃盗先帝庙器，吾属廷尉者，欲致族之，而君以法奏之，非吾所以共承宗庙意也。"张释之免冠顿首谢曰："法如是足也。且罪等，然以逆顺为差。今盗宗庙器而族之，有如万分之一，假令愚民取长陵一抔土，陛下何以加其法乎？"①

四

司法活动是法律实施的主要环节，《盐铁论·刑德》说："执法者国之辔衔，刑罚者国之维楫也。故辔衔不饬，虽王良不能以致远；维楫不设，虽良工不能以绝水。"②善法还需要善良的执法者去实施才能释放出善意来。孔子反对屠戮百姓，把维护法律严肃性的任务主要寄托在领导人带头遵守和积极教化人民的基础上。

《尚书·虞书·大禹谟》说："皋陶，惟兹臣庶，罔或干予正。汝作士，明于五刑，以弼五教。期于予治，刑期于无刑，民协于中，时乃功，懋哉。"③《论语·颜渊》载，季康子问政于孔子曰："如杀无道，以就有道，何如？"孔子对曰："子为政，焉用杀？子欲善而民善矣。君子之德风，小人之德草，草上之风，必偃。"④又《论语·尧曰》载孔子说："不教而杀谓之虐，不戒视成谓之暴，慢令致期谓之贼。犹之与人也，出纳之吝，谓之有司。"⑤不教而诛，不戒视成，慢令致期，都是残害人民的行为。

《礼记·缁衣》载孔子说："夫民，教之以德，齐之以礼，则民有格心；教之以政，齐之以刑，则民有遯心。故君民者，子以爱之，则民亲之；信以结之，则民不倍；恭以涖之，则民有孙心。"⑥又《论语·为政》载孔子说："道之以政，齐之以刑，民免而无耻。道之以德，齐之以礼，有耻且格。"⑦孔子认为只有以德执政，以礼教化，人民才会知道荣辱。反之，人民虽然畏惧于刑罚，却

---

① 司马迁：《史记》卷一〇二，《四部备要·史部·册十五》，中华书局 1989 年版，第 984 页。

② 桓宽：《盐铁论》卷十，《四部备要·子部·册五十四》，中华书局 1989 年版，第 68 页。

③ 孔颖达：《尚书注疏》卷四，《四部备要·经部·册三》，中华书局 1989 年版，第 36 页。

④ 邢昺：《论语注疏》卷十二，《四部备要·经部·册六》，中华书局 1989 年版，第 81 页。

⑤ 邢昺：《论语注疏》卷二十，《四部备要·经部·册六》，中华书局 1989 年版，第 131 页。

⑥ 邢昺：《论语注疏》卷五十五，《四部备要·经部·册六》，中华书局 1989 年版，第 595 页。

⑦ 邢昺：《论语注疏》卷二，《四部备要·经部·册六》，中华书局 1989 年版，第 13 页。

不知是非。《道德经·德经》说："民不畏死，奈何以死惧之？"①《管子·立政九败》说："然则礼义廉耻不立，人君无以自守也。"②《文子·下德》说："礼义廉耻不设，万民莫不相侵暴虐。"③这些论述，都是说的不知礼义教化的危害性。

在迫不得已用刑罚的时候，孔子强调省刑罚和法律面前人人平等。《论语·阳货》载孔子认为仁人必须行恭、宽、信、敏、惠五道于天下："恭则不侮，宽则得众，信则人任焉，敏则有功，惠则足以使人。"④《孔子家语·始诛》载孔子赞扬西周成康之世四十余年"威厉而不试，刑错而不用"，批评当世的"乱其教，繁其刑，使民迷惑而陷焉，又从而制之，故刑弥繁而盗不胜也"。⑤

《礼记·曲礼上》说："礼不下庶人，刑不上大夫。"⑥《白虎通义》卷八《五刑》说："刑不上大夫何？尊大夫。礼不下庶人，欲勉民使至于士。故礼为有知制，刑为无知设也。庶人虽有千金之币，不得服。刑不上大夫者，据礼无大夫刑。或曰：挞笞之刑也。礼不下庶人者，谓酬酢之礼也。"⑦《论衡·辨祟》说："刑不上大夫，圣王于贵者阔也。圣王刑贱不罚贵，鬼神祸贵不殃贱。"⑧把刑不上大夫解释为尊大夫，显然违背孔子赞扬汤武革命的价值观，不是孔子本意。《汉书·司马迁传》曰："传曰'刑不上大夫'，此言士节不可不厉也。"⑨《孔子家语·五刑解》载孔子说："是故大夫之罪，其在五刑之域者，闻而谴发，则白冠氂缨，盘水加剑，造乎阙而自请罪，君不使有司执缚牵掣而加之也。其有大罪者，闻命则北面再拜，跪而自裁，君不使人捽引而刑杀，曰：'子大夫自取之耳，吾遇子有礼矣。'以刑不上大夫，而大夫亦不失其罪者，教使然也。所谓礼不下庶人者，以庶人遽其事而不能充礼，故不责之以备礼也。"⑩大夫理应带头遵守法律，如果犯罪，自裁是唯一选择。而庶人未受教化，不应该被强求以礼。如此，"刑不上大夫"之"上"可以以尊宠解，"礼不下庶人"之"下"可以贬斥解。

---

① 孔颖达：《尚书注疏》下篇，《四部备要·经部·册三》，中华书局1989年版，第25页。
② 管仲：《管子》卷二十一，房玄龄注，《四部备要·子部·册五十二》，中华书局1989年版，第169页。
③ 杜道坚：《文子缵义》卷九，《四部备要·子部·册五十三》，中华书局1989年版，第62页。
④ 邢昺：《论语注疏》卷十七，《四部备要·经部·册六》，中华书局1989年版，第113页。
⑤《孔子家语》卷一，《四部备要·子部·册五十二》，中华书局1989年版，第6页。
⑥ 孔颖达：《礼记注疏》卷，《四部备要·经部·册四》，中华书局1989年版，第34页。
⑦ 陈立：《白虎通疏证》，中华书局1994年版，第442~443页。
⑧ 王充：《论衡》卷二十四，《四部备要·子部·册五十四》，中华书局1989年版，第208页。
⑨ 班固：《前汉书》卷二十六，《四部备要·史部·册十六》，中华书局1989年版，第900页。
⑩《孔子家语》卷七，《四部备要·子部·册五十二》，中华书局1989年版，第46页。

孔子也强调程序正义的重要性。《论语·泰伯》载孔子说："立于礼。"[①]立于礼即一切行为应该按照规矩来做。《论语·子罕》载孔子说："可与共学，未可与适道；可与适道，未可与立；可与立，未可与权。"[②]可与立即立于礼，就是要保证追求道的过程的正义性。

五

《庄子·天下》说，孔子之后，"天下大乱，贤圣不明，道德不一，天下多得一察焉以自好"，但六经之学"其数散于天下而设于中国者，百家之学时或称而道之"。[③]战国时期，诸子之中，有一个流派是法家。《汉书·艺文志》说："法家者流，盖出于理官，信赏必罚，以辅礼制。《易》曰：'先王以明罚饬法。'此其所长也。及刻者为之，则无教化，去仁爱，专任刑法而欲以致治，至于残害至亲，伤恩薄厚。"[④]司马谈《论六家要旨》说："法家严而少恩，然其正君臣上下之分，不可改矣。"又说："法家不别亲疏，不殊贵贱，一断于法，则亲亲尊尊之恩绝矣。可以行一时之计，而不可长用也，故曰'严而少恩'。若尊主卑臣，明分职不得相逾越，虽百家弗能改也。"[⑤]《隋书·经籍志》云："法者，人君所以禁淫慝，齐不轨，而辅于治者也。《易》著'先王明罚饬法'，《书》美'明于五刑，以弼五教'。《周官》，司寇'掌建国之三典，以佐王刑邦国，诘四方'；司刑'以五刑之法，丽万民之罪'是也。刻者为之，则杜哀矜，绝仁爱，欲以威劫为化，残忍为治，乃至伤恩害亲。"[⑥]法家之命名，正以其崇法之故。

战国时期的法家代表人物，有李悝、商鞅、韩非子等人。李悝是战国时魏文侯相，著有《法经》，一是"重地力之教"，即重视农业；二是强调君主集权；三是重刑而轻罪。《法经》是《商君书》的直接源头。《商君书》是重要的法家著作，它系统地反映了商鞅的变法思想。首先是"明法"。《定分》说："故圣人为法，必使之明白易知。""万民皆知所避就。"[⑦]人人明白法律，还需要强调法的重要性。《开塞》曰："夫利天下之民者，莫大于治，而治莫康于立君。

① 邢昺：《论语注疏》卷八，《四部备要·经部·册六》，中华书局1989年版，第53页。

② 邢昺：《论语注疏》卷九，《四部备要·经部·册六》，中华书局1989年版，第61页。

③ 庄周：《庄子》卷十，郭象注，《四部备要·子部·册五十三》，中华书局1989年版，第127页。

④ 班固：《前汉书》卷三十，《四部备要·史部·册十六》，中华书局1989年版，第582页。

⑤ 司马迁：《史记》一三〇，《四部备要·史部·册十五》，中华书局1989年版，第1178页。

⑥ 魏征：《隋书》卷三十四，《四部备要·史部·册二十二》，中华书局1989年版，第314页。

⑦ 商鞅：《商君书》卷五，严万里校，《四部备要·史部·册五十二》，中华书局1989年版，第145页。

立君之道，莫广于胜法。胜法之务，莫急于去奸。去奸之本，莫深于严刑。故王者以赏禁，以刑劝，求过不求善，藉刑以去刑。”[①]《更法》曰：“法者，所以爱民也；礼者，所以便事也。”[②]商鞅以“胜法”作为“利天下之民”的手段，强调君主求过不求善，以刑去刑，出发点虽不能说不好，但立君以治民，君主专权，未曾去奸，其实奸民。

商鞅主张严刑，《去强》说：“行刑重轻，刑去事成，国强；重重而轻轻，刑至事生，国削。”[③]即对轻微犯罪处以重刑。《汉书·五行志》称“秦连相坐之法，弃灰于道者，黥”，[④]即可见一斑。《汉书·刑法志》云：“秦用商鞅，连相坐之法，造叁夷之诛。”[⑤]叁夷就是夷三族。在具体刑罚上，则增加肉刑、大辟，有凿颠、抽肋、镬烹之刑。极端地违背人道的原则。商鞅还主张在人们将要犯罪之时予以重罚，《开塞》说：“刑加于罪所终，则奸不去。赏施于民所义，则过不止。刑不能去奸，而赏不能止过者，必乱。故王者刑用于将过，则大邪不生。赏施于告奸，则细过不失。”[⑥]又令告奸，《赏刑》云：“守法守职之吏，有不行王法者，罪死不赦，刑及三族。周官之人，知而讦之上者，自免于罪。无贵贱，尸袭其官长之官爵田禄。”[⑦]严惩不告奸之人，而告奸者则可免罪，并受重赏。《史记·商君列传》也载，商鞅“令民为什伍，而相收司连坐。不告奸者腰斩，告奸者与斩敌首同赏，匿奸者与降敌同罚”。[⑧]这样一来，“使天下必为己视听之道也”。[⑨]君主的耳目已明，天下百姓却人人自危，互为仇寇。《赏刑》曰：“自卿相将军以至大夫庶人，有不从王令，犯国禁，乱上制者，罪死不赦。有功于前，有败于后，不为损刑；有善于前，有过于后，不为亏法。忠臣孝子有过，必以其数断。”[⑩]《史记·商君列传》载太子犯法，商鞅以“法之不行，自上犯之”，而“将法太子”，虽最终“刑其傅公子虔，黥其师公孙贾”，[⑪]以代替君

---

① 商鞅：《商君书》卷二，严万里校，《四部备要·史部·册五十二》，中华书局1989年版，第19页。
② 商鞅：《商君书》卷一，严万里校，《四部备要·史部·册五十二》，中华书局1989年版，第5页。
③ 商鞅：《商君书》卷一，严万里校，《四部备要·史部·册五十二》，中华书局1989年版，第12页。
④ 班固：《前汉书》卷二十七，《四部备要·史部·册十六》，中华书局1989年版，第498页。
⑤ 班固：《前汉书》卷二十三，《四部备要·史部·册十六》，中华书局1989年版，第387页。
⑥ 商鞅：《商君书》卷二，严万里校，《四部备要·史部·册五十二》，中华书局1989年版，第19页。
⑦ 商鞅：《商君书》卷四，严万里校，《四部备要·史部·册五十二》，中华书局1989年版，第32页。
⑧ 司马迁：《史记》卷六十八，《四部备要·史部·册十五》，中华书局1989年版，第780页。
⑨ 韩非：《韩非子》卷四，《四部备要·子部·册五十二》，中华书局1989年版，第33页。
⑩ 商鞅：《商君书》卷四，严万里校，《四部备要·史部·册五十二》，中华书局1989年版，第31页。
⑪ 司马迁：《史记》卷六十八，《四部备要·史部·册十五》，中华书局1989年版，第780页。

嗣之刑，未能施刑太子，却也可见出商鞅变法所具有的突破礼制等级贵贱秩序的一种“平等”意识。可惜，商鞅的刑罚有勇气针对太子师傅，却在立法的时候就把君主凌驾于法律之上，惩罚太子，是为了维护太子父亲的权威，而不是维护社会所有人的公平，这样的刑罚，只表明在维护君主尊严的原则上人人平等，而不是真正意义上的人人平等，所以，商鞅的平等，是建立在维护不平等制度的立场上的，当然是违反平等和公平的。

《史记·商君列传》载：“孝公既用卫鞅，鞅欲变法，恐天下议己。卫鞅曰：‘疑行无名，疑事无功。且夫有高人之行者，固见非于世；有独知之虑者，必见敖于民。愚者暗于成事，知者见于未萌。民不可与虑始而可与乐成。论至德者不和于俗，成大功者不谋于众。是以圣人苟可以强国，不法其故；苟可以利民，不循其礼。’孝公曰：‘善！’”[①]商鞅之所以能倡导变法，在于他一方面对自己的才能、行为充满自信，而对民众的才智有一种卑视；另一方面，他又以强国利民为己任，认为变法能强国、利民，所以，不惜抛弃故法，不循旧礼，实行变革。商鞅之变法，实际包含了个性之中的自信与创新意识，以及强国、利民的现实目的。商鞅奖励耕战，正是由于强国之目的，所以，《商君书·农战》曰:“国之所以兴者，农战也。”[②]“国待农战而安，主待农战而尊。”[③]又废除世卿世禄制度，以军功为爵禄分赏的主要根据；取消分封制，推行郡县制，把行政机构一直设置到每一个住户，五家为伍，十家为什，连坐告奸，全民皆兵，对秦国集权统治的加强、国力的增强无疑起到了重要作用。

早于《韩非子》的战国法家，尚有《申子》《慎子》数种，其书皆佚，今人虽有辑本，但已难窥其全貌。《史记·老子韩非列传》曰：“申不害，京人也，故郑之贱臣，学术以干韩昭侯，昭侯用为相。内修政教，外应诸侯，十五年。终申子之身，国治兵强，无侵韩者。申子之学，本于黄老，而主刑名。著书二篇，号曰《申子》。”[④]《申子》二篇已佚，清人严可均有辑本，包括《君臣》《大体》等篇名。《韩非子·定法》曰：“今申不害言术，……术者，因任而授官，循名而责实，操杀生之柄，课群臣之能者也。此人主之所执也。”[⑤]

---

① 司马迁：《史记》卷六十八，《四部备要·史部·册十五》，中华书局 1989 年版，第 779 页。

② 商鞅：《商君书》卷一，严万里校，《四部备要·史部·册五十二》，中华书局 1989 年版，第 8 页。

③ 商鞅：《商君书》卷一，严万里校，《四部备要·史部·册五十二》，中华书局 1989 年版，第 9 页。

④ 司马迁：《史记》卷六十三，《四部备要·史部·册十五》，中华书局 1989 年版，第 750 页。

⑤ 韩非：《韩非子》卷十七，《四部备要·子部·册五十二》，中华书局 1989 年版，第 119 页。

《汉书·艺文志》曰，慎子“名到，先申、韩，申、韩称之”。[①]《史记·孟子荀卿列传》曰：“慎到，赵人。……皆学黄老道德之术，因发明序其旨意。故慎到著十二论。”[②]应劭《风俗通义·姓氏》云：“慎氏。慎到为韩大夫，著《慎子》三十篇。”[③]《慎子》四十二篇，已佚。清人钱熙祚辑有七篇，包括《威德》《因循》《民杂》《知忠》《德立》《君人》《君臣》等，其精粹在于倡导“势”之重要，《威德》曰：“贤不足以服不肖，而势位足以屈贤矣。”[④]“法虽不善，犹愈于无法，所以一人心也。……法制礼籍，所以立公义也。凡立公，所以弃私也。明君动事分功必由慧，定赏分财必由法，行德制中必由礼。”[⑤]慎到的法律思想，强调法维持社会秩序的作用，但并未把法强调到极端化的程度，多多少少还包含着人情礼义德治的成分。

韩非子法、术、势相结合的法律思想。《定法》批评了商鞅、申不害等割裂法术二者的做法，认为商鞅讲法，“然而无术以知奸，则以其富强也资人臣而已矣”，[⑥]结果是“战胜则大臣尊，益地则私封立”；“申不害不擅其法，不一其宪令，则奸多”；无法无术，都不足以维护君主的统治，“君无术，则弊于上；臣无法，则乱于下。此不可一无，皆帝王之具也”。[⑦]所谓法，即法令；所谓术，指君主驾驭群臣的权术，如果没有明法则不能治民防奸，若明法而无术，就难以防止大臣发展自己的势力范围。法术又必须借重于“势”，所谓势，就是君主的独尊地位。《难势》云：“尧为匹夫不能治三人；而桀为天子，能乱天下。”[⑧]势实际上是行法与权的重要条件。《扬权》之言“一家二贵，事乃无功，夫妻持政，子无适从”[⑨]。又云：“事在四方，要在中央。圣人执要，四方求效。”[⑩]一家二贵，则势不独专；圣人执要，则四方臣服。

关于法、术、势的具体内容，韩非基本继承了他的前辈的看法。《定法》曰：“法者，宪令著于官府，刑罚必于民心，赏存乎慎法，而罚加乎奸令者

---

① 班固：《前汉书》卷三十，《四部备要·史部·册十六》，中华书局 1989 年版，第 582 页。

② 司马迁：《史记》卷七十四，《四部备要·史部·册十五》，中华书局 1989 年版，第 822 页。

③ 应劭撰：《风俗通义校注》，王利器校注，中华书局 2010 年版，第 545 页。

④ 荀况：《荀子》卷一，杨倞注，《四部备要·子部·册五十二》，中华书局 1989 年版，第 3 页。

⑤ 荀况：《荀子》卷一，杨倞注，《四部备要·子部·册五十二》，中华书局 1989 年版，第 4 页。

⑥ 韩非：《韩非子》卷十七，《四部备要·子部·册五十二》，中华书局 1989 年版，第 119 页。

⑦ 韩非：《韩非子》卷十七，《四部备要·子部·册五十二》，中华书局 1989 年版，第 119 页。

⑧ 韩非：《韩非子》卷十七，《四部备要·子部·册五十二》，中华书局 1989 年版，第 117 页。

⑨ 韩非：《韩非子》卷二，《四部备要·子部·册五十二》，中华书局 1989 年版，第 17 页。

⑩ 韩非：《韩非子》卷二，《四部备要·子部·册五十二》，中华书局 1989 年版，第 14 页。

也。”[①]法律是由官府体察民心，而行赏罚的工具，慎法者赏，奸令者罚。在执行法律之时，要法律面前人人平等，严刑峻法，《有度》所谓“法不阿贵，绳不挠曲。法之所加，智者弗能辞，勇者弗敢争。刑过不避大臣，赏善不遗匹夫”。[②]《韩非子·内储说上》曰：“使吾治之无赦，犹入涧之必死也，则人莫之敢犯也。”[③]《六反》曰：“吏威严而民听从。”[④]韩非以法为“名”，主张刑合于名，即以名行刑，法律是赏罚的根据，所以《二柄》曰：“审合刑名。”[⑤]而术，主要是隐蔽的手段，《难三》曰：“术者，藏之于胸中，以偶众端，而潜御群臣者也。故法莫如显而术不欲见。”[⑥]法欲明，术欲隐。《定法》以术者，因任而授官，循名而责实，可操生杀之柄，课群臣之能，为人主之所执。术作为君主控制群臣的隐蔽手段，其内容极其丰富，有所谓“参观”“明威”“信赏”“一听”“诡使”“挟知”“倒言”，[⑦]乃至于采取人质、禁锢以及特务、间谍、监视、暗杀等活动。《难势》曰：“夫势者，名一而变无数者也。势必于自然，则无为言于势矣。吾所为言势者，言人之所设也。”势是人为所设，作为普通君主，“抱法处势则治，背法去势则乱”。[⑧]韩非尽管一生遭遇坎坷，其身便是被秦法所害，但他的法、术、势相结合之思想，其实质是为维护君主一人的极权集权。《五蠹》以文学为害虫，《八说》主张“息文学而明法度”，[⑨]正是基于愚民专制之必要。当然韩非之主张革新，以为“圣人不期修古，不法常可，论世之事，因为之备”。[⑩]即以求实的态度服务于现实，不盲目迷信古人，无疑有进步意义。这种实事求是的态度，体现出了韩非不盲从的主体意识。韩非子还肯定社会的变化，《五蠹》指出：“上古竞于道德，中世逐于智谋，当今争于气力。”[⑪]这是一种承认社会进化的历史观点。战国时代，以实力为基础以争战，所以，韩非主张以法强国，这是适应了现实需要的。

---

① 韩非：《韩非子》卷十七，《四部备要·子部·册五十二》，中华书局 1989 年版，第 119 页。
② 韩非：《韩非子》卷二，《四部备要·子部·册五十二》，中华书局 1989 年版，第 13 页。
③ 韩非：《韩非子》卷九，《四部备要·子部·册五十二》，中华书局 1989 年版，第 66 页。
④ 韩非：《韩非子》卷十八，《四部备要·子部·册五十二》，中华书局 1989 年版，第 125 页。
⑤ 韩非：《韩非子》卷二，《四部备要·子部·册五十二》，中华书局 1989 年版，第 13 页。
⑥ 韩非：《韩非子》卷十六，《四部备要·子部·册五十二》，中华书局 1989 年版，第 114 页。
⑦ 韩非：《韩非子》卷十七，《四部备要·子部·册五十二》，中华书局 1989 年版，第 119 页。
⑧ 韩非：《韩非子》卷十七，《四部备要·子部·册五十二》，中华书局 1989 年版，第 117 页。
⑨ 韩非：《韩非子》卷十七，《四部备要·子部·册五十二》，中华书局 1989 年版，第 118 页。
⑩ 戴德：《大戴礼记》，《四部丛刊初编·经部·册十》，（上海）商务印书馆 1929 年版，第 484 页。
⑪ 韩非：《韩非子》卷十九，《四部备要·子部·册五十二》，中华书局 1989 年版，第 113 页。

韩非子的法律思想，因为是建立在维护君主统治的立场上，所以，具有反人民的性质。但是，他直言不讳地为我们揭示了君臣、父子、夫妻、朋友之间所存在的一种利害关系，这对于我们深入地认识专制社会关系的本质，无疑是有积极意义的。《六反》指出：“君上之于民也，有难则用其死，安平则尽其力。”[①]因为君主对人民是不存在“恩爱之心”的。《显学》说：“不恃赏罚而恃自善之民，明主弗贵也。”[②]《外储说右下》说：“彼民之所以为我用者，非以吾爱之为我用者也，以吾势之为我用者也。”“主卖官爵，臣卖智力。”[③]《难一》说：“臣尽死力以与，君垂爵禄以与臣市。君臣之际，非父子之亲也，计数之所出也。”[④]因此，《六反》说：“用法之相忍，而弃仁人之相怜也。”“君不仁，臣不忠，则不可以霸王矣。”[⑤]

韩非认为，臣民之所以不犯上，并不是不愿犯上，而是没有能力犯上，《扬权》曰：“臣之所不弑其君者，党与不具也。”[⑥]这种振聋发聩的方论，把儒家笼罩在君臣关系上的那层脉脉温情，彻底揭破了。又《备内》曰：“故舆人成舆，则欲人之富贵；匠人成棺，则欲人之夭死也。非舆人仁而匠人贼也，人不贵则舆不售，人不死则棺不买。情非憎人也，利在人之死也。”[⑦]《外储说左上》举雇农力耕，不是出于对主人之爱，而是可以多得报酬；主人对雇农善待，也不是由于爱护之心，而是欲求雇农之力耕。推而广之，子弑父，妻犯夫，朋友相离，无不缘于利益相对立，你死则我活。

韩非把社会关系的实质归结为人的自私之心，并承认这种自私之心的合理性，而设为法、术、势以驾驭。虽然自私之心未必可以概括一切社会关系，而法、术、势也未必能防止自私之“恶”，但韩非子以自己独特的认识，而发布此一观点，表明韩非子所具有独立思考的创造性思维特征，以及对个人权利合理性的维护。《解老》曰：“聪明睿智，天也；动静思虑，人也。人也者，乘于天明以视，寄于天聪以听，讬于天智以思虑。”[⑧]韩非子一方面肯定天的伟大，

---

① 韩非：《韩非子》卷十八，《四部备要·子部·册五十二》，中华书局 1989 年版，第 125 页。
② 韩非：《韩非子》卷十九，《四部备要·子部·册五十二》，中华书局 1989 年版，第 138 页。
③ 韩非：《韩非子》卷十四，《四部备要·子部·册五十二》，中华书局 1989 年版，第 99 页。
④ 韩非：《韩非子》卷十五，《四部备要·子部·册五十二》，中华书局 1989 年版，第 104 页。
⑤ 韩非：《韩非子》卷十八，《四部备要·子部·册五十二》，中华书局 1989 年版，第 125 页。
⑥ 韩非：《韩非子》卷二，《四部备要·子部·册五十二》，中华书局 1989 年版，第 17 页。
⑦ 韩非：《韩非子》卷五，《四部备要·子部·册五十二》，中华书局 1989 年版，第 39 页。
⑧ 韩非：《韩非子》卷六，《四部备要·子部·册五十二》，中华书局 1989 年版，第 44 页。

同时肯定人作为动静思虑的主体，可以能动地运用“天”的聪明睿智开创自己的事业，这种对人的能动性的肯定，是他倡导人为政治，独立思考的动力。也正因此，《亡征》抛弃对人的能力的崇敬，而“用时日，事鬼神，信卜筮而好祭祀者”，[①] 当作亡征之一，《饰邪》曰：“龟筴鬼神，不足举胜……然而恃之，愚莫大焉。”[②]《解老》曰：“人处疾则贵医，有祸则畏鬼。……夫内无痤疽瘅痔之害，而外无刑罚法诛之祸者，其轻恬鬼也甚。”[③] 这也反映了一种独立思考的精神。

战国法家，自李悝《法经》，及《商君书》，其思想都来源于改革实践，而韩非所著书，虽不是来自作者治国实践，却最能集中代表法家思想的精粹。法家思想准确地抓住了人性的弱点，并最终认识到只有法、术、势结合，用冷冰冰的法律手段，才能彻底击灭一切被道德伪装起来的人欲。也只有彻底击灭普通人的欲望，才能保证君主欲望的完全实现。这种认识，随着秦的统一，被证明是符合战国时代需要的最切合实际而行之有效、可以富国强兵的法宝。《史记·商君列传》载商鞅入秦，见秦孝公，相谈良久，而孝公“时时睡，弗听”，是缘于商鞅说以“帝道”；后来，商鞅又以“王道”说孝公，孝公仍不喜欢；商鞅第三次以“霸道”说孝公，孝公以为可与语，而不足用。商鞅终于明白孝公之意，而说以“强国之术”，如此，孝公“不自知厀之前于席也。语数日不厌”，其原因正像孝公所言，三王五帝之术“久远，吾不能待。且贤君者，各及其身显名天下，安能邑邑待数十百年以成帝王乎”。也正是缘于秦孝公这样的君主的急功近利之实用目的，所以，不免如商鞅所言，“然亦难以比德于殷周矣”。[④]

六

《论语·卫灵公》载孔子云：“君子固穷，小人穷斯滥矣。”[⑤] 战国时期，儒家坚守仁政思想，不为穷达而又改变，而如法家之商鞅、李斯，以及纵横家如苏秦等，为了自己的功名富贵，而变易自己的主张，与时俱进，虽能显名一时，

---

① 韩非：《韩非子》卷五，《四部备要·子部·册五十二》，中华书局 1989 年版，第 37 页。
② 韩非：《韩非子》卷五，《四部备要·子部·册五十二》，中华书局 1989 年版，第 40 页。
③ 韩非：《韩非子》卷五，《四部备要·子部·册五十二》，中华书局 1989 年版，第 45 页。
④ 司马迁：《史记》卷六十八，《四部备要·史部·册十五》，中华书局 1989 年版，第 779 页。
⑤ 邢昺：《论语注疏》卷十五，《四部备要·经部·册六》，中华书局 1989 年版，第 101 页。

但对社会发展和社会正义的负面影响也是难以估量的。

《管子·法法》说："不法法，则事毋常；法不法，则令不行。令而不行，则令不法也；法而不行，则修令者不审也；审而不行，则赏罚轻也；重而不行，则赏罚不信也；信而不行，则不以身先之也。故曰：禁胜于身，则令行于民矣。"[①]"法法""赏罚不信"是司法问题，"法不法"涉及立法问题，"令不法"是依法行政问题，"心而不行"是法律公平问题。《史记·商君列传》载，商鞅变法一年，秦国民言商鞅之法不便者以千数，这时太子犯法，商鞅说："法之不行，自上犯之。"[②]欲惩处太子，但因太子是君嗣，施刑毁容，破坏国体，因此，刑太子傅公子虔，黥太子师公孙贾。《野叟曝言》第六十七回有"王子犯法，庶民同罪"[③]的俗语，说的正是刑罚必须建立在公正的基础上。

法治即以法治国，即依据法律治理国家，其内容包括法律至上，颁布宪法，立法、司法、行政权分置，以法律保障公民的自由权利。法治是近代文明的重要成果，是与"专制"相对应的一个词汇。即法治国不允许有专横独断的行政权，一切权力的行使必须以法律的授权为依据。卢梭在《社会契约论》第六章《论法律》指出："凡是实行法治的国家——无论它的行政形式怎样——我就称之为共和国；因为只在这里才是公共利益在统治着，公共事物才是作数的。"[④]又说："一切合法的政府都是共和制的。"中华人民共和国的政体属于共和制，因此，中国也理应是法治国家，社会主义核心价值包含有"法治"内容，正是体现了共和制政体的必然选择。

依法治国是现代文明的基本价值，也是体现中国传统文明的价值观。屈原《楚辞·离骚》说："彼尧舜之耿介兮，既遵道而得路。何桀纣之猖披兮，夫唯捷径以窘步。"[⑤]"固时俗之工巧兮，偭规矩而改错。背绳墨以追曲兮，竞周容以为度。"[⑥]唐尧、虞舜遵道得路，就是依法行政；夏桀、商纣猖披，时俗工巧，所以背离规矩绳墨，即随心所欲，作威作福。《楚辞·九章·惜往日》说："奉先功以照下兮，明法度之嫌疑。国富强而法立兮，属贞臣而日娭。"[⑦]这里的"法

① 管仲：《管子》卷六，房玄龄注，《四部备要·子部·册五十二》，中华书局 1989 年版，第 49 页。

② 司马迁：《史记》卷六十八，《四部备要·史部·册十五》，中华书局 1989 年版，第 780 页。

③ 夏敬渠撰：《野叟曝言》，黄克校点，人民文学出版社 1999 年版，第 811 页。

④［法］卢梭：《社会契约论》，何兆武译，商务印书馆 2003 年版，第 35~36 页。

⑤［法］卢梭：《社会契约论》，何兆武译，商务印书馆 2003 年版，第 8 页。

⑥［法］卢梭：《社会契约论》，何兆武译，商务印书馆 2003 年版，第 15 页。

⑦［法］卢梭：《社会契约论》，何兆武译，商务印书馆 2003 年版，第 149~150 页。

立”即强调的是维护法律的尊严，含有依法治国之意。

自戊戌变法以来，中国人民一致在致力于建设一个法治国家。辛亥革命胜利以后，1912 年 3 月 11 日，民国政府即公布了《中华民国临时约法》，规定了“主权在民”的共和理念。1913 年，中华民国第一届国会提出了《中华民国宪法草案》，该草案又称“天坛草案”，因该宪章不利于袁世凯专制，袁世凯解散国会，并于 5 月 1 日公布了《中华民国约法》即“袁记约法”。袁世凯称帝失败，民国政府重新开启了制宪建设：1919 年，民国政府制定了《中华民国宪法草案》，即“八年草案”；1923 年，民国政府公布了《中华民国宪法》，即“曹锟宪法”；1925 年，民国政府制定了《中华民国宪法草案》，即“十四年草案”。民国政府制定的各种宪法草案，基本上都贯彻了“共和”的民主理念。

1919 年 10 月 10 日，孙中山将中华革命党改组为中国国民党，至 1924 年 1 月，中国国民党在广州举行第一次全国代表大会，宣布党内改组完成，正式进入中国国民党阶段。1925 年，蒋介石率领黄埔军校生发动东征战争，平定广东。当年 7 月 1 日，中国国民党在广州成立国民政府，1928 年开始北伐。北伐胜利后，1928 年 10 月 3 日，中国国民党中央常务委员会通过了《训政纲领》，1931 年 5 月 5 日国民大会通过了《中华民国训政时期约法》，同年 6 月 1 日开始实行。这部约法确定以民治、民有、民享的三民主义作为国家基本思想和行政、立法、司法、考试、监察五权分立的国家组织方法。1936 年 5 月 5 日，国民政府公布《中华民国宪法草案》，即“五五宪草”，预定 1936 年召开之制宪国民大会通过。1938 年秋，国民政府成立国民参政会，成立包括国民党、共产党、民盟在内的宪政期成会修改“五五宪草”，即“期成宪草”，逐渐向三权分立模式转变，增加国民大会议政会为国民大会闭会期间的政权机关。1943 年，国民党五届十一中全会决定成立宪政实施协进会再度修改“五五宪草”。抗战争胜利后，国民政府依据《国民政府建国大纲》着手推进宪政的实施。1945 年 10 月 10 日，国民党和共产党在重庆签署“双十协定”，确定以军队国家化、政治民主化、党派平等、地方自治为基础的和平民主建国路线，决定尽速召开政治协商会议，商讨制宪事宜。1946 年 1 月 10~31 日，国民党 8 人、共产党 7 人、民主同盟 9 人、青年党 5 人、无党派人士 9 人，共 38 位代表在重庆召开政治协商会议，通过政府改组案、和平建国纲领案、军事问题案、国民大会案、协定“五五宪草”的修改原则 12 项，并决定组织宪草审议委员会。依照政协决议，国民大会成为无形机构，立法院直接民选产生，监察院职权扩大，且地方制度称为联邦体制，省可制定省宪。政协会议闭幕后，依决议成立宪草审议委员会，民社党张君劢主持起草了《中华民国宪法草案》，保留了三民主义的基本思想并贯彻政协宪草决议案内容，落实民有、民治、民享之民主共和国，以及内阁制之民主宪政等精神。

在中国现行的法律体系中，有宪法性法律和普通法律的区别。《中华人民共和国宪法》是国家的根本大法，一切法律的制定和执行都必须遵从宪法原则。普通法律则又区分为基本法律和法律两种，基本法律由全国人民代表大会制定，而法律由全国人民代表大会常务委员会制定。其来源依赖于宪法，效率低于宪法。在普通法律中，涉及国家机关的组织与活动的是组织法，涉及国家、社会、经济生活等事实关系的权利和义务的是实体法，保障实体法实施的法律是程序法。依法治国就是国家保障法律面前人人平等；确认和保障公民的自由权利不受侵犯；设定和约束国家的权力，一切权力机构依据宪法及其他法律的授权行使权力，不得滥用权力。

现代法律概念包含权利和义务两种，法律体现了意志的普遍性和对象的普遍性，即法律体现全体国民的意志，适用于全体国民。有一个阶段中国的一些法学家强调法律的阶级性，这明显是违背法律的普遍性原则的，也是与我们今天依法治国的基本精神背道而驰的。

（本文曾发表于《西北师大学报（社会科学版）》2016 年第 3 期）

元杂剧包公戏与法制文学的传承

韩春萌 *

中国法制文学孕育于先秦两汉，经过魏晋南北朝至隋唐的发展，到宋元时期走向成熟。在法制文学走向成熟的过程中，元杂剧中的法制题材戏剧（包括公案剧）起了至关重要的作用。“元杂剧包公戏一度兴盛，迄今所知有十八种之多，其中十种看见存本，历来为研究者所重。”[①] 公案剧在元杂剧中占有较大比重，而现存包公戏又占公案剧的 60% 左右，包公戏对法制文学的发展传承更是具有特别重大的意义。本文试从法制文学这一独特文体的发展流变，简要探讨一下元杂剧中包公戏对其传承作用。

一、清官典型形象的定位

包公是中国家喻户晓的人物，这个人物形象最大的特点是为官清正廉洁，执法刚正不阿。包公原名包拯，历史上真有其人，据考证为春秋战国时期申包胥的三十五世孙。[②] 这位北宋名臣于宋真宗二年（999 年）出生在安徽合肥肥东，仁宗天圣五年（1027 年）考取进士。曾任开封知府、御史中丞、三司使等职，因铁面无私而受后世敬重，有“包青天”之美誉，是清官廉吏的楷模。包公形象的树立，有其社会历史背景，同时也寄托了千百年来中国百姓的法制理想。

包公形象在元代进一步理想化，其典型形象得以巩固和扩大影响，是由于此时法制的沦丧，明初学者叶子奇的《草木子·杂俎篇》[③] 曾揭露说：元朝末年，官贪吏污，向人讨钱，各有名目。属官始参曰“拜见钱”，无事白要曰“撒花钱”（人事钱），逢节曰“追节钱”，生辰曰“生日钱”，管事而索曰“常例钱”，送迎曰“人情钱”，勾追曰“赍发钱”，论诉曰“公事钱”。另据《元史·本纪》（成宗四）记载，大德七年（1303 年）“七道奉使宣抚所罢赃污官吏

---

* 韩春萌，南昌师范学院中文系教授，主要研究方向为中国古代文学。

① 任孝温：《元杂剧包公戏繁荣原因略探》，《山西师范大学学报》1999 年第 6 期。

② 张国华：《包拯身前身后事》，中国经济出版社 2002 年版，第 1 页。

③ 叶子奇：《草木子》，中华书局 1959 年版。

凡一万八千四百七十三人，赃四万五千八百六十五锭，审冤狱五千一百七十六事”[①]，没有处理的贪官污吏和冤案就不知有多少了。

中国的奴隶社会、封建社会漫长，老百姓长期生活在水深火热之中，他们不但生活朝不保夕，生命和财产安全都得不到保障。因此他们希望出现开明皇帝和清官廉吏，希望有人出来主持公平正义。但是，在封建社会中清官廉吏毕竟少而又少，老百姓的冤屈难以申报，他们只好将这一美好的愿望寄托到理想之中，借以找到精神上的藉慰。这种藉慰的表现，只有通过文人和民间艺人的创作，在小说和戏剧之中加以体现。话本中的《合同文字记》《三现身包龙图断案》和元杂剧中的《陈州粜米》《蝴蝶梦》，以及明清小说中的《龙图公案》《三侠五义》等，都出现了包公的形象，都是百姓在特定历史背景下法制理想的体现。

清官成为法制文学正面形象中不可缺少的艺术典型。古代法制文学清官典型的塑造，首先取得成功的当属“包青天”形象。包公形象的定位对法制文学发展具有什么重要意义？简单地说，就是丰富了中国法制文学的形象画廊，同时为后世法制文学正面人物的塑造，提供了可供借鉴的“理想化”范式，为法制人物的“戏剧定型”奠定了基础。

元杂剧包公剧中“包青天”形象的成功塑造，对后世的法制文学理想化形象的塑造起了巨大的示范作用。随着包公故事深入人心，清官形象成为法制理想的象征，它直接影响到后世清官形象的塑造。在后世清官形象中，包公本身的形象在不断丰富，性格由单一走向复杂，完成了类型化向典型化的转变，更加真实可信；继包公形象之后，中国法制文学的清官画廊中，又增加了于公（于成龙）、海公（海瑞）、狄公（狄仁杰）、彭公（彭鹏）等清官形象，描写他们的小说、戏剧大量产生，使中国法制文学的形象形成一个独特的“系列形象”，这就是清官系列。这些清官廉吏与包公之间，有着许多相似之处，艺术形象的传承痕迹明显。在包公形象影响下形成的“清官系列”，极大地丰富了中国法制文学的人物形象画廊。

正面形象的塑造，往往不是孤立进行的。清官廉吏等正面人物的理想化，往往还会通过反面人物的陪衬来达到。中国法制文学在其发展过程中，常常采用陪衬手法来突出清官的形象，因此塑造了不少贪官污吏形象。作为法制文学

---

① 宋濂、赵埙、王祎：《元史》，中华书局1976年版，第456页。

重要组成部分的包公戏，自然也不例外。例如关汉卿的《鲁斋郎》，揭露了封建权贵鲁斋郎的罪恶，剧中主人公光天化日之下强占银匠李四和中级官吏张某的妻子，还把玩腻了的李四的妻子送给张珪，算作对张珪送媳妇的酬答。从他身上可以看到元代统治者的影子。元世祖的宠臣阿合马，《元史·奸臣传》对他有详细记载，他曾强迫别人献出妻女达 133 人之多。再如《蝴蝶梦》中的葛彪，也是一个仗势欺人的权贵，他仗着自己是皇亲国戚而草菅人命。《生金阁》中的庞衙内、《陈州粜米》中的刘衙内父子，也属于此类。这些反面形象的塑造，与正面的清官形象形成鲜明的对比。一方面对正面形象的塑造起了很好的陪衬作用，另一方面也丰富了法制文学的人物形象画廊。

二、“魂梦探案”故事的传承

包公探案断案，是包公戏中最主要的情节。通过梦境的警示和鬼魂诉冤的方式来探案破案，在包公戏中占有很大比重。元杂剧包公戏中，《蝴蝶梦》《后庭花》《生金阁》《神奴儿》《盆儿鬼》等五部剧作，都属于这类具有怪诞艺术的作品。

鬼魂托梦复仇、诉冤破案的故事，从《冤鬼志》《搜神记》等魏晋志怪小说继承而来。“在志怪故事体系中，许多鬼魂故事都具有一个事物原型，故事即围绕这个原型展开。同一原型的故事不断推衍，形成一个故事群落，从而依次层层发展，原型中所含的文化内涵也不断地展现深化……”[①] 关汉卿的《窦娥冤》中就有通过托梦、鬼魂诉冤来申冤的情节，他的《蝴蝶梦》和《鲁斋郎》属于包公戏，其中《蝴蝶梦》就是“魂梦探案”的作品。

《蝴蝶梦》描写皇亲葛彪无故打死王老汉，王氏兄弟三人为报父仇义愤之下也将葛彪打死。杀人要偿命，需要有人入狱，三个儿子争相抵命。包拯左右为难之际，做了一个奇怪的梦。他梦见花间一只小蝴蝶飞到蜘蛛网上，粘住后不能动弹。这时有一只大蝴蝶来救小蝴蝶，但这只还没救下来，另一只小蝴蝶又落在了网上。大蝴蝶又来救这只小蝴蝶，这时第三只小蝴蝶又被粘住了！大蝴蝶急得团团转，一时束手无措。包公见状动了恻隐之心，赶紧上前救出小蝴蝶。一觉醒来，才发觉这是一场梦。此时恰好打死葛彪的人犯押到，他认为这是老天对他的暗示，要他为民做主，主持公道。梦见蝴蝶受到启发，包公后来

① 喻忠杰：《〈冤鬼志〉中鬼魂复仇故事的文化特性》，《现代语文旬刊》2010 年第 12 期。

释放三子，找了个替死鬼顶罪。

无独有偶，《神奴儿》也运用了托梦的情节。在该剧第四折中，包公骑马途中遇到一阵大风，他认定“马前有一个屈死鬼魂”。他让鬼魂跟他到开封府去，把冤情诉说出来。这个冤屈的鬼魂正是神奴儿。而在此之前，神奴儿的冤魂早已托梦给老院公，他还对老院公说：“你休推睡在梦里。”梦中受启发和梦中诉冤情，托梦情节推动了戏剧故事的发展。

鬼魂诉冤的描写，在包公戏中屡见不鲜。《生金阁》中郭成被庞衙内冤杀，死后他的冤魂在元宵夜里提着头找庞衙内复仇，有不少人看见了这个“没头鬼”，坊间因此议论纷纷。包公在酒店里听到了“没头鬼”的事，感到其中肯定有冤情。他和张千去“赴晚朝”时，正好碰上了郭成的冤魂。包公让郭成的鬼魂先回城隍庙去，并告诉他“到晚间我与你做主”。《盆儿鬼》和《后庭花》也写到鬼魂诉冤的事。《盆儿鬼》中的主人公杨国用被害后，尸首烧成灰制成瓦盆，但瓦盆被送给退休的张差吏后，居然还会说话诉冤，恳求张差吏带他到开封府包公那里告状申冤。这种怪诞手法的运用，既符合积极浪漫主义的要求，又增强了作品的神秘性。怪诞是“文学艺术的一种特殊表现方法。以反常的不合理的形式和其超现实的表现手段创造出怪异、荒谬的艺术形象。它背离自然的可能性，但不背离内在的可能性，正是这种内在的可能性构成怪诞的魅力。”①

包公戏中的“魂梦探案”，是法制文学审美模式的重要组成部分。封建时代的官吏审理案件，大多采用刑讯逼供的方式，重刑之下造成冤假错案层出不穷。如果把包公也写成只会刑讯逼供的官员，那这个形象与一般的封建官吏并无区别。而包公是作者要歌颂的正面人物，往往对包公形象采用理想化方法，试图将他塑造成完美的人物。以法制案例写成的故事，侦破过程是绕不过去的，“魂梦探案”可以避开刑讯逼供情节，因此有利于理想化人物的塑造。例如包公戏《后庭花》，描述汴梁城里开“狮子店”的小二，一天晚上要对独自投宿的年轻女子翠鸾施无礼，因她不从，小二举斧威胁，吓死了翠鸾。小二怕这暴死的女子作怪，就拿了一片桃符来插在她的鬓角头，用一个口袋将她的尸体装了丢在井里。翠鸾殒命后她的魂魄来会住店的秀才刘天义，并将那片桃符给了刘秀才，包公后来正是凭此将案侦破。在这个案件的侦破过程中，鬼魂传桃符的情节起了至关重要的作用。

---

① 引自《辞海》，上海辞书出版社 1989 年版，第 977 页。

包公戏中大量“魂梦探案”，使这一故事模式在法制文学中定型，为后世的法制文学提供了借鉴的蓝本。明代的《警世通言》《初刻拍案惊奇》等拟话本小说收有包公断案故事，有的采用了“魂梦探案”情节，《龙图公案》中包公借私访、梦兆甚至鬼语等以断奇案。清代小说、戏曲中沿袭了这一故事模式，如小说《三侠五义》鬼魂托梦成为一种结构手段，黎园戏《狸猫换太子》写了包公设下阎罗地府、自扮阎罗王审问郭槐。明清时期包公戏之外的其他涉法文学作品，如《聊斋志异》中的《席方平》《续黄粱》等，也对此加以借鉴，打破阴阳生死界限，与此前的包公戏“魂梦探案”故事模式一脉相承。

三、“情法冲突”模式的创新

戏剧冲突是传统戏剧的重要组成部分，是推动剧情走向高潮的最关键因素，元杂剧中的包公剧善于运用戏剧冲突来结构作品。这种借鉴传统小说“通过激烈的矛盾冲突来表现人物性格”的方法，使包公剧结构紧凑，高潮迭起，观众的情感高潮与戏剧的逻辑高潮完美地结合在一起。在激烈的矛盾冲突中，重点突出“情与法”的冲突，把法制文学的表现技巧推升到一个新的高度。《陈州粜米》《蝴蝶梦》《灰阑记》等[①]是这方面的代表。

包公戏中情与法的冲突，指的是包公坚持正义的同时对弱者的同情，由此引出的与公正执法之间的矛盾。无名氏的《陈州粜米》是元杂剧中较早出现的包公戏，讲述的是包公为民除害的故事。当时陈州干旱三年，粮食颗粒无收，朝廷派刘衙内的儿子刘得中和女婿杨金吾到陈州开仓粜米以救百姓。刘、杨两人趁机抬高粮价，引发老百姓的强烈不满。张敝古站出来和他们评理，被刘得中用紫金锤砸死。这简直无法无天！观众至此将产生愤怒情感，剧情被引向高潮。接下来，张敝古的儿子小敝古找包青天告状。包公化装成老农主动到陈州明察暗访，把刘、杨两人的劣迹弄了个一清二楚。而后他进城将这两人抓了起来。剧本写到此，逻辑高潮出现，故事本来可以结束。但情感高潮还没出现，剧作再描述包公下令斩了杨金吾，同时让小敝古“以牙还牙”亲手用紫金锤砸死刘得中，报父仇之后剧情才达到情感高潮。

元杂剧中的包公在断案过程中，往往不依据法律而是依据“人之常情”来断案。这种“人之常情”出自百姓的审美需要，但却存在一个“法”与“情”

---

① 关汉卿等:《元杂剧公案卷》，徐燕平注，华夏出版社2000年版，第323、145、193页。

的冲突。执法如山，公平公正，这是执法的基本原则。但在包公戏中这一原则有时会被打破。如关汉卿的公案剧《蝴蝶梦》，写了王老汉三个儿子的复仇行为。葛彪仗着自己是皇亲国戚，借口王老汉冲撞了他的马头，于众目睽睽之下在街上打死了贫民王老汉！老汉的大儿子失手打死了皇亲葛彪，包公受理此案后却出现了一桩怪事：王家的三个儿子都争着说是自己打死葛彪的，个个愿意去抵命。王母不同意老大和老二去抵命，当包公判定由老三抵命时，王母才同意。原来老大老二都是她的养子，只有老三才是亲生的。包公为之感动，决心要搭救老三。杀人要偿命，更何况葛彪是皇亲！包公面临情与法的选择。后来他用盗马贼替老三受刑抵命，还帮助王家的三个儿子都做了官。

情感高潮与逻辑高潮因剧本内容的不同而异，包公戏变化多样使剧情跌宕起伏，结构也富于变化。在元杂剧“一本四折一楔子”的外在结构无法改变的情况下，内在结构的变化也带给读者和观众某些新意。李行道的《灰阑记》也是一出包公戏，描写张海棠家贫愿嫁马员外，因此与兄长产生误会。嫁到马家后她卷入马家的各种矛盾之中。马家除了妻妾之间争宠相斗，马员外的妻子还与赵令史有染，一直想加害于员外。毒死马员外后，马妻嫁祸于张海棠，双方对簿公堂。在衙门里张海棠被赵令史屈打成招，女主人公命悬一线，剧情引向情感高潮。被押解路上，张海棠巧遇兄长并消除了误会，从而出现生机，这是结构上的转折点。最后是包公巧设“灰阑计”，使案情大白于天下。贪官污吏和奸夫淫妇被斩首，大快人心的同时达到戏剧的情感与逻辑的“双高潮”。

如何处理“情”与“法”冲突带来的矛盾？包公戏在遇到这类矛盾时，总是用包公的智慧来解决。这种处理方法，可以减少包公靠神暗示带来的神秘色彩，同时使“情与法”冲突下的矛盾得以解决，有利于法制人物形象的塑造。从某种意义上说，这也是一种创新。

除了《灰阑记》写了包公用计破案，关汉卿的《鲁斋郎》也运用了这种方法。剧中主人公、权贵鲁斋郎仗着有后台，光天化日之下强占他人妻子，而且被他霸占的还不是一两个，老百姓对他敢怒而不敢言。包公决心处死这个为害社会的人渣，为此他绞尽了脑汁。最后包公灵机一动，利用繁体字的特点，在上报朝廷的材料中，将鲁斋郎的名字改为“鱼齐即”。看了这个“鱼齐即”无法无天的材料后，皇帝非常气愤，根本没想到包公做了手脚，在上面判了个“斩”字。等皇帝的批复一到手，包公立即添加笔画恢复成“鲁斋郎”的真名，并立即将其斩首。皇帝后来知道此事，也无可奈何地说“合该斩首”，真是大快人心。包公机智执法，使矛盾迎刃而解。后世的一些包公戏中，借鉴了这一化解“情与法”冲突的做法，使包公形象血肉丰满，其内涵更加丰富。

四、“戏文互见”传播的促进

元杂剧中的包公戏在文学史上产生过较大影响，特别是对中国法制文学的发展起了更为积极的推动作用。元杂剧包公戏上承说唱艺术和话本小说，下启明清包公戏剧、小说。包公的形象在传承过程中不断完善，包青天的影响越来越大，与法制文学传承过程中的“戏文互见”传播方式有着密不可分的关系。这里所说的“戏文互见”，指的是文体上的相互促进，也即包公故事在戏剧、小说及其他文体中同时兼存，共同传播。正是这种“戏文互见”方式，促进了中国法制文学的发展。

包公不是从天而降，元杂剧中包公戏的繁荣也不是孤立的，与宋元时期的说唱文学有着密切的关系。南宋时期，民间艺人开始通过说唱艺术传播包公断案故事，使包公形象随着公案故事开始深入百姓之中。宋金杂剧中金院本的包公戏有《三献身》（佚），宋元南戏中有《小孙屠》《王月英月下留鞋记》《包待制陈州粜米》《神奴儿》等[①]，尽管这些作品均亡佚，但对元杂剧中的包公戏产生过重要影响。宋元时期话本流行，其中就有关于包公断案的小说，如《清平山堂话本》的《合同文字记》。明代拟话本小说《警世通言》中，也有《三献身包龙图断冤案》这样的作品。

包公戏之所以能够世代相传，一方面是因为包公戏宣传包青天执法刚正不阿，符合统治阶级和民间双方的需要。就最高统治者而言，一些较为开明的皇帝希望有清官廉吏来辅佐他们治国，维护已经沦丧的法制从而维护封建统治。美国著名法学家罗斯科·庞德的社会控制理论认为：“道德、宗教和法律是进行社会控制的三种主要手段，随着文明的发展和社会生活的日益复杂化，道德和宗教作为早期社会控制的基本手段逐渐和法律相分离”。[②]为达到这个目的，就要树立清官的典型供官吏效仿。皇帝有这个意图，封建官吏中的一些人也就跟进推崇；就普通老百姓而言，长期的战乱和社会动荡，使他们饱受法制沦丧之苦，因此他们也希望有清官廉吏来主持公道，甚至幻想出现侠义英雄来除暴安

---

① 黄秉泽：《包公戏源流叙录》之一，《宁波职业技术学院学报》2002 年第 2 期。

② 丁卫：《法律与社会控制》，《云南大学学报（法学版）》2007 年第 6 期。

良。长期以来正是在这种背景下，使包公等清官形象得到官场与民间双方的推崇，也使包公戏得到长足发展。

从另一方面看，包公戏的发展繁荣，与“戏文互见”的传播方式有密切关系。法制文学的一个重要任务，就是进行普法教育宣传，传播面越广其教育作用就越大。有的作品在流传过程中，同一故事内容被改编成小说、戏剧、说唱艺术等多种文体进行传播。这样的传播方式，网罗了不同审美心理的读者和观众，扩大了作品传播面，收到了更大的法制宣传教育效果。例如：元杂剧包公戏《绯衣梦》问世之前，有宋元南戏《林招得》（佚），唱本中有潮州歌《林招得孝义歌》，还有福建梨园戏《林顺得》。在这个基础上，产生了元杂剧《钱大尹智勘绯衣梦》。明代包公小说《百家公案》第七十八回《两家愿指腹为婚》说的就是这个故事，明代无名氏的传奇《卖水记》剧情与此基本相同，清代的《林招得宝卷》内容大同小异，后世弋阳腔、京剧、秦腔等均有此剧。

在“戏文互见”推动下，作品广为传播的例子还有不少。如元杂剧《盆儿鬼》就是一例。元代南戏、明清传奇、近代地方戏都有同题材的作品。此外，还有明成化本说唱词话《歪乌盆传》、明刊《龙图公案·乌盆子》等小说、曲艺作品。此事又见小说《三侠五义》第五回，只是其中的人名稍有换动而已。京剧《乌盆记》（一名《奇冤报》），人物姓名不尽相同，但情节基本相同。包公故事就这样在戏剧、小说、说唱艺术之间相互演绎，在互相促进中发展。

在舞台戏剧和其他文本作品相互促进的过程中，包公故事及其形象得到良好的传播和发展，也使包公性格变得更加丰富和完美，越来越符合民间的审美要求。无名氏的杂剧《包待制智赚合同文字》（简称《合同文字记》），讲述了包公智断公案的故事。明代洪楩辑《清平山堂话本》中的话本《合同文字记》，与明万历二十二年（1594年）刊小说《全补包龙图判百家公案》第二十七回《拯判明合同文字》，万历二十五年刊《包公演义》第二十七回《判刘氏合同文字》的情节相同。把《清平山堂话本》的《合同文字记》，与元杂剧的《合同文字》进行比较，不难发现其中某些情节已经有了较大差异，包公性格更为复杂。明代拟话本小说中，凌蒙初编的《初刻拍案惊奇》中有篇《张员外抚螟蛉子，包龙图智赚合同文》，这篇由杂剧改编的小说在风格上已经有了变化。到了清代，这个故事又演变为说唱艺术《合同记宝卷》，再次融入了说唱艺术特征，形式更为大众所喜闻乐见。

（本文曾发表于《南京晓庄学院学报》2017年第2期）

论英国分级阅读教育中儿童权利的体现及启示

金莉莉 *

联合国《儿童权利公约》第十七条规定："缔约国确认大众传播媒介的重要作用，并应确保儿童能够从多种的国家和国际来源获得信息和资料，尤其是旨在促进其社会、精神和道德福祉和身心健康的信息和资料。"但如何确保供儿童阅读的"信息和资料""有利于身心健康"？是儿童自由选择还是成人代替指导？西方国家有关儿童权利的理论一直存在"保护论"与"解放论"之争，前者更强调儿童被保护的权利，后者则认为儿童有而且应该充分享受自治管理的权利。在阅读行为中，由于儿童年龄、心智发育和阅历经验的特殊性，家长、教师、出版商、评论者等组成的成人世界往往对儿童阅读起到主导和决定作用，认为因此才足以保护儿童健康成长。这使得成人难以真实把握儿童个性、兴趣和阅读水平的实际状况，反而影响到儿童阅读的利益获得。因此，如何保障阅读行为中的儿童自治权利，以阅读促进身心健康，一直是儿童教育理论和阅读理论探索的难题。

近百年来英美国家不断探索阅读的重要性和复杂性，研究出分级阅读理论和教育策略，提出根据儿童年龄与个性进行分级读物选择和出版原则、以快乐（Pleasure）作为阅读的手段和目的的理念，其理论探讨和实践经验为实现儿童阅读自治和保障儿童健康发展提供了较好的思路。

一、儿童自治权利与儿童阅读自治权

1. 儿童自治权利

法律权利自产生以来，权利主体的范围不断扩大。由于年龄的限制，儿童不能像妇女和黑人那样，主动为争取法律权利而奋起斗争，儿童的权利更多的是被成人"赋权"[①]。但自20世纪70年代的"儿童解放运动"以来，"儿童应当拥有与其理解力相适应的自治权利"这一观点被不断强调。随着1989年《联

---

* 金莉莉，中国政法大学人文学院副教授。

① 管华：《儿童权利的证成》，《西部法学评论》2014年第3期。

合国儿童权利公约》的制定，儿童权利的法律保护被提上议事日程。

儿童自治权利在西方社会已有较为成熟的理论研究和法律实践，完全独裁和绝对的家长式作风被逐渐抛弃，而倾向于给予儿童更多的自主权利。比如英国儿童法认为："法律没有规定在儿童到达一定年龄前，父母在儿童身上拥有绝对的权利；但是当儿童成长并越来越自立时，父母的权利在减少。法律迄今为止仅在儿童需要保护时确认父母权利。""当儿童的理解力和智力足以决定关于自己的事项时，父母的权利服从于儿童的自我决定的权利"[①]。这使得在儿童事务的处理中，较多地体现出了儿童自治权利。

2. 儿童阅读自治权

当儿童成为法律权利主体时，享有与成人一样的主体地位，但在行为能力上，却处于非成人的特殊状态，因而儿童处理自己事务的能力和权利往往淹没在被保护权的实施中。在阅读行为中，由于儿童知识、经验的缺乏，为保证其学习、受教育和健康成长的顺利进行，成人认为理所当然拥有话语权，而代替儿童购买、指导、出版、评选符合成人规则的优秀读物。但阅读的实际受益者——儿童，因无法凸显自己的真实意愿而不易达到成人的预期效果，比如未能阅读到与年龄、兴趣、性格、阅读水平相匹配的读物而造成阅读障碍或失去阅读兴趣、因阅读困难而影响母语学习、缺乏同龄人间的阅读激励等等。

因此，儿童不仅拥有阅读有益自己身心健康的广泛读物的权利，而且拥有阅读自治、自己处理阅读事务的权利，这恰恰是儿童被保护权的重要组成部分。其表现为儿童阅读意愿自治；儿童有权决定购买、阅读和讨论自己感兴趣的图书；成人需根据儿童年龄、性别、个性、阅读水平出版适宜图书，规范童书市场，并实施有效的科学的阅读指导。

二、分级阅读对保护儿童阅读自治权、协调被保护权与自治权关系的重要作用

分级阅读指根据儿童年龄、心理发展规律、个性特征等提供从易到难分级的图书和科学指导、以提高儿童阅读效率和兴趣的有效阅读方法。该方法通过制定科学系统的测评标准对读物难度和阅读水平进行分级，强调两者的匹配，以促成儿童对读物的科学选择和成人的有效指导。分级阅读起源于英美国家，

① [美] 凯特·斯丹德利：《家庭法》，屈广清译，中国政法大学出版社 2004 年版，第 226~230 页。

后波及到日本、中国台湾、中国香港等地区，2008年被引进中国大陆，其科学性和成功经验启发了汉语儿童阅读教育的新思路。

阅读分级的核心是突出儿童年龄、个性、性别和阅读水平的差异性，主张将身心愉悦作为儿童阅读的手段和目的，以此激励儿童主动选择阅读并养成终身学习的习惯。阅读需要区分难度级别的意义正是要体现儿童主体地位，以儿童自身利益为中心、逐渐锻炼自己处理阅读事务的能力。

分级阅读从学校教育开始，与校外出版社、公共图书馆、阅读推广机构等协调合作，共同构成整体性阅读教育体系。在分级阅读活动中，教师、家长、出版商、图书管理员、阅读指导专业人员等成人以科学标准进行指导，这保护了儿童在多样化和健康有效的阅读资源中获得阅读效益的权利，从而进一步提高学校母语学习的效果。与此同时，分级阅读对儿童个性和阅读水平差异性的强调，使儿童享有较多的自主选择权，可以根据个体情况实现差异化阅读，有效避免阅读障碍和被动选择。因此，分级阅读是一种能够充分保障儿童阅读自治权实施的有效方法，较好地保护了阅读行为中的儿童权利，真正提高儿童阅读效率和学习能力，以达到成人预期的效果。

英国是较早实施分级阅读教育的国家之一，从20世纪60年代开始，建立了独特的阅读教育体系，在保护儿童阅读自治权方面拥有较为成功的经验。其以教育部制定的《国家课程大纲》为宏观指导，专家团队和出版社对大纲的分级标准再进行深化，进一步细化分级内容，量化文本难度并考察语言变量种类，成为行之有效的阅读参考和指导因素，保障了儿童主动选择和阅读自治的有效性。从字母学习到篇章阅读，英国已研发出覆盖文学、科学、历史、地理等多个学科的分级读物和教师、家长、图书管理员配套指导用书，形成有序的童书市场，其中牛津大学出版社研发的分级标准和“牛津树读本”，剑桥大学出版社的“剑桥读本”等是目前使用较为广泛的国家分级阅读教育的代表性丛书。同时，通过各类项目和政府资金支持，与学校、图书馆联合，开展各类全国性推广活动，激励儿童主动阅读，在自治管理阅读事务的过程中提高阅读能力，已形成校内与校外结合的整体性阅读教育体系。

三、英格兰阅读教育体系中儿童权利的协调体现

1. 英格兰小学分级阅读教育中的儿童自治权

英国教育部的《英格兰国家课程教学大纲》（*National Curriculum in*

England）对小学母语学习的首要要求是阅读，从自然拼读法的字母发音教学到科学、历史、地理、艺术等各个学科的知识把握，均通过广泛而愉快的阅读完成。大纲要求，低年级阶段老师通过各种方式帮助学生阅读各类故事、童话、诗歌、小说和大量非小说类读物等，体会阅读乐趣，增强阅读动机，强化词汇学习，以尽快过渡到独立阅读阶段。英国国家课程教育阅读级别（National Curriculum Kay Stage）根据KS1（5~7岁，一至二年级）和KS2（8~11岁，三至六年级）的划分，在每个阶段对儿童的阅读能力、阅读理解、词汇量和词根等语言学习的方面对学生进行指导，并循序渐进地进行阅读的逐渐加深训练。这种逐级概念通过图书所标的颜色来体现，配合大纲要求的读本不是一本统一教材，而是校外各出版社根据国家课程大纲所开发的大量分级阅读书目，"内容则从粉色的每页一句话，且不断重复主要句式，全书一般仅4~6页，一直到最高级别的复杂故事，具有引导与训练的双重作用"①。多样化的分级读物成为学生根据兴趣和现有阅读水平自主选择的广泛资源。

心理学研究显示，阅读的个性、能力差异随着年龄的增长越来越明显。英格兰小学儿童分级阅读主要针对4~7岁儿童，分别对应的是2、3、6个阅读级别，年龄越大，区分级别越多，难度逐渐增加。8岁（小学三年级）以后独立阅读能力和习惯基本确立，不再强调分级，而以儿童自主阅读为主。这是以儿童心理发展规律为中心的科学考量，儿童年龄越大，差异越大，而自我管理和选择能力也越分化，在以阅读为主的母语学习过程中更应充分保护其阅读自治权利。英格兰小学平均拥有十余家出版社千余种分级书目（每班百余本），以供不同阅读级别的学生选择。分级清楚明确，选择丰富自由，阅读活动中学生可以较多地考虑自己的兴趣和阅读水平。同时，教师对每个学生的阅读水平通过测评有较为准确的把握，为其制定不同的阅读计划、进度和建议，从而保证了个体在科学的阅读指导下阅读自治权利的实现。

2. 阅读推广活动对儿童阅读自治权的体现

以图书馆、阅读机构等为主的阅读推广活动是对学校儿童母语学习和阅读兴趣培养的重要促进方式，主要倡导儿童阅读、培训阅读方法、推荐优秀书目等。但在实践活动中因以成人引导为主，儿童自身的阅读诉求、真实意愿和能力差异易被忽略。因此为什么阅读、怎样阅读、怎样让儿童获得阅读利益成为

---

① 李爽：《独木和森林——也谈英国小学的分级阅读》，《出版广角》2011年第6期。

西方百年来在儿童阅读和权利保护领域不断探索的理论和实践课题。

英格兰依托图书馆开展的大型阅读推广活动始于 30 年前，20 世纪 90 年代随着更多独立的协调机构加入，逐渐走向成熟与兴盛，开展了诸如“国家阅读年”“阅读起跑线”“阅读是基础”“夏季阅读挑战”等全国性项目，极大地提高了儿童阅读率和兴趣。其中最有影响力的协调机构之一是开卷公司（Opening the Book）和阅读社（The Reading Agency），尤其后者针对儿童读者的阅读研究和推广活动，在儿童阅读实践中如何充分保障自治权利方面取得了丰富的研究成果和成功经验。

阅读社是一个独立慈善机构，2002 年成立于英格兰，以鼓励更多的人读更多的书为使命。阅读社针对儿童发起的“夏季阅读挑战”是一项长期阅读推广活动，通过学校和公共图书馆展开，旨在将阅读从校内延伸到暑假，至今已有十年历史。活动鼓励儿童每年暑假读六本书，每年的主题都有所不同，并相应设计许多奖励、活动和事件配合阅读活动。

在阅读社多年连续的儿童阅读调查研究和“夏季阅读挑战”年度报告中，都将快乐作为阅读活动最重要的目的和手段，快乐的阅读或者为了快乐而阅读，对儿童来说比任何其他都重要，“因为阅读可以改变一切”[①]。为了达到“快乐阅读”的目的，阅读社多年来研究儿童分级阅读的原则和方法，在实践活动中不设“专家推荐书目”或“值得一读的好书书目”等，而将图书选择权完全交给儿童。参加“夏季阅读挑战”的儿童会选择任何他们感兴趣的纸质图书、电子书、DVD 等等，可以是只有几个字的图画书，也可以是小说和百科全书。阅读社“发展与影响研究”负责劳拉·万宁认为：根据自己的阅读水平选择喜欢的分级图书来阅读，可以提升阅读的快乐，并逐渐提高儿童选择鉴别的能力。而活动是通过公共图书馆来具体展开，因此图书管理员以及活动志愿者——12~24 岁的青少年，在如何选择适合自己阅读水平的图书方面会给予儿童具体的帮助。[②]

阅读社同时发起“聊书”阅读小组（chatterbooks reading group）[③]，由儿童根据阅读兴趣和水平自愿参与不同的读书小组，相互讨论读书心得、帮助寻找

① https://readingagency.org.uk/children/.

② 针对“为什么要将快乐作为阅读的重要目的和手段”这个问题，笔者对劳拉·万宁女士进行了专访。此观点来自此次访谈内容。

③ https://readingagency.org.uk/resources/?programme=chat.

和推荐好书。阅读社认为，儿童在成人的带领下奔向图书馆参与阅读挑战活动，是因为他们在阅读中找到了快乐和自信，同时又在阅读小组中得到帮助，以此来逐渐建立起终身阅读、愉快阅读的习惯。

从阅读社的活动实践可以看出，儿童阅读自治权利得到了极好的保护。在很多成人都会对“儿童如何评判自己的阅读水平”“儿童是否有能力选择适合的书或‘好’的书”“给予儿童多大程度的选择权利”产生疑问时，阅读社仍然毫不犹豫地将儿童自己选择、自己管理阅读事务放在首位。但同时，“‘如何选择’对儿童也是一项重要的能力”[①]，此时其他人——图书管理员或青少年（此角色并非全部由成人担当）的适当帮助，以及儿童间的互助（阅读小组），共同促进了儿童阅读选择能力的提升。可见，在阅读活动中，成人对儿童的阅读保护是有限行使的，而且也不一定必须由成人来行使，而凸显的是儿童阅读自治权利的实施，二者的适当结合有效保证了儿童最大限度地获取阅读利益。

3. 公共图书馆服务中的阅读自治权体现

图书馆对儿童阅读的科学指导和管理服务的系统化，是保护儿童权利、促进学校阅读教育、儿童阅读推广顺利实施的重要渠道。

英国是世界上最早倡导图书馆需要提供儿童服务的国家，为世界上其他国家图书馆事业发展以及图书馆相关法律制定提供了有益借鉴。1850 年英国确立了国家第一部图书馆法——《公共图书馆法》，最早将儿童纳入读者范围，提出针对儿童利益进行立法保护。同时在 1858 年，英国图书馆开始提议设立专门针对儿童开放的阅览室。20 世纪 70 年代开始，全国图书馆委员就在积极筹备《大英图书馆法》的建立，该法明确了读者合理使用公共图书馆的权利和图书馆提供高效优质服务的义务，而且，指出图书馆有责任积极引导儿童以及成人读者进入图书馆阅读，接受图书馆提供的服务，满足自己的阅读需求。1986 年颁布的《教育和图书馆法》规定了图书馆对教育事业的重大责任，不仅要为学校所利用，还要积极配合学校完成教学阅读任务，加强对学生的指导作用。[②]

以此相应由图书馆发起的读书活动也越丰富。比如如今波及世界多个国家的“Book start”赠书运动，是 1992 年由英国伯明翰图书馆倡导，向 0~6 岁儿童的家庭赠送图书馆精心准备的阅读大礼包，包括儿童读物、读书馆借阅证

① 该观点来自英国阅读社劳拉·万宁女士对儿童阅读问题的陈述。

② 官凤婷：《英国图书馆法发展历程与现状》，《图书馆学研究》2009 年第 2 期。

等。通过这种方式鼓励儿童阅读，积极引导儿童以及家长接近图书馆，科学选择图书，努力使儿童尽早培养阅读习惯。“Book start”运动自从推广到现在得到了政府和社会越来越多的支持，不断取得了良好的成果，并被世界多数国家所推崇。

2008 年英国北爱尔兰自治区颁布新的《图书馆服务法则》法律规定了具体的服务标准，根据不同年龄阶段设计针对性的阅读推广方案，从婴儿一出生直到 18 岁，分为多个不同级别，图书馆提供多种方案以满足各级别儿童的阅读需求和习惯。

如果说 100 多年来图书馆在保障儿童阅读权利方面取得长足进展，那么近 50 年来，随着法律上儿童自治权利的提出与分级阅读教育的逐渐完善，儿童阅读自治权利也得到了极大重视。在英格兰，图书馆服务在辅助学校分级阅读教育方面有着较长的历史，各个区都有专门的“学校图书馆服务机构”，为该区所有小学提供分级图书的订阅和咨询服务。公共图书馆容纳有各大出版社的分级书目，按照阅读水平（从玩具书到百科全书）统一编目、联网借阅、开展阅读推广等，图书管理员同时也是阅读指导和推广专家。

4. 分级图书市场对儿童被保护权和儿童阅读自治权的协调

分级童书市场的建立为英国儿童分级阅读教育提供了广泛丰富的阅读资源。为配合学校分级阅读理念和教学，逐渐形成科学细分的图书市场。

2008 年英国引进了美国 MetaMetrics 公司开发的 Lexile 阅读分级体系，在新出版的黑白版图书条形码附近及图书封面位置，标注该本图书推荐阅读的适宜年龄（分为 7 岁、9 岁、11 岁和 13 岁以上四组）。Lexile 阅读评价体系不仅可为儿童读物适合的阅读年龄作出判断，还可对儿童的阅读能力进行测试，评定儿童的阅读水平和成果，发展和提高儿童的阅读能力。Lexile 阅读分级体系与以往根据一页书上文字的字数、句子的数量以及关键词在文中出现的频率来判断适读年龄不同，该体系除了对一本书中句子的长度及用词的难易程度等句法和语义特征进行判断外，还可对书中的字体、图片与文字的关系以及影响视觉阅读的因素（如对段落文字、文图转换的眼动速度与频率等）等事项进行评定和判断。这一分类体系的推出，不仅为儿童阅读提供了有适度挑战性但又不会打消其积极性的读物，同时也为培养和提高儿童的认知能力、情感发展能力等做出了有益的探索。

Lexile 体系对规范童书市场、为儿童提供科学丰富的读本以保护儿童阅读权利提供了科学的标准，但每一种分级方法都有阅读指导和测评上的不完善之处，也可能损害部分儿童的阅读利益。为更为有效地提供给儿童科学健康的阅读信息资源，同时又使儿童拥有更自由的阅读选择，各个出版社通过专家团队多年的科学研究，纷纷开发出不同的分级方法，并推出相应图书，形成相互补充的局面。比如牛津大学出版社用20余年时间研发了更为细致的分级标准。其书目由签约作家原创，共分16级，难度逐级增加，以一棵树的形式形象地表明阅读的目标。从第1级（4岁）以无字书开启阅读兴趣，到字母发音、单词、句法、文化学习，直至通过篇章阅读学以致用。书目内容包括故事、诗歌、科学、历史、有声读物、互动游戏等，数量庞大，体系完整，同时配备教师家长指导用书和阅读指导专家团队。

此外还有“剑桥读本”、麦克米伦出版社的MacMillan Readers、Jolly Readers、企鹅出版社的Penguin Readers、WeeWeb出版社的Ladybird Key WordsReading等等，分级明确，种类繁多，而且内容上还会关注到性别造成的阅读兴趣和水平差异。这些都极好地保证了儿童在阅读中自主决定、自主选择的权利。

四、英国经验对我国分级阅读教育中儿童权利保护的启示

2011年国务院《中国儿童发展纲要（2011~2020）》明确提出：“培养儿童阅读习惯，增加阅读时间和阅读量”，“推广面向儿童图书的分级制，为不同年龄儿童提供适合其年龄特点的图书”，儿童阅读日益受到重视。20世纪90年代以来，少儿读物成为除教辅材料外图书市场的重要推动力，童书数量、种类日渐庞大繁杂，引进版图书、国学启蒙读物、原创读本等丰富了童书市场。由于阅读行为中儿童的被保护权利一直被重点强调，学校、家庭、出版社等成人群体在儿童阅读教育中占据主要指导和决定地位，儿童在读物购买、阅读时间和意愿、读物评价等方面不易有自主权，从而影响了儿童阅读的效率和兴趣。据调查，中国儿童的阅读量“每年5000字”，是美国儿童的六分之一[①]。为科学指导儿童阅读，并促进童书市场的有序化，我国2008年引进英美国家分级阅读理念，但一直未能深入研究其成功经验、探索出以体

① 该调查数据来自《妇女生活》对北京师范大学心理学院儿童阅读与学习研究中心主任伍新春的访谈，见《妇女生活》2015年第1期。

现儿童阅读自治权利为主的汉语分级阅读教育方式，因此近年来我国儿童阅读现状并未达到期待的理想效果。

从英国阅读教育经验可以看出，分级阅读是提高儿童阅读兴趣和能力的有效途径，其注重差异化的核心理念集中体现了对儿童阅读自治权利的保护。要建立汉语分级阅读教育体系，首先需要研究汉语教学规律和儿童阅读特点，真正从儿童语言、心理、思维发展规律出发研发汉语图书难度测评标准和阅读水平测评标准，探索科学的汉语分级方式，这是在阅读活动中保护儿童权利的科学理论基础。在此基础上，关注以下几个方面：

1. 学校及家庭阅读对儿童阅读自治权的保护

目前学校母语教学中未经过科学分级的统一教材的使用，忽视了儿童阅读的差异性。应试教育体制使学校与家长在儿童阅读活动中参与较多，且多抱有“儿童获取阅读资源的渠道和方式需要指导与规范”的主导观念。因此，儿童阅读兴趣和效率的提高，首先需要充分尊重儿童阅读意愿，以“快乐阅读”为原则，课堂阅读教学分级进行，体现出儿童阅读年龄、性别、兴趣、水平的差异性。同时，以科学分级标准为依据，教师和家长对儿童阅读进行有限指导，逐渐提高儿童自己处理阅读事物、选择和辨别读物的能力。

2. 出版社、推广机构及政府管理部门对儿童阅读自治权的保护

我国目前儿童图书出版，在选题策划上凸显教育功能的图书占主要部分，引进版图书、国学经典等呈现热销状态，但由于出版社未研发科学的分级标准，导致图书市场细分不够，仍然造成读者选择的困难。而且已有分级书目年龄分配并不适当，质量不高，没有差异性区分，并不能对儿童阅读和学校阅读教育产生有效的实质性影响，出版市场因其无序而无力完成对儿童阅读意愿和实现自治权利的支撑。因此，出版社需要研发科学的分级标准指导图书出版，既以儿童身心健康为依据引导市场，同时提供有序而丰富的分级图书资源以供儿童自由选择。而阅读推广机构结合图书馆可成为连接图书市场和学校的重要桥梁。

3. 公共图书馆的儿童阅读自治权保障

目前国内少年儿童图书馆首先需要增加数量。虽然多数地方利用公共图书馆承担少年儿童阅读服务职能，但是仍有一定数量的图书馆尚未开设未成年人服务，已有儿童阅览室大多不成规模。其次，图书馆需与学校阅读结合。目前少儿图书馆没有配合校内阅读教学的有效手段和丰富的阅读资源，书目未经科

学分级，其编目和书架摆放无法充分体现儿童需求，图书管理员也未能起到科学指导的作用。再次，图书馆需强调意识儿童的权利主体地位。目前多数图书馆均是按对待成年读者的要求约束未成年读者，基本上所有公共图书馆把儿童权利的实现与家长监护紧密联系在一起[①]，而不曾考虑儿童自身的阅读习惯和与成人的差异。

儿童阅读规律无校内外之分，培养阅读兴趣与习惯，提高阅读能力，需要校内外协调合作共同推进。分级阅读中儿童阅读自治权利的体现，不仅能有效实施儿童被保护权，而且有利于培养起儿童终身阅读的习惯。

① 鲁文清：《我国公共图书馆儿童权利保障研究——基于中外比较的法制视角》，曲阜师范大学 2014 年“图书馆学”专业硕士学位论文，第 30 页。

《司马法》与古代中国国际法思想

李明倩 *

一、古代中国"国际法"的性质

国际法，"主要是国家之间的法律，是以国家之间的关系为对象的法律"[①]，为调整国际上国家间相互关系的行为规范的总称。古代中国是否形成过国际法是一个长期争论而无通说的问题。

奥本海（Oppenheim，1858~1919）认为中国古代没有国际法，国际法是近代基督教文明的产物，距今只有400年的历史。[②]我国当代著名国际法学家王铁崖也认为中国古代没有近代意义的国际法，他指出：作为法律的一个特殊体系的国际法应该是19世纪60年代由西方传到中国来的。[③]与之观点相左的是美国传教士丁韪良，他在比较春秋时期国家之间的关系、规则与近代国际规则之后，认为古代中国春秋战国时期一些惯例的体系，如交际通商之政、遣使往来、会盟立约等，可以认为已经构成一部国际法。[④]这一观点在谭焯宏先生的《国际公法原论》、陈顾远先生的《中国国际法溯源》以及孙玉荣教授的《古代中国国际法研究》等书都得到了呼应。

根据奥地利学者阿·费德罗斯在其著《国际法》中所提出的国际法产生的社会学基础[⑤]，古代中国确实并不符合近代国际法产生的条件，这是因为近代国际法的标志性特征是存在众多平等的主权国家，而主权一词的概念本身就是

---

* 李明倩，华东政法大学外语学院讲师，法学博士，研究方向法律史、法律翻译，本文获司法部项目"晚清国际条约翻译及其变迁研究"（13SFB3006）资助，系华东政法大学科研项目"晚清条约翻译研究"的阶段性成果。

① 王铁崖：《国际法》，法律出版社1995年版，第1页。

② [英] 劳特派特修订：《奥本海国际法》上卷，第1分册，王铁崖、陈体强译，商务印书馆1971年版，第49页。

③ 王铁崖：《国际法》，法律出版社1981年版，第15页。

④ 刘达人、袁国钦：《国际法发达史》，商务印书馆1936年版，第23页。

⑤ [奥] 阿·菲德罗斯等：《国际法》（上），李浩培等译，商务印书馆1981年版，第16页。

欧洲国家在宗教革命前后创造而出。春秋战国时期的众多小国断然没有此种意识。但是，我们不能要求古代中国出现近代欧洲国家主权平等的情况。

反观春秋时期，虽然各国诸侯供奉周天子，但在其封疆之内仍保持君主统治权，所以形成一种类似的国际社会。无论是诸侯之间的纵横捭阖、征战攻伐还是缔结条约、互派使节，还是兴邦礼仪、盟规军礼，都为波澜壮阔的春秋舞台谱写了动人的历史乐章。而且，诸如不辱来使、禁伐丧国、优待俘虏、不杀二毛等国际关系准则，更是为我们呈现出一幅古代社会邦交兴盛的国际法图景。在这幅画卷中，最为浓墨重彩的一笔当属战争法。

战争是自古以来就有的一种社会现象。战争法的发展历史与人类社会的历史发展是相一致的。由于战争经常成为维护国家利益以及解决国家间争端的工具，为避免或减少战争给人类社会带来的严重危害性，维护本国的相关利益，长期以来，国际社会不断制定、补充和完善对战争与武装冲突加以限制和约定的公约、条约及其他准则。从这个意义上说，国际法是从战争中产生的。战争法也因此成为国际法的最早历史渊源或表现形式之一。①

春秋时代的战争是最令人瞩目的社会现象之一，在春秋时期 242 年发生的并被记载下来就超过了 480 次。②“此时战争次数之频繁、战争规模之庞大、战争绵延时间之久远都是我国历史上罕见的。”③然而，这些战争过程中形成规则并未形成统一的国际法著作，而是主要散见于孔孟之书，诸子百家之说以及各国史志、兵书中。《司马法》作为我国古代十分重要的兵书之一，蕴含了有关战争方面的国际法原则和内容。

二、《司马法》的历史考察

《司马法》，亦称《司马兵法》，是中国最古老的兵法之一。其不同于专门探讨兵略的其他兵书，而是追述古代军礼，即古代军队编制、战时、操练、旌旗骨铎的使用以及爵赏诛罚的各种规定，④重视战争观念、军事典章制度的论述。学界对《司马法》的作者尚存争议。部分学者把其著作权归于春秋晚期齐

---

① 丛文胜：《战争法原理与实用》，军事科学出版社 2003 年版，第 2 页。

② 郭宝钧：《中国青铜器时代》，三联书店 1963 年版，第 173 页。

③ 李元：《论春秋时代的战争观》，《求是学刊》1992 年第 6 期。

④ 解文超：《先秦兵书研究》，上海古籍出版社 2007 年版，第 68 页。

国军事家司马穰苴的名下，[①]也有学者认为，两者之间不能简单地等同，其与大多数先秦古籍一样，不是一时一人之作，而是经过长期流传而后集结成书的。[②]

就内容而言，一般认为《司马法》由三个部分组成：古代王者《司马兵法》，即西周时期供武官学习或遵循的法典性兵学著作；春秋时期齐国著名军事家司马穰苴对古代王者《司马兵法》的诠释诸内容；战国中期齐威王统治时的稷下大夫们在'追论'古者《司马兵法》之时，根据战国时代新的战争特点而加入的一些兵家语言。[③]总体而言，其主体部分为春秋时期的兵学观点。

《司马法》古本，据《隋书·经籍志》记载，乃是汉河间献王所得，似乎是一种古文写本，共155篇。在刘歆的《七略》中它被归入兵家。在班固的《汉书·艺文志》中则被著录于《六艺略·礼类》，亦为155篇，称为《军礼司马法》。[④]

其书历代散佚比较严重，至唐初《隋书·经籍志》成书之时，"仅存残本三卷五篇，计3419字。"[⑤]即今日之《司马法》。五篇的题目分别为"仁本""天子之义""定爵""严位""用众"。除今本《司马法》五篇之外，尚有一定数量的《司马法》逸文流传下来，主要散见于《太平御览》《通典》《文选注》《群书治要》等汉唐时期的类书和证书、文集。[⑥]目前的学术界主流认为，今本和逸文都是出自《司马法》。[⑦]历史上比较优秀的司马法注本，包括金施子美所撰的《武经七义讲义·司马法讲义》、明代刘寅所撰的《武经七书直解·司马法直解》和清代朱墉所撰的《武经七书汇解·司马法汇解》等，它们系统完整，校订文字，梳理文义，间有阐说发挥。[⑧]

《司马法》一书在古今中外颇有一定的流传和影响。西汉时期，人们对《司马法》的评价就达到相当高的程度，司马迁赞誉它是："闳廓深远，虽三代征伐，未能尽其义，如其文也。"[⑨]魏晋至隋唐时期，曹操、杜预、贾公彦、杜佑、杜

---

① 田旭东：《司马法浅说》，解放军出版社1989年版，第1页。

② 黄朴民：《〈司马法〉导读》，军事科学出版社2000年版，第21页。

③ 详见黄朴民：《〈司马法〉导读》，军事科学出版社2000年版，第21~22页。

④ 解文超：《先秦兵书研究》，上海古籍出版社2007年版，第86页。

⑤ 黄朴民：《〈司马法〉导读》，军事科学出版社2000年版，第22页。

⑥ 解文超：《先秦兵书研究》，上海古籍出版社2007年版，第89页。

⑦ 田旭东：《司马法浅说》，解放军出版社1989年版，第5页。

⑧ 黄朴民：《〈司马法〉导读》，军事科学出版社2000年版，第25页。

⑨《史记·司马穰苴列传》，转引自黄朴民：《古司马法与前〈孙子〉时期的中国古典兵法》，《光明日报》，2014年2月12日。

牧、李世民、李靖等人，都曾以《司马法》为重要文献资料而加以征引。[①]北宋时期，与《孙子》《六韬》等书，一起被列为武经七书。元明清时期,《司马法》依然受到高度的推崇，不仅武人研究，而且也颇受文人重视。如明代的著名学者归有光、李贽、杨慎等人都研究过《司马法》，清代的一些大学者如黄以周、孙诒让等从研究古代礼制的角度探讨《司马法》。

在国外，日本早在1600年就出现了研究《司马法》的专著，之后相继有三十余部专著问世。[②]1772年，法国神父约瑟夫·爱密欧（Jean Joseph Marie Amiot）从众多中国兵法名著中选择几部译成法文在巴黎出版，题名“中国军事艺术”，其中就包括有《孙子十三篇》和《司马法五篇》。这乃是有文字可考的《司马法》传入欧洲的开始。[③]

《司马法》作为中国古代一部非常重要的兵书，其条文所表现出战争法的思想不足为奇。其中有关对战争权的界定，对于战争的残酷性和危害性加以制约的规定，有关保护敌国人民人身安全和财产安全的规定，可以说，形成了战争法的雏形，也由此成为国际法在先秦时期的宝贵遗迹。有学者甚至认为，“《司马法》并不是一本普通的国际法著作，它是由官方颁布的、为当时国际社会各国所共同遵守的规则，具有国际条约的性质。其中于战争原理的论述完全可以和1899年7月海牙《陆战法规和习惯公约》及1919年《国际联盟盟约》相媲美。”[④]接下来，本文将在国际法的视阈下，挖掘该著作中闪烁的国际法思想。

三、国际公法元素在《司马法》中的表现

1. 关于战争权和战争正义性

古代中国统治者多以仁义推行国家政策，崇尚义战，因而对战争权严格限制。在发动战争时，通常首先要寻找合适的理由，发表檄文，历数敌方罪恶，使之晓喻天下。这一点在《司马法》中体现尤为明显。

《司马法》根本的政治理想是反对战争的，它表达了对先秦时期儒家“材技不相掩，勇力不相犯”“诸侯说怀，海外来服”“上贵不伐之士”等思想的情有独钟。

---

① 田旭东:《司马法浅说》，解放军出版社1989年版，第2页。

② 陈济康、吴建华:《武经七书白话》，解放军出版社2005年版，第58页。

③ 黄朴民:《〈司马法〉导读》，军事科学出版社2000年版，第25页。

④ 孙玉荣:《古代中国国际法研究》，中国政法大学出版社1999年版，第205~206页。

贯穿《司马法》整个思想体系的指导观念可以概括为“以仁为本，以义治之”[①]，即战争是仁义为本，治国安民的一种非常措施。“杀人安人，杀之可也；攻其国爱其民，攻之可也；以战止战，虽战可也”，[②]杀人的目的在于救助受害人使之得到安全，攻打敌国的前提是爱护那个国家的人民，使被爱护的人民获得安全，这种反常的手段乃是仁义道德上所许可的。由此可见，《司马法》中的战争，“是通过非正常途径达到仁义教化目的的一种特殊手段，是一种不得已而采取的最后措施。”[③]

从这个意义上说，《司马法》根据战争的不同内涵以及外在表现形式，将战争划分为“正义”和“非正义”两大类型。正义战争的根本目的是“讨不义”“诛有罪”，在于制止战争。对于这一类战争，应该持肯定和支持的态度。当礼乐遭到破坏，仁政不能实施，德行无法推广，战争又不可避免时，《司马法》主张启动《周礼·夏官·大司马》所规定的著名的“九伐之法”，“以战止战”，即通过战争的手段制止战争，赢得和平。[④]

应该说，《司马法》已经认识到战争不是目的，它只是一种手段。这种“兴甲兵以讨不义”的战争观与近现代国际法的规定有暗合之处。传统国际法认为战争是国家可以诉诸的手段，但是只有正义战争方能得到国际社会的认可。这种关于战争的分类，在西方法文化和理论学说中流传久矣，其中不乏与《司马法》形式相似的蓝本。

比如，古罗马法认为战争是一种法律制度，特别强调战争必须是正义战争（Bellum Justum）。[⑤]在罗马历史的后期，正义战争作为一个道义上的概念通过奥古斯丁（Augustine, 354~430）得到了再次复兴。按照奥古斯丁的观点，只有道义上准许的战争才是正义战争，而源于对权力的贪婪或者因为恶意而发动的战争都是非正义的。后来这种道义上的概念被逐渐赋予法律性质。比如，托马斯·阿奎那（Thomas Aquinas）提出了正义战争的三个前提：一是君主的授权，

---

①《司马法·仁本第一》。本文以下援引《司马法》文所参考的是刘仲平：《司马法今注今译》，台湾商务印书馆 1977 年版。

②《司马法·仁本第一》。

③ 张瑜：《〈司马法〉与〈孟子〉战争思想的比较研究》，载《湖北民族学院学报（哲学社会科学版）》2008 年第 6 期。

④ 黄朴民：《〈司马法〉导读》，军事科学出版社 2000 年版，第 30 页。

⑤ 王铁崖：《国际法引论》，北京大学出版社 1998 年版，第 264 页。

二是充分的理由，三是交战者的正当目的。[①]此后，贝利（Belli, 1502~1575）、阿亚拉（Ayala, 1548~1584）、真提利（Gentili, 1552~1608）都把正义战争的学说运用到国际法上。在西方文明的渊源——《圣经》中，战争的性质是被纳入到神的秩序中检视的，也就是说正义战争意味着符合“永恒法”，即“上帝的统治计划”，除非是圣战，即正义战争，基督徒不得服兵役和参战。[②]

由此可见，无论是先秦时代的《司马法》还是同样为古代法律代表之一的罗马法，或者是近现代国际法，都对战争秉持着基本一致的立场和态度，即战争为根本不良之物，秩序、公益、善意和人类正义永远是高于战争的。当然，对于“正义”内容本身的理解，因为时代和国家的不同，对于其背后蕴含的合理性与合法性理解会有不同。

2. 关于战争的开始与终结

战争法分为交战法规和中立法规，关于战争开始和终结的法规是进行战争的交战国相互关系中重要的部分。

战争的开始，意味着各交战国之间的关系由和平关系转入战争关系，也意味着各交战国之间使用的规范由平时原则、规则转向战争。在交战国双方战争正式爆发之前，一方或双方要进行宣战，使对方和中立国获悉战争状态的开始存在。

事实上，相当于近现代国际法中规定的“宣战”制度的规定早在古希腊时期就已存在。在古希腊，如果没有发布宣战公告，战争是不能开始的。为此，必须进行隆重的宣战仪式。[③]古罗马的国际法中，对于宣战也有特殊规定。由专门的祭司（Fetiales）来负责管理在缔约、宣战等事务中的宗教仪式。最值得注意的是，他们参与决定罗马人是否应该开战。[④]《摩奴法典》也强调，战争是一切和平办法不能奏效之后，而采取的解决争端的一种极端手段。战争开始前应该发出最后通牒，此后才能正式宣战。早期国际法学家曾把宣战作为正义战争的一个条件，格劳秀斯（Grotius）就认为，“开战前必须宣战”是国际法的规

---

①《阿奎那政治著作选》，马清槐译，商务印书馆 1963 年版，第 135~136 页。

② 李道刚：《战争国际法的〈圣经〉传统初论》，载《山东大学学报（哲学社会科学版）》2005 年第 6 期。

③［英］劳特派特修订：《奥本海国际法》上卷，第 1 分册，王铁崖、陈体强译，商务印书馆 1971 年版，第 51 页。

④ 杨泽伟：《宏观国际法史》，武汉大学出版社 2001 年版，第 11 页。

则。[①]1907年《海牙第三公约》又称"关于战争开始的公约"，明确规定开战前应该宣战，"除非有预先而明显之警告"，否则不得开战。[②]

在兴师程序问题上，《司马法》同样规定，要"师出有名"，遍告诸侯。在《仁本篇》中有一段很具体的论述："其有失命、乱常、背德、逆天之时，而危有功之君，偏告于诸侯，彰明有罪。乃告于皇天上帝、日月星辰，祷于后土、四海神祇、山川冢社，乃造于先王。然后冢宰征师于诸侯曰：某国为不道，征之，以某年月日师至于某国，会天子正刑。"[③]也就是说，对那些违抗命令、触犯法纪、败坏道德、不奉正朔而嫉功害贤的诸侯们，应该通告于众，公布其罪状，并告知天地神灵和祖先，然后由冢宰下达征调诸侯军队命令："某国君作为不法，应当出兵征伐，在某年某月某日，各国诸侯出兵到达某国某地，会同天子对某国明正典刑。"这恰恰是"公开宣战"的典型表现，与现代国际法上规定的宣战制度"异曲同工"。

现代国际法上战争的结束有缔约和约结束，也有通过宣布结束战争状态或事实上停止军事行动而结束的。而在春秋时期，诸侯们通常以"服而舍人"为目的，追求武力威慑对手，树立自己威信的境界。

《司马法》在这一问题上，同样强调"舍服，是以明其勇也"，在"即诛其罪"后，"正其国，举贤立明，正复厥职"，使被征服国进入正常状态。三年不再征调驻守边防的军人，并且高筑"灵台"集会，慰劳民众，表示从此开始休养生息。正如书中所言，"古者戍军，三年不兴，睹民之劳也。上下相报若此，和之至也。得意则凯歌，示喜也。偃伯灵台，答民之劳，示休也。"[④]

3. 人道主义原则

春秋时期的战争就有一些具体的法规，对于国家在发生战争时所应履行的义务加以原则性的规定，以尽量降低战争的残酷性。比如："丧乱不伐"，即两国交战之时，若一国国君亡故或者发生内乱，另一国必须停止战争不能乘人之危，否则则被视为不仁义；又如，"处险不薄"，即当敌国军队处于危险境地的时候，不应该攻打。

上述规则在《司马法》中有非常详细的体现。"入罪人之地，无暴圣祇，

① 王铁崖：《国际法》，法律出版社1981年版，第516页。

② 1907年《海牙第三公约》第1条，转引自盛红生《嬗变的战争法》，《国际政治科学》2006年第1期。

③《司马法·仁本第一》。

④《司马法·天子之义第二》。

无行田猎，无毁土功，无燔墙屋，无伐林木，无取六畜、禾黍、器械，见其老幼，奉归勿伤。虽遇壮者，不校勿敌。敌若伤之，医药归之。”① 也就是说，进入敌人的国家，不能施暴于圣庙这样的地方，不可以打猎伤害农业，不可以破坏建筑物，不能焚烧居所，不能砍伐林木，不可以抢掠六畜、庄稼和其他器械。此外，如果见到老幼，不要伤害，要给他们送回家。遇到壮年人，只要他不动手，绝不把他当作敌人。如果遇到对方受伤的战士，要给他治疗并送回家。尽管这些规定难以摆脱抑或“迂腐可笑”、抑或“妇人之仁”的名号，但是从另一方面讲，这恰恰闪烁着人道主义的光辉，甚至生发出许多可以和现代国际人道法相媲美的人道观念和人道规则。

现代国际人道法，是保护战争及武装冲突受害者和适用战争与武装冲突行为的法律规范，是出于人道方面的考虑，限制武装冲突造成后果的规则的总称，其也被称为战争法或武装冲突法。② 按照国际法院的界定，它主要是由 1868 年《圣彼得堡宣言》及 1899 年、1907 年两次海牙会议编纂的公约构成的“海牙法体系”和 1864、1906、1929 和 1949 年的《日内瓦公约》构成的“日内瓦法体系”，互相紧密地联系在一起逐渐发展而来的。

其可被概括为七项基本规则，在全世界广泛传播：其一，失去战斗能力的人，已退出战斗的人及未直接参与战斗的人，其生命及身心健全，均有权受到尊重；其二，禁止杀害或伤害投降或已退出战斗的人；其三，冲突各方应集合在其控制下的伤者和病者加以照顾；其四，在敌对一方控制下的被俘战斗员和平民，其生命、尊严、个人权利与信念，均应受到尊重；其五，每个人都有权享受司法保障；其六，选择战争的方法与手段均受到限制，禁止使用具有造成不必要损失或过度伤害性质的武器或战争方法；其七，区分平民群众与战斗员、军事目标与民用物体，攻击应只针对军事目标，禁止攻击平民和民用物体。国际人道法的这七项基本规则，除第五项外，几乎都可以在《司马法》中找到墨迹。

可见，司马法中的人道规则与现代国际人道法规范的共同之处在于都是为了减轻战争灾难、满足战争中的人道要求，都禁止和限制超出“军事需要”的作战手段和作战方法，并且要求对战争受难者给予保护和救助。当然，这并不

---

①《司马法·仁本第一》。

② 朱文奇：《国际人道法》，中国人民大学出版社 2007 年版，第 1 页。

是说两者可以等同。前者植根于儒家“仁”的观念，由“爱人”的道德和“仁政”政治引申出来。而后者的宗旨在于强调对人的尊重，保护人类在战争或武装冲突中不受杀戮、迫害、酷刑以及不人道待遇。

在古代印度，战争是经常发生的，因而也出现一些战争法规。公元前100年前后编成的著名的《摩奴法典》(Code of Manu）对于战争表现出明显的人道主义。① 在进行军事行动和使用武器方面,《摩奴法典》有这样的规定，“不得杀死或攻击熟睡的敌人、丢盔弃甲的敌人、哀求饶恕的敌人、赤身裸体的敌人、狼狈逃窜的人。”②《摩奴法典》还规定,“在对敌作战时，不要使用奸诈的武器、带菌的箭、毒箭和烧红了的箭头去杀死敌人”。③ 相比之下，古希腊的相关规定中并没有如此“人道主义”。古希腊人没有战士与非战士之分。在攻占敌人城市时，屠杀居民（包括妇女和儿童）被认为是合法的。④

四、与其他类型古代国际法的比较

柏拉图曾经说过，战争是古代国家间的常态。⑤ 可见，战争是古代社会的一个显著特征。战争法因此成了古代国际法的主要表现形式。通过前文对《司马法》中国际法思想的分析，可以得出结论：古代中国的国际法，在其发展轨迹中，既有与其他类型古代国际法相似的地方，也有自己的独到之处。

1. 共性：宗教色彩浓厚

宗教和法律是两种有着密切联系的社会现象。“最早的社会秩序具有一种完全宗教的性质。”⑥ 原始社会规范与原始宗教总是相互联系，密不可分。古代国际法也自然不例外。以古代中国的条约法为例，“古代中国的条约法也很有特色。条约的缔结过程包含着一定的礼仪成分，条约缔结之前，先要筑土为坛，杀牲执耳，参加谈判的人用牲血涂于口旁，即歃血，余血则埋于之钦，而载盟书于其上，最后还要举行隆重的告神仪式，在神灵面前宣读条约。这样整个缔结过程才告结束。”⑦ 由此可见，由于古代人们认识自然，征服自然的能力

---

① Arthur Nussbaum, A Concise History of The Law of Nations, the Macmillan Company 1947, p.10.

② Arthur Nussbaum, A Concise History of The Law of Nations, the Macmillan Company 1947, p.10.

③ 王铁崖:《国际法引论》, 北京大学出版社 1998 年版，第 258 页。

④ 杨泽伟:《宏观国际法史》, 武汉大学出版社 2001 年版，第 10 页。

⑤ 杨泽伟:《宏观国际法史》, 武汉大学出版社 2001 年版，第 5 页。

⑥ [奥] 凯尔森:《法与国家的一般理论》, 沈宗灵译，中国大百科全书出版社 1996 年版，第 17 页。

⑦ 孙玉荣:《古代中国国际法研究》, 中国政法大学出版社 1999 年版，第 197 页。

还很差，宗教神灵占据着古代社会的意识形态领域，因此古代中国国际法包含着一些宗教成分，不可避免地带有粗疏、不成熟的特征。正如《奥本海国际法》中所写，“古代国际法的规则和惯例被认为是在神的保护之下的；违反这些规则和惯例就会招致宗教的惩罚。”①

《司马法》中对此特点的体现表现在其兴师程序上。在战争前，隆重的宣战仪式在整个战争中有重要地位。如前所述，出师前要告知天地神灵，祭拜祖先以得到诸神庇佑。

事实上，古代东西方的国际法在这一点上的规定是十分相似的。在东西方社会的特定历史发展时期，国际法的发展都充满了宗教色彩。宗教在古希腊国际法的产生与发展变化中也起着非常重要的作用，扮演着关键角色。比如，古希腊在战争开始之前，也要进行宣战，采取一系列的行为，这些行为不仅具有法律意义，而且是宗教仪式性质的。战斗开始前，不仅要举行祈祷战时顺利越过边界的祭祀仪式，②而且，还要占卜询问神祇是否宜于开战。古罗马的国际法中，由专门的祭司来负责管理在缔约、宣战等事务中的宗教仪式，他们用一种庄重的程序来决定战争是否正义和神圣，以便得到神的支持。③

2. 个性：儒家思想影响

春秋战国时期（前 770 至前 221 年）是中国社会激烈变革转型的时期，在经济发展、文化繁荣的情况下，学术思想空前活跃，呈现出“百家争鸣”的景象，最具有代表性的是儒、道、墨、法四家，尤以儒法两家更为突出，从而形成了多元化法哲学和儒、法对峙的生动局面。④《司马法》中的战争理论和战争特点，贯穿了儒家的仁义思想，表现出强烈的人本主义倾向。这种民本思想应该说是春秋时期重民观念发展的结果。

然而，需要注意的是，这里的“人本主义”思想与近代欧洲所发展的“以人为本”理论并不相同。这里的“民”不是享有主权的人民，也不是作为权利主体的公民，而仅仅是“子民”，是必须接受统治、接受命令的“臣民”。春秋时期的重民观念更多的是出于政治上的考虑，其目的并不是真正为了民众的利

① [英]劳特派特修订：《奥本海国际法》上卷第 1 分册，王铁崖、陈体强译，商务印书馆 1971 年版，第 51~52 页。

② [苏]费尔德曼：《国际法史》，黄道秀等译，法律出版社 1992 年版，第 10 页。

③ 杨泽伟：《宏观国际法史》，武汉大学出版社 2001 年版，第 11 页。

④ 吕世伦、文正邦：《法哲学论》，中国人民大学出版社 1999 年版，第 6 页。

益。恰恰相反的是，民本概念的提出实际上是君主为了自身的利益。[①]在春秋时期，各诸侯间征战不断，弱肉强食的“恶劣环境”使各诸侯国都认识到：人口的多少直接影响到国力的强弱，并最终决定本国的地盘能否长保以及是否有国破人亡的潜在危险。鉴于当时险恶的社会环境以及诸侯间政治斗争的需要，民本主义思想才脱颖而出，并引起了当时政客、学者的注意。也正是因为如此，才有了《司马法》对儒家思想的重视。

这一点从其篇名之首就可以看出。《司马法》残存的五篇之首即为《仁本篇》。“仁本”，即以仁爱为根本的意思，与全书“以仁为本”“以义治之”的战争观、“兴甲兵以讨不义”的主题紧紧相扣。因此，以其为代表的古代中国国际法思想也被渲染上了儒家色彩，对“仁”和“礼”都给予了相当程度的重视。瞿同祖先生曾指出，“古代法律可说全为儒家的伦理思想和礼教所支配。”[②]“礼”，本来是指一种用于祭祀的器具，后来逐渐扩展而为吉、凶、军、宾、嘉的各种制度。在春秋时期，“礼”对国家、社会各方面的活动都起着指导作用，能够治理国家，安定社稷，使民人有序，利后代得利。[③]

如前所述，《司马法》将战争划分为正义和非正义两种类型。它认为正义战争的目的是兴师讨伐“失命、乱常、背德、逆天之时，而危有功之君”、“为不道”者。全文的中心就是维护礼治。讲法度、刑杀、征伐都是为了维护礼治的秩序，其根本目的在于维护礼治。而这恰恰是当时儒家思想所提倡的。

再者，选择战机也要讲仁义。所谓“不违农时，不历民病”“冬夏不兴师，以兼爱其民”“不加丧，不因凶”，即不违背农时，不在疾病流行时兴兵作战；不在冬夏两季兴师；不乘敌人国丧时区进攻它，也不趁敌国灾荒时去进攻它。当他国君主死亡或有内乱之时，如果乘人之危而发动战争，则被认为时不仁义之举，也为古代中国国际法所禁止。

另外一个典型表现是在敌境内对敌士兵和对敌人民的态度。它积极主张惠遇敌军伤病员：“在国和，在军法，刃上察”，[④]“古者，不穷不能，而怜伤

① 孙春增：《先秦法哲学思想研究》，山东大学出版社 2009 年版，第 67 页。

② 瞿同祖：《中国法律与中国社会》，中华书局 1981 年版，第 326 页。

③ 蒋传光：《略论中国古代社会的“礼治”秩序——一个法社会学的视角》，《西南大学学报（社会科学版）》2004 年第 3 期。

④《司马法·天子之义第二》。

病。……敌若伤，医药归之。”[①]而且，要保护敌国境内人民的财产安全和人身安全，这些都与全书仁义礼治为本的思想是一致的。

就连对于武器装备形制、样式以及使用方式的解释，也在一定意义上，体现出儒家思想。[②]比如,《司马法·天子之义》一篇中对于武器装备的变化是这样总结的，“夏后氏正其德也，未用兵之刃，故其兵不杂。殷，义也，始用兵之刃矣。周，力也，尽用兵之刃矣。”[③]这里把“兵之刃”的从无到有再到杂的发展过程用“德”“义”“力”贯穿起来，旨在说明战争是“德”与“义”在一定范围内不能奏效的结果[④]，这正是对《仁本》中所谓“正不获意则权”的诠释，是《司马法》“仁本”思想的一种变通或延伸。

此外,《司马法》认为，由于秉承了以仁为本的精神，所以在作战过程中就要遵守能够使仁义精神得以实现的“礼”。因此，在其作战攻略中，“仁”“信”、“义”等为儒家倡导的核心思想格外受到重视。[⑤]如此看来，礼不仅对汉民族的文化的形成和发展产生过巨大的影响，也为古代中国的国际法打上了标记。

中共十八大以来，习近平发表了一系列讲话，强调国际法治的理念，主张以《联合国宪章》为基础，尊重国际法律规范的效力，继承、发展和丰富和平共处五项原则的基本内涵，倡导多元开放的合作方式应对国际问题，对推动实现国际关系法治化、构建新型国际关系具有深远的影响。特别是他提出中国周边外交的“惠”理念、对非外交的“实”字诀，指出了“亲望亲好，邻望邻好”,“中国坚持睦邻、安邻、富邻，践行亲、诚、惠、容理念，努力使自身发展更好惠及亚洲国家”。[⑥]

中国传统价值理念就崇尚仁义礼智的道德品格，主张在“义”中追求公平正义，然而以儒家思想为代表的文化观念在国际法体系中尚未受到重视。探析古代中国国际法思想有助于挖掘蕴含于我国传统文化的国际法价值，对于构建新型国际关系、发展新的国际秩序都具有重要影响。

---

①《司马法·仁本第一》。

② 王震:《〈司马法〉装备观综述》,《南京政治学院学报》2007年第23卷。

③《司马法·天子之义第二》。

④ 王震:《〈司马法〉装备观综述》,《南京政治学院学报》2007年第23卷。

⑤ 李桂生:《诸子文化与先秦文书》，岳麓书社2009年版，第302页。

⑥ 习近平:《积极树立亚洲安全观　共创安全合作新局面》,《人民日报》2014年5月22日。

关于当前我国法治文学发展若干问题的思考

王　征*

法律给人的印象通常是一副严肃理性的面孔，而文学在人们心目中往往显得生动感性。可是，这两种似乎面貌迥异的学科，一经交汇融合，却产生出了一种魅力十足的崭新文体——法治文学。

法律与文学的联袂实质上起源于一场美国的运动。1973 年，美国芝加哥大学法学院教授怀特出版了一本教科书《法律的想象》，标志着法律与文学运动的正式起步。经过 30 年的发展，形成了法律中的文学、文学的法律、通过文学的法律以及有关文学的法律等四个法律与文学运动的分支领域。

中国法治文学的历史源远流长。近年来，随着法治建设的进程、依法治国的深入，法治文学也出现了兴旺发达、令人可喜的新局面。表现在涌现出一批法治文学刊物，产生了一大批优秀的法治文学作品，一支法治文学创作队伍和法治文学评论队伍正在不断成长壮大。事实证明，中国法治文学经过多年来的发展，已经在中国文坛上占据了重要地位。随着我国法治建设的稳步推进，法治文学也日趋繁荣，成为当今文坛上一道颇具特色的风景[①]。

一、法治文学的内涵和特征

什么是法治文学？有人说，法治文学是指以法治建设为题材或以维护法治为主题的文学；有人说，法治文学是以法律、法治观念、社会上的犯罪现象为主要描写对象的文学；有人说，法治文学是以揭示人和法律之间所发生的各种关系为主要目的的文学文本。本文认为，凡是以反映社会法律制度和人们法治生活为主要内容的文学作品，均可统称之为法治文学，法治文学的概念内涵不仅应包括单纯的侦查、推理、断案，还应当包括政治、宗教、道德、人性等多方面综合因素。它通常以法治生活为主要题材，反映人们的法律生活，宣传推

---

* 王征，济南社会科学院所长，研究员，博士，主要研究方向涉及人文社会科学多种学科的跨学科融合理论。

① 董燕：《新时期以来中国文学与法学的交叉研究》，《中国社会科学》2015 年第 8 期。

广法治观念，具有一肩二任，即宣传法治和繁荣文学。

具有法律意识性，是法治文学最基本的特征。一篇优秀的法治文学作品，必然渗透着法治的精神。同时法治文学还应当遵循文学创作的共同规律，运用形象思维，塑造生动具体的形象，艺术地再现与法治相关的社会生活。具体说来，法治文学的特性包括：其一，取材广泛真实，通过法治建设、法律生活的方方面面来展现社会、反映人生。其二，主旨富有时代性。在当前，就是要为完善社会主义法治、建设社会主义精神文明、繁荣我国法治文化做出积极贡献。其三，情节曲折。常言道文似看山不喜平，曲折动人的情节，乃是法治文学吸引读者的重要原因之一。但必须强调指出，真正优秀的法治文学作品，不仅要有吸引人的故事情节，而更重要的是要反映社会现象的本质，借此表达出深刻丰富的社会历史内涵，绝不可过分追求故事的离奇与惊险，而忽视了对于社会哲理和人生哲理的探求。其四，写作手法奇特。这里同样需要注意，奇特手法的运用，必须有利于突出主题，塑造形象，深化思想，而不应单纯为了猎奇。这是运用奇特艺术手法的一条基本原则①。

二、法治文学的社会功能

法治文学是法治文化的重要表现形式之一，在普法、学法、用法等方面发挥着独特的重要作用，加强法治文学创作是依法治国的时代需要。就文学属性而言，法治文学应当艺术地感染影响读者的价值观和人生理念，加深读者对于法治的认识。就此而言，法治文学在推进法治文化建设、提升公民的法治文化素养、增强全社会知法用法的积极性和主动性方面，都具有其他教育形式难以替代的作用。

1. 对群众进行法治教育的重要方式

如果说早期文学宣扬道德习俗、习惯等生活规则的话，那么随着人类社会发展，道德习俗、习惯中的一部分就转化为法律。因此，人类初始时期文学担当的传播宣扬道德、习俗规则的一部分使命，理所当然就演变为传播、宣扬法律，进行法治教育。故而，文学天生就承担着进行法治教育的任务。另外，在崇尚社会正义方面，文学与法律有着一致的价值追求，由此决定了文学具有进行法治教育的内生效能。当法律指引生活时，法律规则能够嵌入到具体的人、

① 管青峰：《论西方文学中体现的法律精神》，《芒种（下半月）》2015年第12期。

事、物、时空中；另一方面，文学的叙事方式又可以实现法律由符号到生活的转化。因此，文学是对群众进行法治教育的有效方式。

2. 凝聚和传播社会正能量

近年来，许多法治文学作家在反思历史的同时，也将笔触渗透到社会与人性的深层，展现出深沉的忧患意识、厚重的使命感和浓烈的人道主义精神。那些力透纸背的作品通过描写正义与邪恶的较量，掘进到人性的深处，对于普法宣传、提高人们的法治观念和法律素养，产生了广泛而重要的影响。由于法治文学对于社会各阶层的读者都具有强烈的吸引力，所以它在传播社会正能量方面发挥着巨大的作用①。

3. 感悟人类的共同命运

文学和法律，看似一柔一刚，差异明显，但它们都在关心和记录着人类对于社会问题的共同思考，法律以理性主义的立场，将社会共同体的愿望、祈求予以抽象和概括，以公共的名义要求每个人遵守。文学则以个体情感在具体社会情境中的遭遇与变故为叙述结构，让读者感受、感知、感悟人类的共同命运。文学和法律遵从的都是美和正义的传统。文学作品能经久传世，是因为它以厚重的人文基础、丰富的社会场景，震撼读者的心灵，而法律事件往往是对人类文学母题的直观反映。文学和法律在这个层面的契合，为二者的交叉互动提供了根本可能。

三、法治文学的标准与法治文学批评

优秀法治文学作品的标准至少应当有三个：法治教育的动机、目的，准确的法律信息，以及文学的艺术表达形式。法治教育的动机就是作者在创作作品时自觉、有意识地持有法治教育的初衷，同时需要文学创作者准确地传播法律。有些从表面上看是宣传法治的文学，实质上却是反法治的文学，它在受众中反而产生了阻碍法治过程的负面效应。比如：有的作品本来想宣传法治，可在具体描写中却自觉不自觉地宣扬了人治，这就与法治文学的宗旨背道而驰了。因此，文学作品若要传播准确的法律信息，就需要创作者具有正确的法律意识，树立承担法治教育的社会责任观念，了解有关法律规定，同时坚持遵循文学的自身规律和表达方式，这样才能承担起法治教育的责任。

---

① 李恩树：《法治文学要让法治成为全民信仰》，《法制日报》2014 年 1 月 13 日。

从这样的立足点出发，法治文学要求：第一，要注重思想内容，要有鲜明的正确立场，具有正确的是非观念。第二，要勇于揭露和批判各种犯罪违法现象，树立法治文学的责任感。第三，要不断提高艺术水平。一是题材新颖，富有新意。需要深入开发题材，挖掘主题。二是情节曲折，富有悬念。达到“意料意外、情理之中”的效果，从而强烈地吸引住读者。三是语言生动，富有美感，还要符合人物的个性。

评价法治文学作品要兼顾作品的思想性和艺术性。要重视法治文学的思想性，提高法治文学的社会效果。法治文学的思想性主要体现在作品反映我国社会主义法治思想，引导人们正确认识社会主义法治生活和法律本质，正确、客观地反映社会主义法治生活的主流。法治文学作品要有利于使人们辨清生活中的真与假、善与恶、美与丑、是与非、荣与耻，引导人民积极向上。另外，法治文学作品中反映的法治思想本身也是法治文学批评的重要标准之一。法治文学工作者应该具有历史责任感和社会责任感，让人们获得审美感受的同时加强对法律的信奉，产生对法律的理性认同①。

从艺术尺度来说，法治文学作品的独特性来源于作家对于社会生活独到的发现，这种独到的发现有赖于作家深厚的社会生活底蕴的积累。为达到这个艺术追求和满足人们的审美需求，法治文学作家应当用精湛的艺术表现手法，创造出新的艺术形象和典型人物，形成法治文学作品独特的吸引力。人物和情节既要符合生活真实，又要符合艺术真实，达到思想内容和艺术水平皆优的水准。

四、法治文学把握世界的方式

法治文学大多取材于涉法领域的社会生活，群众性强、普及面广，是普法宣传、动员群众的重要手段，在进行道德教育、强化法律意识方面独具优势。由于社会主义法治生活内容是多方面的，因此社会主义法治文学的内容也应当是多方面的：可以通过对历史的反思，深刻地批判漠视法治、践踏法律的荒谬行为；可以通过生动的人物和情节抨击那些徇私枉法、以权谋私的腐败现象；可以集中反映广大人民群众要求民主与法治的强烈呼声；可以反映正义与邪恶、美与丑的矛盾和斗争，揭露丑恶，赞颂美好，净化灵魂，引人向上；可以

① 李晟：《法制之外的普法——从革命文学中的司法叙事切入》，《北大法律评论》2010年第1期。

表彰人民群众遵纪守法的美德和歌颂优秀政法工作者的崇高品质，从不同的侧面反映我国社会主义的法治生活。

法律和文学都发挥着对社会个体的指引功能，但是它们把握世界的方式却有所不同。文学作品能够富于感染力，是因为它以厚重的人文基础、广阔的社会场景、丰富的人物形象，打动读者的心灵，而法律事件往往为文学母题提供了丰富的素材，提供是非准则，文学和法律可以共振、相互契合，做到珠联璧合。

法治文学是文学和法学共同视域中的一个学科种类。它利用审美的方式，为读者提供了阅读思索的文本，揭示了人和法律之间所发生的各种关系。法治文学的审美意识形态性质及其自身独有的特点，使其不仅在法治宣传教育方面具有显著的优势，而且进一步延伸和拓展了法治宣传的维度。第一，优秀的法治文学作品在潜移默化中宣传法治观念。中国文学历来有“文以载道”的传统，法治观念会自觉不自觉地体现于法治文学作品中，给读者以深刻的启迪和教益。第二，法治文学独特的取材能使其富于大众性，得到更为广泛的传播。相对于一般文学样式来说，法治文学所拥有的读者不仅人数众多，而且层次也较为宽泛，这主要是由它取材的着眼点所决定的。法治文学具有较强的社会性。在暴露社会问题的同时弘扬社会正义，符合人们对真善美的向往与追求，这些特点恰恰满足了颇为庞大的读者群体的某种阅读需求，这就为法治观念的广泛普及奠定了雄厚的基础。第三，法治文学的道德教化作用使其远比法律条文本身具有更为广泛和形象的普法意义。法治文学作品形象通俗，可以凭借非常艺术化的情节，以优美的语言讲述法律问题，使法律条文变得更生动①。

以文学方式对群众进行法治教育，是一种“随风潜入夜，润物细无声”的潜移默化的过程，寓教于乐，增加了法治教育的艺术性，受众易于接受，其宣传威力不可低估。以至于梁厚甫评价说：“造成美国人尊重法律的习惯的并不是靠‘公民课本’中的法律知识，而是靠美国的法治文学”。②

五、当前法治文学发展应当注意的问题

法治文学的批评标准要遵循我国社会主义法治的精神，着眼于提高人民社

---

① 徐新合：《中国当代文学作品中的法律意识研究》，《山东大学硕士论文》，2005 年，第 15~17 页。

② 梁厚甫：《为什么中国久乱不治？》，《良友》1987 年第 4 期。

会主义法治素养水平，弘扬积极向上的社会生活情绪，这是评价法治文学思想性的主要尺度。

1. 正确对待法治文学的审美与审丑

由于法治文学反映社会生活的特殊性，不可避免地要涉及社会上的丑恶现象和各类犯罪行为，因而在选材和表现手法方面必须十分慎重。必须把握好分寸，审时度势，谨防过多自然主义的展示；必须正确掌握暴露阴暗面的分寸，不应把现实生活写得漆黑一团；不宜过细地展示犯罪细节。应该站在法律的立场上，揭露犯罪，鞭挞犯罪，以文学艺术形象，启迪人们自觉遵纪守法，实现由审丑到审美的辩证转化，同时也要大力肃清那些打着法治文学旗号而行贩卖丑恶之实的精神鸦片。

2. 正确处理和表现法律与人性的关系

在法治题材中融入人文精神，努力体现出法治文学的人文关怀，是法治文学应当关注和探讨的问题。法治文学要体现对个体人性的尊重和关爱，争取实现刚性的法律和柔性的人文关怀的统一。过去法治文学关注的重点是案件，今天关注的重点则应当是案件中的人和人的生存状态。法治文学不仅应当成为传播法律知识、弘扬法治精神的桥梁与纽带，还应当成为以文育人、以文弘法的有效平台。

如何在法治文学中彰显人文关怀？首先，要全力开掘法治文学题材中蕴含的人文精神。以人文的态度、人文的精神、人文的观念去发现选题、剖析事例，才会使“以人为本”的法治观念渗透到法治文学中。其次，法治文学必须充满感情地关注当事人的生存状态，关注人物命运的变迁和情感的经历。“登山则情满于山，观海则意溢于海”，创作者应当以人文情怀去观照人的价值、人的尊严、人的独立人格、人的理想命运时代命题等，这才是法治文学持久的生命力之所在。当然，也不应脱离主题过分表现所谓人性的复杂。

3. 正确把握艺术创新与恪守原则的关系

在题材的选择和创作加工中，要采取严肃认真的态度。要引导人民群众正确地看待历史与现实，提高人民群众的法治觉悟和法治水平，推进社会主义民主和法治建设，勇于揭露和批判任何犯罪和违法现象；另一方面，在大胆革新艺术表现手法的同时，着力刻画好人物，做到“事”中有人，“人”中有事，这就要求作者要认真深入生活，准确把握人物心理特征，还需要掌握一些法理知识，做到既不说空话，也不说外行话，更不说有悖于法律的话。

4. 在写作手法上注意突出法治文学的特点

法治文学应是指那些以反映法律生活为主的作品，法治文学的范围应有其特属的规定性，泛化法治文学反而会模糊了法治文学的特点和个性，不利于法治文学的发展。界定过于宽泛的后果，实际上反而稀释了它特有的价值和作用。窃以为，从写作手法上法治文学应当注意以下几点：一是要寓法于案，以案说法，将法律内容融于生动活泼的艺术形式之中，使文学的表现形式与法治思想的主题互相渗透，互相影响。二是要将丰富的形象思维与逻辑判断相结合，使形象思维的生动性与逻辑思维的准确性相辅相成，增强作品的说服力和感染力。三是要塑造鲜活的典型形象，着力表现人物的性格特征，展现出人物在典型环境中的典型性格。还要深刻探索人物灵魂，揭示人物内心世界，表现人物的精神状态，使人物有血有肉。四是要构思巧妙，情节曲折，设置强烈的艺术悬念。通过精心编织柳暗花明的情节，使作品一波三折，留给人一连串的回味。五是在创作中不恪守于某些既定成法，要在写作技巧上注意出新，力求不断达到更新更高的境界，多层次多侧面地去剖析社会生活[①]。

5. 注重贴近生活，正确反映生活

法治文学是与社会生活紧密联系的。一个时代的文学，终会打上一个时代的烙印；一个法治时代的到来，终会在这个时代产生的文学作品中得到印证。法治文学是社会法治生活的反映，社会主义法治生活，不仅给法治文学提供了生动丰富的创作源泉，同时也为法治文学作者深入社会法治生活创造了有利的条件。法治文学作者只有真正认识到深入法治生活的重要性并付诸自己的实际行动，才能够从社会法治生活中吸取法治文学的创作养料，积累丰富的素材，创作出优秀的法治文学作品来。要深入法治生活，了解法治生活，掌握丰富的法治生活素材。要正确反映社会主义法治生活，同时以法治观念烛照现实生活。

六、开拓法治文学新天地

在依法治国和建设社会主义法治文化的大背景下，法治文学发展面临着难得的机遇。法治文学对于依法治国必将起着无法替代的作用，意义重大，影响深远。“文章千古事，得失寸心知”，要想创作出优秀的法治文学作品，殊非易

---

① 汤海庆：《法治的文学和文学的法治》，《人民法院报》2013 年 7 月 26 日。

事。对于广大法治文学创作者来说，任重道远。

1. 要创作更多优秀的法治文学新作品

首先，要端正创作态度，这对于法治文学的创作是至关重要的。广大人民群众在依法治国和现代化建设实践中的精神风貌和丰富多彩的情感、可歌可泣的故事，乃是法治文学创作取之不尽用之不竭的源泉，是真正的“源头活水”。作为一名有良知、有责任感、有担当的法治文学工作者，应该更多地想到给读者提供充满正能量的精神产品，应该通过自己的作品感染读者，感动读者，让更多的人获取积极的、正面的、催人振奋的力量①。

发展法治文学，必须要在提高作品质量上狠下功夫。一是要在“法治”方面用功，一是要在“文学”方面努力。就法治方面而言，就是要高扬法律意识，注重宣传法治精神，培养读者法治观念，引导群众法治行为；在文学方面来说，是要把焦点对准人，着重展示人的思想、人的性格和人的情感。还要注意锤炼语言。文学是语言的艺术，没有好的语言，也难以成为精品。

从创作立意方面必须着重注意解决以下方面的问题。第一，必须注意主题的深化。法治文学作品不应只做表面文章，不应过于追求故事情节的离奇怪诞，不应只为写故事而写故事，应该让故事与社会、与时代紧密结合起来，即开掘出故事中蕴含的深刻的社会内容和时代精神，并且还要注意开掘人物的内心世界，使形象具有较大的概括力。第二，必须注意手法的创新。法治文学的写作方法应该讲究多样化。作品的结构也不能老是搞程式化，要力求有所突破，有所发展。第三，必须注意典型形象的塑造。人物刻画既不能过于脸谱化、概念化，也不应矫枉过正地人为违背人物性格发展逻辑片面追求人物性格的复杂化。

具体到表现手法，可以细化到以下几个方面：其一，以法治意识为统领。应当着眼于培养人们的法律意识、提高人们的法治观念，这是法治文学最重要的使命。其二，取材的典型性。材料的取舍要以有利于弘扬法治为尺度，要把现象的真实与本质的真实统一在艺术形象之中，生动、准确地反映事件的本来面貌和揭示出它的典型意义。其三，人物塑造应当生动丰满，切忌干瘪和类型化，切忌使作品成为法律条文的传声筒，去机械地图解法律条文。其四，矛盾冲突的尖锐性。法治文学描写的内容大多是与法律有关的重大问题，充满着权

① 黄智虎：《新时期文学的法治使命》，《法学天地》2001 年第 10 期。

与法、情与法的斗争，充满着真善美与假恶丑的较量，往往惊心动魄、扣人心弦，自然不可能平淡无奇。尖锐、复杂的矛盾冲突，必然能给读者带来一种震撼的深刻感受。

2. 更新法治教育的观念，注重发挥法治文学的教化作用

法治文学应当处处以宣传社会主义法治、普及法律知识、建设精神文明为己任。法治文学工作者，一定要以严肃认真的态度，在法治与文学的结合上下苦功夫，在作品中准确地体现法治精神。传统的观念比较侧重文学的审美功能，其实文学与法律同属于社会意识形态的重要组成部分，在社会功能方面具有互补性。文学也要担当社会大任，包括承担法治教育的社会责任。

3. 大力加强优秀法治文学作品的推广

一部优秀的法治文学作品若要实现法治教育功效的最大化，就需要大力推广。推荐优秀法治文学作品，不仅可以直接影响读者的阅读选择，而且可以形成阅读优秀法治文学作品的氛围。推荐优秀法治文学作品，应当指出其中的法治教育性和艺术性，另一方面要加强优秀法治文学作品的转化，将优秀的法治文学作品通过书籍、杂志、报纸、网络、微博等各种载体传播，还可以将优秀法治文学作品改编为其他艺术形式，以更契合受众的偏好，为人们不受时空限制地接触、接受这些作品提供便捷，从而确保其法治教育功能的实现[①]。

进入新世纪的法治文学，在网络上呈现出蓬勃发展的形势。通过各类新媒体，法治文学可以走进越来越多年轻读者的生活。广大法治文学工作者应当积极创新思维和理念，通过新媒体、新形式，为法治文学的广泛传播注入更充沛的活力。

目前，我国法治文学方兴未艾，机遇明显，前景广阔。广大法治文学工作者要努力创作出更多更好的法治文学作品；同时要构建中国特色的法治文学话语体系，加强法治文学理论研究，促进法治文学创作的发展繁荣，努力开创法治文学新局面。为弘扬社会主义法治精神，为推动法治中国建设提供更加丰富的精神食粮。

① 姜素红、陈兴宏：《论法治信念的确立与加强》，《湖南财政经济学院学报》2001 年第 6 期。

论文学中法律问题的阐释与解读

许慧芳*

当20世纪初的法律史学家为“如何将其所研究年代场景还原至纤维毕现”① 的问题苦恼时，查尔斯·狄更斯（Charles Dickens）等文学家则通过对法院、法律人以及法律细致而又精妙的刻画，生动地再现了法院是如何建立和运作，法律人是如何组织、教育及实习，法律规则是如何进行编撰并被改革、不断发展等等法律风貌。文学作为还原、融合了个人体验的法律历史真实的“独一无二”的历史研究素材②迈入了法学的殿堂。个体对于法律的体验，及其对于法律的顺从或反抗直接或间接地推动着法律的改革和完善。文学作品中所描述的法律现象，以及对于自然法与社会习惯法之间的冲突和同一法律条文在互不相同的个体中的适用等问题的反思在为法学家们提供丰富的研究素材的同时，也给予了法学研究发展的无限可能。

那么我们该如何解读和阐释文本中的法律意象和法律问题呢？不同于文艺理论学者对于文学作品的研读，法学学者对于文学作品的研究不是为了探讨文学的创作和所表达的主题，而是通过分析文学的创作和对主题的表达方式来研究现实生活中的法律问题，以及法律理论在现实中所面对的及可能面对的困境，并期望获得解决的方案。正是在此基础上，文学中的法律研究形成了基于故事叙事的法学实证研究和基于文学隐喻的对法律问题的理论反思两种主要的研究方法。

一、基于故事叙事的法学实证研究

法学学者对文学叙事文本中法律现象及其法律问题的阐释和研究，基本

---

* 许慧芳，中国政法大学外国语学院副教授，研究方向为法理学，法律与文学。

①［英］威廉·S. 霍尔兹沃斯：“第一章 法院和法律人的居所”，《作为法律史学家的狄更斯》，何帆译，上海三联出版社2009年版，第5页。

②［英］威廉·S. 霍尔兹沃斯：“第一章 法院和法律人的居所”，《作为法律史学家的狄更斯》，何帆译，上海三联出版社2009年版，第4~5页。

遵循了实证研究的思路，大致可以分为三种不同的趋向，以理查德·威斯伯格（Richard Weisberg），米歇尔·朱克特（Michael Zuckert）等为代表的学者在对《水手比利·巴德》（*Billy Budd*，Sailor）、《威尼斯商人》（*The Merchant of Venice*）等作品的讨论中坚持文学解读的方式，从分析故事的叙事方式入手，着重研究作者在故事中所阐释的法律主题；以伊恩·沃德（Ian Ward）为代表的学者在对莎士比亚的《理查德三世》（*Richard Ⅲ*）、《国王约翰》（*King John*）以及《理查德二世》（*Richard Ⅱ*）等三部历史剧，和《威尼斯商人》等作品的研究中则依循了历史研究的思路，致力于在作品创作和演变的历史语境中解读文本，探讨其中所描述的法律场景及所涉及的法律问题；而同样是对《水手比利·巴德》、《威尼斯商人》、《卡夫拉佐夫兄弟》（*The Brothers Karamazov*）等小说的研究，以罗宾·韦斯特（Robin West）、丹尼尔·考斯坦（Daniel Kornstein）、沃尔夫冈·海德因（W. Wolfgang Holdhein）等为代表的学者则采用了一种法学类型化的研究路径，以特定的故事情节或法律场景为研究的原点，结合预设的法律理论前提，对二者所蕴含的相同或相似的法律问题进行探讨。

1. 文学视角：基于叙事线索所进行的讨论

以威斯伯格、朱克特等为代表的法学学者，坚持认为文学作品的解读应忠于文本，忠于作者，强调对作品叙事策略的分析，主张从小说的整体故事情节出发，发现和研究小说中的法律问题。

在1989年关于《水手比利·巴德》的讨论中[①]，威斯伯格对学者们认为威尔船长是一位为了保全战争时期舰队的稳定而牺牲巴德的优秀领导者的观点提出了批评。他认为这种观点显然忽视了作品中作为医生的故事叙事者所提供的叙事线索。根据医生对于整个故事的叙述，对水手巴德的审判仅仅是小说的一部分，医生所叙述的更多的是威尔船长的“正常与不正常”，威尔船长在审判前“公开的谈论，甚至是反复地谈论他所处的两难困境，他选择根据正式法律和政治秩序的要求吊死比利”[②]，而在审判后，这位“曾经一度关注人们对于他的行刑行为的反映”的舰长，“在比利被执行死刑后，迅速地根据判处比利死

① 参见 Richard Weisberg, “Accepting the Inside Narrator’s Challenge：Billy Budd and the Legalistic Reader”, Cardozo Stud. L. & Literature. Vol.1, 1989,pp.22-49.

② 参见 Richard Weisberg, “Accepting the Inside Narrator’s Challenge：Billy Budd and the Legalistic Reader”, Cardozo Stud. L. & Literature. Vol.1, 1989,p.27.

刑的法律制度建立起了对船员的管理规定”[①]，“首先，那些目睹比利死刑、仍然在震惊中的船员们，在他们还来不及抗议的时候就被召回到各自的工作岗位上；然后，一个很有权威的海军记者撰写了歪曲这一事件的报道，将它描述成为是为尊敬的约翰·克拉格特（John Claggart）所受到的责难的澄清”[②]。与此同时，医生描述了自己和舰队军官对于巴德的同情以及关于案件应当在舰队回航后提请海军司令进行裁决的意见，“当他们得知威尔所做的鼓动，并要求立即对比利进行审判，‘都表示了惊讶和关心。和他一样，他们似乎认为这件事情应该上报海军司令。’”[③]威斯伯格提醒法学读者们注意，梅尔维尔在小说修订的时候，对叙事者的观点进行了明确的强调，“我们要做的事情是先把巴德羁押到牢房中，并通过这种方式推迟这个案件的刑罚执行，直到他们重新回到海军中队，将这个案件交由舰队司令来处理”[④]。威斯伯格认为作为医生的叙事者的叙述，而不是作为故事局部情节的对巴德的审判是理解这部小说法律主题的关键，小说不是在讲述威尔对巴德的审判，也并不是在展现威尔所面临的两难抉择，相反它是讲述威尔借助法律的形式清除了他认为不合格的海员巴德及其所代表的个人英雄主义，从而在舰队中建立以暴力为保障，且自己拥有至高权威的等级森严的军事统治[⑤]。

威斯伯格认为波斯纳等学者刻意忽略军官们的怀疑，以及威尔在审判中实体问题上的错误而做出的对小说法律主题的判断“事实上是以一个既定的裁判结果为前提的”，[⑥]没有真正了解叙事者的基本叙事意图。同时，托马斯所提到的叙事者对于法律制度的攻击[⑦]，怀特·杰克（White Jacket）所提到的对于战争

① 参见 Richard Weisberg, “Accepting the Inside Narrator’s Challenge：Billy Budd and the Legalistic Reader”, Cardozo Stud. L. & Literature. Vol.1, 1989,p.28.

② 参见 Richard Weisberg, “Accepting the Inside Narrator’s Challenge：Billy Budd and the Legalistic Reader”, Cardozo Stud. L. & Literature. Vol.1, 1989,p.28.

③ 参见 Richard Weisberg, “Accepting the Inside Narrator’s Challenge：Billy Budd and the Legalistic Reader”, Cardozo Stud. L. & Literature. Vol.1, 1989,p.28.

④ 参见 Richard Weisberg, “Accepting the Inside Narrator’s Challenge：Billy Budd and the Legalistic Reader”, Cardozo Stud. L. & Literature. Vol.1, 1989,p.28.

⑤ 参见 Richard Weisberg, “Accepting the Inside Narrator’s Challenge：Billy Budd and the Legalistic Reader”, Cardozo Stud. L. & Literature. Vol.1, 1989,p.29.

⑥ 参见 Richard Weisberg, “Accepting the Inside Narrator’s Challenge：Billy Budd and the Legalistic Reader”, Cardozo Stud. L. & Literature. Vol.1, 1989,p.29.

⑦ 参见 Richard Weisberg, “Accepting the Inside Narrator’s Challenge：Billy Budd and the Legalistic Reader”, Cardozo Stud. L. & Literature. Vol.1, 1989,p.31.

法本身的攻击[①]，在小说的故事叙事中并没有根据。他认为不能背弃小说的叙事方式和文学主题是文学中的法律分析的基本原则，“由于一个复杂的故事内容是通过故事细节所创造的语境来实现的，所以叙事者需要运用一种缜密、细节性的叙事方式。我们在阅读这样的文本时，被要求、而且被恳求不要将文本解释者的需要和信仰，像威尔对法条的解读一样，强加到对小说的解读中”[②]。

在对《威尼斯商人》法律问题的研究中，朱克特的分析同样依循了类似的研究进路。朱克特在其论文《新美狄亚：〈威尼斯商人〉中鲍西亚的戏剧性胜利》[③]中指出，威尼斯举行的对安东尼奥违约案的审判不是相对独立的一部分，而是应当放在《威尼斯商人》的整个故事中去理解，这部剧中所描述的几个主要故事，“金匣子”“对安东尼奥违约的审判”以及“戒指”都是围绕着安东尼奥和鲍西亚对巴塞尼奥的竞争这一叙事线索展开，“所有其他故事都必须在这个故事当中找到一席之地，而且必须是在这个故事当中”[④]。因此，朱克特从安东尼奥给巴萨尼奥的信中所提及的他愿意为了后者牺牲自己的一切，以及巴塞尼奥的内疚和鲍西亚对此的态度等细节，认为对安东尼奥违约的审判，所表现的是同一主题。同时，朱克特突出强调了基督教和犹太教的传统，尤其是各自的教义和律法，他认为对安东尼奥违约审判的主题不是关于“一磅肉”的契约履约问题，而是鲍西亚“坚持以法律为准绳，把犹太律法融入到威尼斯法当中，使安东尼奥摆脱了夏洛克的束缚”[⑤]。

这种基于故事的整体叙事逻辑，在探究故事叙事语境的基础上对其中具体的审判场景所做出的分析，更接近于文学理论的评析方式，然而这种忠于文本、忠于作者的文本解读方式所获得的对文学中的法律问题的解读或许更接近于我们对所需要观察的具体问题的内涵解读。

---

① 参见 Richard Weisberg, “Accepting the Inside Narrator’s Challenge：Billy Budd and the Legalistic Reader”, Cardozo Stud. L. & Literature. Vol.1, 1989,p.31.

② 参见 Richard Weisberg, “Accepting the Inside Narrator’s Challenge：Billy Budd and the Legalistic Reader”, Cardozo Stud. L. & Literature. Vol.1, 1989,p.31.

③［美］朱克特：《新美狄亚：〈威尼斯商人〉中鲍西娅的戏剧性胜利》，阿鲁里斯、苏利文编：《莎士比亚的政治盛典——文学与政治论文集》，赵蓉译，华夏出版社 2010 年版，第 3~44 页。

④［美］朱克特：《新美狄亚：〈威尼斯商人〉中鲍西娅的戏剧性胜利》，阿鲁里斯、苏利文编：《莎士比亚的政治盛典——文学与政治论文集》，赵蓉译，华夏出版社 2010 年版，第 5 页。

⑤［美］朱克特：《新美狄亚：〈威尼斯商人〉中鲍西娅的戏剧性胜利》，阿鲁里斯、苏利文编：《莎士比亚的政治盛典——文学与政治论文集》，赵蓉译，华夏出版社 2010 年版，第 33 页。

2. 历史视角：基于文学作品创作和演变的历史语境解读文本

以沃德为代表的学者认为对于文学作品中法律主题的考察，应当结合作品创作时期的社会历史语境进行解读。

在对莎士比亚的《理查德三世》《国王约翰》以及《理查德二世》等三部历史剧的研究中，沃德认为理解这三部历史剧所展现的宪政主题，首先应当了解中世纪和现代早期的英国宪政思想①。沃德指出这一时期的宪政内涵不同于我们当代对于宪政的理解，它是关于国王和被授予爵位的臣民之间的关系，这一时期英国王室所面临的君主制危机主要来自王位继承问题，英国国教教廷的危机以及因连年的经济困难引发的臣民暴动。社会动荡直接导致人们重新思考君主与臣民之间的关系，即当时的宪政问题，进而推动了混合君主制和君主专制理论，以及与之相联系的人权理论和君权神授理论之间的论争。莎士比亚的戏剧正是在这样的历史语境下进行创作的。

在《理查德三世》的创作中，沃德认为莎士比亚对理查德的塑造颠覆了其他文学作品对其塑造的形象，他被描述为一个生活在艰难时代的普通君主。在这部剧中，莎士比亚讨论了王位继承的合法性问题，理查德继承王位的非法性不在于他的血统，而是在于他不是上帝所指派的人，他受到诅咒是因为他侵犯了神所指定的国王，而里士满（Richmond）并没有将他所获得的力量归于自己的王室血统，而是归结于“上帝和正义所赐予的力量”②。沃德认为这部戏剧中所探讨的正是君权神授理论。他认为《国王约翰》是莎士比亚第一次公开对宪政主题进行讨论③。莎士比亚描述了约翰在王位继承前后所经历的命运逆转，“展现了他其实并不具备治理一个王国的能力。作为一个不带着象征国王身份王冠的国王，约翰被展现为一个只具有‘一个身体’的国王，缺乏能够保护国王身份的上帝赐予的神性。……作为国王的约翰，他的存在只能紧紧依靠他在政治上的成功。……最终，由于缺乏治理国家的政治能力，他只能试图逃避他作为

---

① 参见 Ian Ward, “The Tudor Constitution,”Law and Literature：Possibilities and Perspective.New York：Cambridge University Press,1995, pp.60-66.

② 参见 Ian Ward, “The Tudor Constitution,”Law and Literature：Possibilities and Perspective.New York：Cambridge University Press,1995, p.72.

③ 参见 Ian Ward, “The Tudor Constitution,”Law and Literature：Possibilities and Perspective.New York：Cambridge University Press,1995, pp.74-75.

一个普通人和作为国王应当承担的责任”[①]。在这部戏剧中，莎士比亚公开对君权神授和君主专制理论进行了探讨。在《理查德二世》这部戏剧中，沃德认为正是莎士比亚最精彩的历史剧之一，因为它不仅继续了前两部历史剧中宪政主题的探讨，而且也通过对理查德和冈特（Gaunt）、理查德和约克（York）等人之间关系的描述，讨论了英国当时宪政理论中君主与被授予爵位的臣民之间的关系问题[②]。

在对这三部历史剧的研究中，沃德同样依循了文本中的叙事线索逐步展开自己的分析，但是他强调没有对作者所处时代政治历史语境的考察就无法真正理解莎士比亚文学中宪政主题的内涵及其相关的法律问题。

3. 法学视角：基于理论预设和故事重构的类型化研究

和前两种文学作品的解读方式相比，以韦斯特、丹尼尔·考斯坦（Daniel Kornstein）、沃尔夫冈·海德因（W. Wolfgang Holdhein）等为代表的学者所采用的基于理论预设和故事重构的类型化研究，专注于对文学作品中具体法律场景的分析，认为文学故事以一种静态全景式的方式为法学研究提供了一个相对封闭、稳定的理论探讨空间，在这个文学拟制的“现实”中能够更为清晰地观察和反思现实中的法律问题。

韦斯特对于文学作品的法学分析基本上都依循了这样的分析路径。在《女性化的沉默：对于科夫勒教授的回应》（*The Feminine Silence: A Response to Professor Koffler*）这篇文章中[③]，韦斯特对小说《水手比利·巴德》的研究即为一个典型。在对这部小说的分析中，韦斯特首先提出的问题不是对小说叙事的分析，而是关于这部小说对于女性的排斥问题，“这部作品中根本没有提及女性”[④]，“女性化的声音……女性的情感都被制度化的压制着，被排斥着，最终被消灭了”[⑤]。韦斯特在肯定科夫勒的研究基础上，提出这部小说其实“关注的是

---

① 参见 Ian Ward, “The Tudor Constitution,”Law and Literature：Possibilities and Perspective.New York：Cambridge University Press,1995, p.76.

② 参见 Ian Ward, “The Tudor Constitution,”Law and Literature：Possibilities and Perspective.New York：Cambridge University Press,1995, “RICHARD Ⅱ” .

③ 参见 Robin West, “The Feminine Silence：A Response to Professor Koffler,” Cardozo Studies in Law and Literature, Vol. 1, 1989, pp. 15-20.

④ 参见 Robin West , “The Feminine Silence：A Response to Professor Koffler,” Cardozo Studies in Law and Literature, Vol. 1, 1989, p.15.

⑤ 参见 Robin West , “The Feminine Silence：A Response to Professor Koffler,” Cardozo Studies in Law and Literature, Vol. 1, 1989, p.15.

女权主义法律理论、律师、法官的问题，从更普遍意义上而言，关注的是女权主义法律思想。”[①]。

在这样的理论预设下，韦斯特对故事情节进行了重构。首先她对巴德的形象进行了重塑。她认为巴德至少在三个方面具有女性化的特征，“他具有女性的美德，这种美德不是神秘而不可言说的，而是比利拥有创造出和平氛围的能力”，“比利的沉默也具有女性化的特质……这种沉默是女性显著而且具有悲剧性的特征”，“巴德完全是一个牺牲品，这种牺牲具有明显的女性色彩……比利是性暴力的牺牲品……他也是不公正的，非法行为的牺牲品”[②]。韦斯特并不认为自己脱离了小说的叙事，相反，她认为她是根据小说的叙事将情节进行了重新梳理，发掘小说内在的叙事故事。巴德被克拉格特所期待、憎恨、嫉妒，被错误地谴责为背信弃义，被其攻击，最终巴德对其的反抗行为又遭遇了韦斯特所认为的不公正的审判，被判处死刑。韦斯特认为巴德的遭遇和“身心受到虐待的妻子和被性侵的孩子”[③]是相类似的，他们同样受到了与其生活密切的人的期待、憎恨、嫉妒，并常常被指责为背信弃义，“这些女性和孩子中的一些人就像比利一样用尽所有的力量进行了反抗，而这些反抗被认为是不合适的，虽然是正义的，但是却被认定为是违法的。”[④]。这样，韦斯特认为小说《水手比利·巴德》所描述的巴德的故事其实恰恰反映了现实生活中受虐待的妻子和儿童的故事。至此，水手巴德的故事成为一个讨论受虐待的女性和儿童对施虐者反抗是否合法的类型化的案例。

正是基于这样的故事重构，韦斯特提出小说中真正具有意义的问题是“威尔的裁决是正确的还是错误的……对于因为受虐待而反抗，而最终走上被告席的人们而言，尤其是女性和儿童而言，威尔的判决是否是正确的，它是否是受到法律约束的，它意味着和巴德一样的女性受害者是否应当接受法律或者法官的裁决，是否应当接受战争法或者威尔的裁决，是否应当受到法律的约束或

① 参见 Robin West , “The Feminine Silence：A Response to Professor Koffler,” Cardozo Studies in Law and Literature, Vol. 1, 1989, p.15.

② 参见 Robin West , “The Feminine Silence：A Response to Professor Koffler,” Cardozo Studies in Law and Literature, Vol. 1, 1989, p.16.

③ 参见 Robin West , “The Feminine Silence：A Response to Professor Koffler,” Cardozo Studies in Law and Literature, Vol. 1, 1989, p.17.

④ 参见 Robin West , “The Feminine Silence：A Response to Professor Koffler,” Cardozo Studies in Law and Literature, Vol. 1, 1989, p.17.

者受到威尔式的陈腐的、蔑视女性的、狭隘心理的评判”[①]，依循这样的逻辑线索，现实生活中的女性要想避免“巴德式”的命运，必须打破沉默，“必须要为自己进行辩护……要反抗那些将我们视为牺牲品的人们……必须确信我们所说的被人们所听到……必须参与到我们社会的道德、政治和法律对话中，我们必须获得权力，使用它，表达自己，从而扩大我们的道德在社会构建中的影响”[②]。

在这个论证过程中，韦斯特事实上根据巴德和现实生活中的女性和儿童为代表的弱势群体相似的生活体验，在二者之间建立了联系，以对巴德的讨论来分析受到暴力侵害而反抗的女性、儿童所遭受的不公正的审判。在韦斯特的叙事中，小说中和巴德的遭遇没有明显关联的情节，例如战争法、司法程序以及舰队官兵对于审判的态度等等都被裁剪掉了，韦斯特的思路更接近于司法中根据既定的法律规范，从案件事实中辨识确认法律事实，从而适用具体规范进行评判的法律推理逻辑。

海德因在《关于司法错误的知识谱系研究》（*On the Genealogy of the Judicial Error*）这篇文章中，依循了相似的研究路径[③]。他选取了包括《卡拉马佐夫兄弟》、《局外人》（*The Stranger*）和《危险游戏》（*The Dangerous Game*）等在内的三部小说。海德因认为司法审判是小说中的核心场景，它不仅体现了法律体制内的内容，而且突出了对司法过程本身的关注，司法过程中关于理解和解释的对话通过控诉人和辩护人之间的冲突被充分地戏剧化了，这种戏剧化的二元性强调了解释内在的视角以及获得正确评估的难度。司法错误的命题其实是对司法过程中不确定因素的强调，“使我们直面所有知识的本质问题”[④]。

正是基于这样的思考，海德因选取了费奥多尔·米哈伊洛维奇·陀思妥耶夫斯基（Фёдор Михайлович Достоевский）在《卡拉马佐夫兄弟》中对于德米崔（Dmitri）的审判场景，弗朗兹·卡夫卡（Franz Kafka）在《局外人》中关于莫

---

① 参见 Robin West, “The Feminine Silence：A Response to Professor Koffler,” Cardozo Studies in Law and Literature, Vol. 1, 1989, p.19.

② 参见 Robin West , “The Feminine Silence：A Response to Professor Koffler,” Cardozo Studies in Law and Literature, Vol. 1, 1989, p.20.

③ 参见 W.Wolfgang Holdheim,“On the Genealogy of the Judicial Error”,Cardozo Studies in Law and Literature.Vol.7,1995,pp.125-130.

④ 参见 W.Wolfgang Holdheim,“On the Genealogy of the Judicial Error”,Cardozo Studies in Law and Literature.Vol.7,1995,p.126.

尔索的审判场景以及弗瑞德瑞克·迪伦马特（Friedrich Durrenmatt）在《危险游戏》中关于特拉普（Trap）的“审判”过程。海德因认为这三个故事的司法审判对于法律事实的认定，体现了现实生活中三种关于事实的认识方式。对于德米崔·卡拉马佐夫的审判体现了严格意义上的司法错误，检察官依据职责所提供的符合法律规定的详细的证据和心理学的证明，足以确认德米崔是“罪犯”，而律师所提供的则是一系列可能的事实重构，“它们的影响与其说是证明他的当事人的清白，不如说是提出了这样的观点，事实本身无法进行说明，对事实的解释是根据解释者的解释目的做出的”[①]，而依据当时的法律是无法推翻检察官的控诉的。在《局外人》的故事里，海德因认为“辩护律师和控诉人，都遵循了同样陈旧的诉辩方式，并最终共同确认了小说主人公所实施的荒谬的犯罪是一个有预谋的行为，以便使他为自己的行为负责，但是他们完全篡改了行为的性质，行为的意义不是来自富于创造性的解释，而是来自对法律的刻板地、机械地应用”[②]。在对第三个作为案例研究的《危险的游戏》一书中，“审判游戏”中的检察官，将商人特拉普零散的生活编织成了一个戏剧化的故事，使得故事看起来是按照商人的意愿次第发生的。在故事的高潮，商人蓄意谋杀了他的老板，“解释被完全转化为武断地情节安排”[③]，根据检察官在游戏中所认定的“事实”，判处了特拉普死刑，而没有想到的是特拉普不能忍受自己会沦落到这样的结局，他希望永远保持现在的生活，他接受了审判，并在自己的房间上吊自杀了。

在现实的审判中，除了证据，我们无法真正地确认实际上曾经发生了什么，而证据本身也无法告诉我们发生了什么，司法所认定的法律事实其实是司法者对于证据所证明的事实信息的解释，庭审中我们所听到、看到的，所认定的事件是法庭对于这些事实信息的逻辑拼接，就像我们在这三个审判中所看到的那样。海德因想告诉我们的正是这些。海德因认为德米崔的审判错误是严格意义上的司法错误，对于莫尔索的审判则讲述的是司法对于被告的

---

① 参见 W.Wolfgang Holdheim,“On the Genealogy of the Judicial Error”,Cardozo Studies in Law and Literature.Vol.7,1995,p.126.

② 参见 W.Wolfgang Holdheim,“On the Genealogy of the Judicial Error”,Cardozo Studies in Law and Literature.Vol.7,1995,pp.126-127.

③ 参见 W.Wolfgang Holdheim,“On the Genealogy of the Judicial Error”,Cardozo Studies in Law and Literature.Vol.7,1995,p.127.

谋杀，而在最后一个故事中特拉普所接受的“判决”所揭示的是司法的荒谬。海德因认为这三个故事次第提出的问题是“谁是凶手”“为什么他是凶手”以及“是否真的存在着犯罪”。与这些问题相对应，在陀思妥耶夫斯基的思考中，司法对于事实的解释是存在着问题的，对于加缪而言，司法解释是不可能存在的，而在迪伦马特的文学世界里，人们可以自由地，根据自己的意愿随意做出解释。

海德因以司法事实认定为主题，选取了全景化故事叙事中三个具体的审判为基础案例，次第分析，综合比较，对司法错误的认识问题进行了归纳，并以此推及对于人类认识的思考。虽然不是专注于对文学作品的解读，但是海德因以及韦斯特等为代表的法学学者的这种分析路径同样指出，文学，尤其是经典的现代文学作品以其全景化的叙事，重构或者还原了被法律剪裁后的法律事实的存在语境，为法律问题的观察提供了更加宽广的研究视野。

二、基于文学隐喻的对法律问题的理论反思

和直接对法律场景或法律主题进行叙事描述相对应，学者们发现部分文学作品的叙事运用了另一种文学修辞隐喻的方式对现实中的法律问题进行了同样深刻的反思。学者们认为文学中的隐喻至少从两个方面有助于法学问题的研究。当以沃德等为代表的学者认为通过隐喻的方式来阐释法律问题是法学教育的一种有效的形式，以隐喻的形式蕴含在故事中的法律将在读者的故事阅读过程中潜移默化地塑造着读者的法律观时，以莎普为代表的学者们则看到这些故事叙事中作为隐喻的象征物以夸张和极端化的形式，放大了现实生活中的法律及其制度的特点，为观察法律及其制度体系提供了一个独特的视野。

在对文学作品中的故事隐喻研究中，沃德认为儿童文学应当被列入研究重点，它以不同年龄段儿童所熟悉的动物形象、生活场景及相应的故事情节，以隐喻的方式向儿童展现了现实生活中包括法律规则在内的行为规则对于儿童行为的要求。儿童在接受故事叙事的同时，形成了对主要由法律组成的社会规则的认知，并在无意识中将其内化为自己愿意遵从的行为规则[①]。沃德对包括“兔子彼得”系列故事、《爱丽丝漫游仙境》(*Alice's Adventures in Wonderland*)、《从

---

① 参见 Ian Ward ,“Children’s Literature and Legal Ideology”,Law and Literature：Possibilities and Perspective.New York：Cambridge University Press,1995, pp.90-98.

林之书》(*The Jungle Books*)、《哈克·费恩历险记》(*Adventures of Huckleberry Finn*)以及《蝇王》(*Lord of the Flies*)等在内的不同时期的儿童文学进行了剖析。沃德对儿童文学叙事中的隐喻所进行的分析包括了三个层次的内容，作者对其作品读者群的预期，尤其是读者的心理、所熟悉的语言以及其思维逻辑的把握；作者在故事形象的塑造、语言的运用及其情节的设置中对于读者生活体验的把握；以及读者通过阅读对于故事叙事中的隐喻所揭示的法律问题的体验、理解及接受的程度。

沃德认为比阿特丽克斯·波特（Beatrix Potter）所创作的儿童文学是以隐喻的形式揭示儿童所要面对的法律生活的典范，她专为3~7岁的儿童写作，在她的故事中“没有悲剧的情节，而是很多冒险和危险，很多虎口脱险的情节，以及很多的幸福的故事结局”①，契合了这一年龄段的儿童心理接受能力。在波特的故事中，叙事情节的设置首先让儿童感到“在世界上同时存在着有序和无序，有序的成人世界和小动物们潜在的无序世界”②，儿童根据自己的生活体验能够识别出这两个世界，“当一个小动物做错了事情，离开了有序的、安全的成人世界，马上就会体验到危险的存在”③，当波特使用一种特殊的语言来描述环境中的这种变化时，故事的插图也会发生相应的改变，“在有序的世界中，动物常常穿着人类的衣裙，但是当处于危险时，动物则看起来就是一只动物，而且会向动物一样行走，用四只脚，而不是两只”④，两个世界的存在，以及两个世界之间的转换，是波特故事的主题，波特用人类和动物的不同世界隐喻了法律的有序及不存在法律的无序和混乱。在兔子彼得的系列故事中，波特进一步以小兔子因非法侵入和盗窃而遭到惩罚隐喻现实生活中违法者所应受到的制裁。沃德认为这些看似简单的小故事对儿童，甚至成人的影响是不可低估的，“每个人都读过《兔子彼得的故事》(*The Tale of Peter Rabbit*)，但并不是每个人

---

① 参见 Ian Ward ,“Children’s Literature and Legal Ideology”,Law and Literature：Possibilities and Perspective.New York：Cambridge University Press,1995, p.99.

② 参见 Ian Ward ,“Children’s Literature and Legal Ideology”,Law and Literature：Possibilities and Perspective.New York：Cambridge University Press,1995, p.99.

③ 参见 Ian Ward ,“Children’s Literature and Legal Ideology”,Law and Literature：Possibilities and Perspective.New York：Cambridge University Press,1995, p.99.

④ 参见 Ian Ward ,“Children’s Literature and Legal Ideology”,Law and Literature：Possibilities and Perspective.New York：Cambridge University Press,1995, p.99.

都读过《道德形而上学》”[①]，儿童文学中的隐喻所揭示的法律观念不仅形塑着儿童对社会规则的认知，而且形塑着儿童的言行。

从沃德的分析路径来看，他着重于结合作者的创作意图和读者可能通过作品所获得的阅读体验，在对故事隐喻分析的基础上，揭示文学所反映的法律问题及其对读者的影响。和沃德的研究相对应，以东尼·莎普（Tony Sharpe）为代表的学者们认为文学通过想象构筑了一个新的叙事空间，在这个空间里，法律及其特点被故事中所塑造的形象以隐喻的形式表现出来，并被放大化，为法学研究提供了一个独特的视野。

在莎普关于《莫罗博士岛》（*The Island of Dr. Moreau*）的研究中，他采用了完全不同于沃德的研究方式。他直接从故事文本切入，选取了故事中“曾经是野兽的人们坚持通过诵读他们的法律来教育叙事者”[②]，“莫罗博士通过手术强迫动物们否定自己的天性”[③]以及“动物们身上的野性逐步显露出来”[④]等故事情节，重构了莫罗博士试图通过手术将动物改造成人的荒诞故事。莎普的研究是立足于这个被重构后的故事展开的，这些“不可能”发生的、“疯狂”的故事叙事以隐喻的形式，“通过极度的夸张，表达了对于任何被指定为法律的行为规则系统所进行的对人们的任意安排的敌视态度”[⑤]。莎普的讨论中没有作者，没有读者，只有文本，而莎普所讨论的文本不是全部的文本，是莎普认为集中体现了故事叙事主题的情节所构成的文本，莎普对于作品中隐喻的解读，与其说是对作者创作意图的阐释，不如说是莎普通过作品中的隐喻将自己所感兴趣的法律现象进行了放大式地观察和反思。和韦斯特的研究路径相似，莎普的研究体现了典型的法学案例分析的特点。

三、结语：对文学作品的法学解读是主体视角中的阐释与反思

纵览法学学者对于具体文学作品中法律主题的解读与阐释，其研究旨在通过分析文学的创作和对主题的表达方式来研究现实生活中的法律问题，以及法

---

① 参见 Ian Ward ,“Children’s Literature and Legal Ideology”,Law and Literature：Possibilities and Perspective.New York：Cambridge University Press,1995, p.90.

② 参见 Tony Sharpe,“Versions of Law in Literature” , Law and Literature.Vol.2,1999,p.105.

③ 参见 Tony Sharpe,“Versions of Law in Literature” , Law and Literature.Vol.2,1999,p.105.

④ 参见 Tony Sharpe,“Versions of Law in Literature” , Law and Literature.Vol.2,1999,p.106.

⑤ 参见 Tony Sharpe,“Versions of Law in Literature” , Law and Literature.Vol.2,1999,p.105.

律理论在现实中所面对的以及可能面对的困境，并期望寻求到解决的方案。故法学学者对文学作品的研究，是主体视角中的阐释与反思。从用于法学研究的具体文学作品的选择，到对文学作品中所蕴含的道德、法律问题所进行的评析无一不深深地烙上了法律人的职业思考。正如沃德教授所指出的，“文学中的法律”旨在实现教育和表达政治诉求的目的，而法律人对具体文学作品无论是基于故事叙事的实证研究，抑或是基于故事隐喻的理论反思其实都是为了证实或是证伪法律职业者所始终探求的目标——法律之于正义和秩序的价值。

同源分流：浪漫主义与自然法的缠绕

余晓明 *

故事应当从卢梭说起。卢梭既是浪漫主义的奠基人，也是现代自然法学派的主将①。

卢梭是一个谜。照理说，卢梭的《忏悔录》向我们坦白了自己的经历，成为难得的“透明”先贤。但是，任何文字都需不停地解释增补，忏悔的背后更多的是自我辩解、掩饰乃至篡改编造。当然，读者的强力阅读，也可以发现那些“暗度陈仓”的马脚。②因此，卢梭同时也是一个答案。

一方面，卢梭是浪漫主义的发起人，爱尔兰法学家、政治家凯利分析了卢梭情感主义：

“卢梭确立了对抗绝对理性的人类情感的主张，这尤其以他影响卓著的《新爱洛伊丝》一书为代表。**他是第一个重要的反叛者，**反叛我们归之于革命前的18世纪世界的形式化的、仿效古典的、以及（显而易见的）贬抑人性的礼仪、艺术和文学：假发、小步舞曲、亚历山大诗行及对希腊罗马经典主题的无止境的回归！卢梭赋予**自然和情感至高无上的地位**。他所说的**自然和情感**指的是清新、质朴、原始和自发，而不是仅仅服从于理性标准，从礼仪到风景画，一切领域概莫能外。他发起了一场迄今仍未止歇的彻底的美学革命，后世称之为**浪漫主义！**”

另一方面，卢梭又是自然法理论的悍将，影响颇大。但是，自英国哲学家伯特兰·罗素开始，不断有人指责他埋下了德国集权主义的祸根，原因是情感主义过了头：

他拨动了情感和思想最前沿的那根弦，由它开始流行的标准是自由成长的而非精心孕育的，是发自内心的而非人为建构的，他赋予那些具有质朴自然和

---

* 余晓明，金陵科技学院人文学院教授，文学博士，研究方向为文艺学、比较文学。本论文中所有的文字加粗处理都是引者所做。

① 黄颂：《自然法观念考》，天津师范大学2001年版，第97页。

② [法] 雅克·德里达：《论文字学》，汪堂家译，上海译文出版社1999年版，第211页。

原创品质的事物某种权威性，但也容易使激情的感觉和表达疏离理性的审查。**这一切对卢梭的法律和国家理论的影响，已被最终被视为是有害的。**[①]

因为卢梭设想的社会契约论，“所有成员将其本人连同其全部权利让渡给共同体”，所以“能够方便地为一切暴政服务”。“他提出的公意是20世纪集权主义制度的哲学基础”。

罗素认为卢梭代表了“善感性”中消极的一端：

“他是**浪漫主义运动之父**，是从人的情感来推断人类范围以外的事实这派思想体系的创始者，还是那种与传统君主专制相反的，伪民主独裁的政治哲学的发明人。从卢梭时代以来，自认为是改革家的人向来分成两派，即追随他的人和追随洛克的人。……在现时，希特勒是卢梭的一个结果，罗斯福和丘吉尔是洛克的结果。”[②]

卢梭是否必然引起希特勒的暴政，有待进一步讨论。卢梭和洛克的相同之处，也同样值得关注。相对于罗素，凯利还是更加积极地表彰了卢梭对自然法的修辞学贡献：

“他对堪称自然法学说之**情感叙事**的贡献却还是相当可观的……在卢梭看来，自然法不是个人理性规定的，而是他的心灵规定的。自然法赖以栖息的是先于理性的原则，即爱自己、爱他人个人拥有一定的天赋自然权利；但是，他通过社会契约把这种天然权利交付给了集体，目的在于以实体法权利的形式从集体中领回这些权利。一切问题的关键不在于理性而在于情感，赋予了他那句格言以力量的正是情感，‘人生而自由，但无往不在枷锁之中’（卢梭），这些词语赋予那些已然为洛克所吟咏的、自然权利的单声圣歌以**复调的魅力**。”[③]

众所周知，美国的《独立宣言》和法国的《人权和公民权宣言》都深深地留下了洛克和卢梭的烙印。

罗素创造性的洞见是，在西方哲学史“从卢梭到现代”的背景是“浪漫主义”，虽然在道德上有亏，卢梭仍然不失为“乱世枭雄”。艺术、文学、哲学乃至政治，都不自觉地受到了浪漫主义巨大影响，它仿佛成了“最根本的形式”，反抗现实的“公认的伦理标准和审美标准”[④]。因此，卢梭作为浪漫主义的主将，

---

① [爱尔兰] J.M. 凯利：《西方法律思想简史》，王笑红译，法律出版社2002年版，第217页。

② [英] 伯特兰·罗素：《西方哲学史》，马元德译，商务印书馆1976年版，第225页。

③ [爱尔兰] J. M. 凯利：《西方法律思想简史》，王笑红译，法律出版社2002年版，第230页。

④ [英] 伯特兰·罗素：《西方哲学史》，马元德译，商务印书馆1976年版，第213页。

成为连接现代法律体系草创与世俗文学复兴时代的枢纽就不会是偶然事件。文学与法学的比较，往往使我们能够获得惊喜的发现，正如哲学家齐泽克把电影大师和心理分析大师对照阅读的名著《不敢问希区柯克的，就问拉康吧》，我们不妨在浪漫主义中观照自然法学派，反之亦然。

一、浪漫主义，从文学运动到社会思潮及哲学线索

1. 再读浪漫文论《镜与灯》

如罗素之言，浪漫主义本是 18 世纪后期继文艺复兴而起的弥漫于人文社科领域的时代思潮，但是，遗憾的是，由于学科分工限制了学者的视野，浪漫主义的思想接受与阐释往往被局限在文艺的狭窄领域之内。

在《镜与灯——浪漫主义文论及批评传统》中，艾布拉姆斯以“表现说”来标示浪漫主义（这显然是不够的），经典的表述是在华兹华斯《抒情歌谣集序言》中所说的“诗是强烈情感的自然流露”。[①] 浪漫文论的源头可以上溯到朗吉努斯，他的著作是《论崇高》，认为“崇高的风格是一颗伟大心灵的回声”。崇高这一范畴此时还是某种神秘主义的感觉，很久以后经过康德的改造，才成为浪漫主义的核心观念。朗吉努斯还发挥了崇高的统摄能力，“他在探讨崇高特性的过程中跨越了传统的文体分野，也打破了韵文与散文的界限；崇高在于荷马、德谟斯提尼、柏拉图、《创世纪》”。他还探究了崇高生成机制：构想伟大概念的能力，热烈的激越的情感，形象的语言，高雅的词藻，高尚的文笔。[②]

把浪漫主义归结为情感、有机论、天赋乃至个性的都是流于表象的说法，浪漫主义的本质在于神秘主义，所以，《镜与灯》的第十章是“忠于自然的标准：罗曼司，神话和隐喻”，可惜文学界很少注意到这一点。雪莱说“做一位诗人，就得领会人世间的美与真，简言之，就得领会善。”“一个诗人浑然忘我于永恒、无限、太一之中。”[③]

“诗歌以另一种更为**神圣**的方式行事，……诗歌揭开世界的面纱，展现它

---

① [美] M.H. 艾布拉姆斯：《镜与灯：浪漫主义文论及批评传统》，郦稚牛等译，北京大学出版社 1989 年版，第 25 页。

② [美] M.H. 艾布拉姆斯：《镜与灯：浪漫主义文论及批评传统》，郦稚牛等译，北京大学出版社 1989 年版，第 112、111 页。

③ [美] M.H. 艾布拉姆斯：《镜与灯：浪漫主义文论及批评传统》，郦稚牛等译，北京大学出版社 1989 年版，第 197 页。

隐藏的美，使熟悉的事物显得陌生起来；诗歌再造了它再现的一切，此后，诗歌中人格化的众多事物便披着**天国的光辉**，屹立在曾对它们思索关照的人们的心智中，就像是一座座纪念碑，其优雅高贵的内容影响所有与之共存的思想和行为。"①

约瑟夫·沃顿说："创造性想象这个概念便把想象拔高到理性和其他所有能力之上，同时这个术语也隐含了这个意思，即这是再次扮演上帝的一种心理过程。""（莎士比亚）竭力仿效上帝而创造出了卡里班、奥伯伦、麦克白中的女巫以及……哈姆雷特亡父的鬼魂。"②柏拉图"学园"末期的学者兰迪诺，从词源上探究了诗人和先知、上帝的关联性：

"希腊人所说的诗人来自 piin 这个动词，它的意思介于'创造'和'制作'之间。创造是上帝特有的无中生有的能力，而制作指的则是凡人在任何艺术中有材料有形式的创作活动。因此，尽管诗人并非完全在凭空杜撰，然而他的活动却早已不是制作，而是相当接近于创造了。**上帝是至高无上的诗人，**世界就是上帝的诗。"③

2. 思想史中的浪漫主义

刘小枫在《诗化哲学》中指出，"德国浪漫美学并不是一个特定的学派，而是一种思想传统"。它"深深地埋藏着一个根本的主题：有限的、夜露销残一般的个体生命如何寻得自身的生存价值和意义，如何逾越有限与无限的对立去把握超时间的永恒的美的瞬间。"④

浪漫主义其实不完全是文艺思想，它是西方历史悠久的非理性主义哲学传统的一个阶段，充分理解浪漫主义，必须回顾西方哲学中理性与非理性互相对立、互相缠斗、互相启发的历史。揭开浪漫主义与非理性主义语词表象的面纱，我们就会发现浪漫主义漫长的"史前史"和变幻的现代史，所谓现代派和后现代派本相也立刻毕露。

浪漫主义兴起的目的，是为了纠正西方**近代**的两个思想倾向，一是教会威

---

①［英］拉曼·塞尔登编：《文学批评理论——从柏拉图到现在》，刘象愚等译，北京大学 2000 年版，第 523 页。

②［美］M.H. 艾布拉姆斯：《镜与灯：浪漫主义文论及批评传统》，郦稚牛等译，北京大学出版社 1989 年版，第 442、433 页。

③［美］M.H. 艾布拉姆斯：《镜与灯：浪漫主义文论及批评传统》，郦稚牛等译，北京大学出版社 1989 年版，第 439 页。

④ 刘小枫：《诗化哲学》，山东文艺出版社 1986 年版，第 10、11 页。

信的衰落；二是科学威信的逐步上升乃至独霸。正如罗素所言：理论科学日益简化为实用技术，“愈来愈不成其为关于世界本性的学说”，“在科学技术激发下产生的各种哲学向来是权能哲学，往往把人类以外的一切事务看成仅仅是有待加工的原材料。目的不再考究，只崇尚方法的巧妙。这又是一种病狂。在今天讲，这是最危险的一种，对这种病狂，理智健全的哲学应当作一副解毒剂。”浪漫主义本来可以是这种解毒剂，但是，罗素似乎并不看好任何带有个人主义和主观倾向的哲学。他说，“卢梭和浪漫主义运动把主观主义从认识论扩张到了伦理学和政治学里面，最后必然的结局就是巴枯宁式的彻底无政府主义。主观主义的这个极端是一种病狂。”罗素还敏锐地发掘了近代浪漫主义的谱系，从笛卡尔到莱布尼茨、洛克到休谟，从康德到费希特。①

邓晓芒把理性主义和非理性主义的对立归纳为逻各斯主义和努斯主义的对立，这样，浪漫主义就上溯到了哲学史的源头。“理性主义是西方哲学两千多年发展的主导方面，非理性主义是其附属方面，双方构成西方哲学史中的一对矛盾，后者是在前者的基础上再加超越和提升的结果。这一矛盾来自古希腊理性的两大精神要素逻各斯和努斯的交替上升……非理性是由理性中的努斯发展出来的，但常与宗教神秘主义合一，到黑格尔才明确将二者分开，但仍免不了堕入理性神学。”并且，西方的学者往往在两者之间出入勾连，例如“诺斯替教派（Gnosticism）的神秘主义者们，新柏拉图主义者普罗提诺，教父哲学家奥古斯丁，中世纪神秘主义大师艾克哈特，文艺复兴时期的库萨的尼古拉和雅可布·波墨，近代的耶可比和谢林，还有现代的存在主义者们和海德格尔。”②黑格尔试图以理性包裹非理性，似乎也难以成功。

英国哲学家伯林在《浪漫主义的根源》中重新整理了浪漫主义的谱系，虽有托古改制之嫌，亦有发掘历史之功。受伯林的启发，有学者指出了哈曼对浪漫主义的意义：

“约翰·乔治·哈曼通过其《纯粹理性元批判》等一系列著述对启蒙理性主义进行了全面批判。他从诠释学的视角分析启蒙哲学中的‘非理性主义’，并提出‘整体论’来反对‘二元论’，强调整体之中的‘个体性’，彰显信仰与理性之间的密切关联，理清作为纯粹学术理论概念‘理性’的本质，突出情感等

① [英] 伯特兰·罗素：《西方哲学史》，马元德译，商务印书馆 1976 年版，第 5、6、7 页。

② 邓晓芒：《西方哲学史中的理性主义和非理性主义》，《现代哲学》2011 年第 3 期。

主观性之于历史诠释的重要性，从而为浪漫主义的兴盛披荆斩棘。”①

伯林认为康德是浪漫主义之父，浪漫主义的主要特征——想象力、独创性、自由——是从康德关于艺术创造主体的天才特征中发展而来，也即浪漫主义的“艺术自主”是从主张“美是道德善的象征”的康德发展而来。②著名美学史家鲍桑葵指出，康德“要对自然秩序和道德秩序可以相互协调的观点进行论证”，他把这个“崇高的地位赋予审美判断和目的判断的内容”。他“凭着一种惊人的韧性逼近他的主题，像围攻一座城市一样，从四面八方挖掘地道，向它进攻”。答案是，“自然秩序和道德秩序必然有一个共同的根源”，并“最明显地表现在对于对美有敏锐的和创造性的感觉的人所能感到的自然必然性和理想目的的自发和谐上”，“证明了自然秩序和道德秩序的最后一致”③。康德关于崇高的理论也深刻启发了后来的现代主义美学。

二、自然法隐蔽的浪漫主义复调

1. 自然法的源流

在城邦与国家之前的社会中，自然法是不证自明的信仰。根据马林诺夫斯基的考察，“原始人不仅被塑造成守法公民的模范，而且顺应着他本能的自然倾向，遵从着其部落的所有规章制度和戒律，已成为一条公理”。他们“对传统和习俗深怀敬意，并自觉地遵从它们的命令”④。

早期希腊罗马的法律人一定也是文人，因此优士丁尼的《学说汇纂》中法律的定义也如此优雅：法律是“善良与公正的艺术”（塞尔苏斯）。法律与文艺的同源与共生是天然能够感受到的。很显然，在古代（以至今世），自然法与实在法往往纠缠难分。“是”和“应当”总有被混淆的倾向，Nomos 一词的含混意思恰恰“有效地协调与合并了秩序的抽象观念和实践中遵守的习惯”⑤。法、习惯、神相互连接，古巴比伦的国王声称《汉谟拉比法典》就是国神马尔杜克交给他的，因此，犯法就是亵渎神明。⑥

---

① 易兰：《纯粹理性的元批判——论哈曼的浪漫主义》，《四川师范大学学报》2012 年第 1 期。

② 贾峰昌、罗杰鹦：《浪漫主义的哲学根源——康德艺术论及其影响》，《浙江理工大学学报》2010 年第 6 期。

③［英］鲍桑葵：《美学史》，张今译，商务印书馆 1985 年版，第 232、236、256 页。

④［英］马林诺夫斯基：《原始社会的犯罪与习俗》，原江译，云南人民出版社 2002 年版，第 9 页。

⑤［爱尔兰］J. M. 凯利：《西方法律思想简史》，王笑红译，法律出版社 2002 年版，第 58、7 页。

⑥［英］伯特兰·罗素：《西方哲学史》，马元德译，商务印书馆 1976 年版，第 27 页。

虽然苏格拉底的死被有些法学家拿来证明城邦的实在法效力，但是细究柏拉图所报道的庭审过程，控辩双方似乎在开展自然法的学术研讨。起诉书指控“苏格拉底不仅否认国家的神，而且还宣扬他自己的那些神”。苏格拉底答辩道：

“雅典人啊！我尊敬你们、爱你们，但是**我将服从神**而不服从你们；而且只要我还有生命和力量，我就决不停止实践哲学与教导哲学，并劝勉我遇到的每个人。……因为我知道这是神的命令；而且我相信，在这个国家里从没有出现过比我对神的服役更好的事了。……

“死别的时候到了，我们各走各的路吧——我去死，而你们去活。哪个更好，**唯有神知道了**。”①

显然，在柏拉图的哲学戏剧中②，苏格拉底是“自然法学派”的，当然，任何一位被控告颠覆城邦的人都是会用自然法来为自己辩护的，那是唯一的道路。

随便说一下，柏拉图背弃师门，对斯巴达军事城邦崇拜得五体投地，以为是人间的理想国，成为极权主义政治的祖师爷③。罗素对此深不以为然：“在我们看来，斯巴达国家就是纳粹如果得到胜利时所会要建立的那种国家的雏形”④。

雅典悲剧《安提戈涅》似乎专门为了声张自然法而编演的，我们留待下文讨论。

西塞罗是自然法的第一个集大成者，他说：

“自然定律（law）是最高的理性，它命令所应为，禁止所不应为。这种理性在人类心智中的凝化和充分发展就体现为法律（Law），……法律是聪明人的智慧和理性，是衡量正义和不正义的尺度……欲判断正义为何物，我们应当首先诉诸最高的法，它的起源远在任何成文法和城邦以前。”⑤

关于实在法可能导致的悖谬，西塞罗指出：

---

①［英］伯特兰·罗素：《西方哲学史》，马元德译，商务印书馆 1976 年版，第 122、123 页。

② 刘小枫、陈少明：《柏拉图的哲学戏剧》，上海三联书店 2003 年版。

③［英］K. R. 波普尔：《开放社会及其敌人》，陆衡等译，中国社会科学出版社 1999 年版。

④［英］伯特兰·罗素：《西方哲学史》，马元德译，商务印书馆 1976 年版，第 135 页。

⑤［古罗马］西塞罗：《论法律》1、6、18~19，转引自［爱尔兰］J.M. 凯利：《西方法律思想简史》，王笑红译，法律出版社 2010 年版，第 51 页。

“如果正义原则的立足点是公众的决议、国王的敕令和法官的判决，那么在民众投票和决议批准的情形下，正义将会认可抢劫、通奸和伪造遗嘱。……那些为国家制定了邪恶、不公正的法律的人，是对诺言和契约的违反，他们颁布的绝不是‘法律’。”①

自然法的来源是神。西塞罗在《论共和国》中写道：

“真正的法是与自然契合的正确理性，投映在一切人身上，……神赋予他唯一而普适的统治者的地位。”②

“中世纪”在很多场合被贬低和污名化了，但是，至少在自然法的历史中，中世纪是它的第一个黄金时代。

教会在与国家的世俗权力斗争的一个重要意识形态场域就是自然法。上帝和圣经把西塞罗的自然神人格化和文本化了。神父格拉提安指出，“自然法即是《十诫》和《福音书》的规定”，自然法“在时间和万物序列的角度上都居于现行的地位。因为任何为人接受的习惯或成文法的规定，若违背了自然法的话，就将被视为是无效的。”③而圣托马斯完成了自然法的经典阐释与论证，“人类法显然来自永恒法”，人类理性凭借对上帝理性的分有而获得自然法：

“于是，理性的人在某种程度上参与了神圣的理性，因此具有了做出适当行为和秉持适当目的的自然倾向。（《诗篇》说）‘耶和华啊，求你仰起脸来，照耀我们’……我们据此区分善恶，这就是**自然法**，就是**神的光芒在我们身上的投影**。因此，自然法显然正是**理性的人对永恒法的参与**。”④

奇怪的是，有学者以为“步入中世纪，基督教全面影响了社会关系，自然法也受到了教义的侵蚀”。自然法“披上了宗教的外衣”⑤。我想指出的是，宗教不是外衣，是人的精神内核。

16世纪以后，宗教改革占据了欧洲思想史的主导地位，感性崇拜的浪漫主义和主观主义把美感上的愉悦当作最高价值，猛虎比绵羊更美丽，但是我们宁

---

①［古罗马］西塞罗：《论法律》1、6、43~44，转引自［爱尔兰］J. M. 凯利：《西方法律思想简史》，王笑红译，法律出版社2010年版，第52页。

②［古罗马］西塞罗：《论共和国》3、22、33，转引自J. M. 凯利：《西方法律思想简史》，王笑红译，法律出版社2010年版，第51页。

③［爱尔兰］J. M. 凯利：《西方法律思想简史》，王笑红译，法律出版社2002年版，第121页。

④《神学大全》1a2ae91.2，转引自［爱尔兰］J. M. 凯利：《西方法律思想简史》，王笑红译，法律出版社2002年版，第122页。

⑤ 罗国强：《西方自然法思想的流变》，《国外社会科学》2008年第3期。

愿把它关在笼子里。典型的浪漫派却要把笼子打开来，欣赏猛虎消灭绵羊时那壮丽的纵身一跃。他鼓励着人们想象他们自己是猛虎，可是如果他成功的话，结果不会是完全愉快的。

“……更彻底的反抗导致了**国家崇拜的理论**，这种理论把天主教所给予教会，甚至于有时候是给予上帝的那种地位给了国家。霍布斯、卢梭和黑格尔代表了这种理论的不同方面，而他们的学说在实践上就体现为克伦威尔、拿破仑和近代德国。”①

随着现代国家的兴起，法律意识形态的主流逐渐转向实在法和实证主义，其代表是汉斯·凯尔森代表的纯粹法学。法律实证主义认为，只要是法律，不管是什么内容，都是法。因此，最卑鄙的制定法也有约束力，只要它创立的形式是正确的②。但是，两个事件改变了“二战”以后法学理论的方向：民族社会主义（纳粹主义，Nationalsozilismus）的专制和德国的失败与被盟国的占领。不公正的最危险形式是法律的不公正，也就是以法律形式确定了的不公正。1938年德国的条令对犹太人征收“特别税”，“德国犹太人的保险赔偿金由国家没收”。这类“卑鄙、不道德、罪恶的法律”在德国轰轰烈烈地上演了。实证主义由于为这笔坏账背书而声名狼藉，法哲学实现了自己的安乐死。③

庇护十二世教皇在1942年圣诞节谴责法律实证主义是“令人忧虑的、有害集体的和在不断分裂的法律学说”，“给纯粹人类的法律的告示授予了一个虚假的威严”。德国战败之后，如何追究德国国民的法律责任出现了法理上的难题：“刑罚是否能够适用于目前在刑法尚无规定的犯罪行为方式”。保持了一个世纪的法律实证主义最终被抛弃了。自然法“超越法律的公正”主题回到历史前台。正义、合目的性超越了实证法的安定性原则。盟国（对德国）第10号法令指出，“至少根据每个人意识到了的超越法律的、自然的公正，反人道罪都是一个严重的不公正，这对我们来说已经足够了。”④

---

①［英］伯特兰·罗素：《西方哲学史》，马元德译，商务印书馆1976年版，第21~22页。

②［德］阿图尔·考夫曼、［德］温弗里德·哈斯默尔：《当代法哲学和法律理论导论》，郑永流译，法律出版社2002年版，第116页。

③［德］阿图尔·考夫曼、［德］温弗里德·哈斯默尔：《当代法哲学和法律理论导论》，郑永流译，法律出版社2002年版，第114页。

④［德］G.拉德布鲁赫：《法哲学》，王朴译，法律出版社2005年版，第246页。

2. 自然法的复兴？

据说“超越自然法和法实证主义”之争，是法哲学的新主题[①]。

我以为这是个错误的观察。从历史事实的角度，有学者重新回到“不证自明的‘十诫’公式和基本权利公式”来论证自然法的元规则。[②]罗尔斯的正义论前提是原初社会的“无知之幕”。无知之幕无疑是卢梭“自然状态”的形式化改写。

从逻辑的角度看，法实证主义其实永远不可能是自足的，它只能是工具理性。因为它声称“一个法律的有效性仅取决于遵守形式上的立法程序，君主的有效的意志行为体现在其中，而不取决于内容。实证性成为法之本质。”[③]但是，根据哥德尔不完全性定理，“任何一个形式系统，只要包括了简单的初等数论描述，而且是自洽的，它必定包含某些系统内所允许的方法既不能证明真也不能证伪的命题。”从法理学的角度说，就是法实证主义根本无法证明自己的正义性。

相反，自然法才能真正提供法律的价值理性，才能证实法的正当性。自然法付出的代价就是逻辑上的递归性，通过引进自然（自然状态、无知之幕）、理性、合目的性以及神（如“十诫”）等范畴，通过“不证”的策略，达到“自明”目的。

因此，自然法不是复兴，自然法是重新获得了法哲学的灵魂，今天，再也没有法学家可以完全在“法律的概念”这样的实证主义“帝国”能指中冒充上帝、傲视自然权利了。他们被迫向阐释学低头，以乞灵于法律之外的价值、良知和信仰。

三、安提戈涅中的“浪漫主义”的自然法叙事

古希腊悲剧《安提戈涅》已经是西方法哲学展开理论厮杀的经典战场，我们必须再一次向它致敬。故事的大意是，安提戈涅违反国王克瑞翁的法令，一意孤行地收殓作为城邦“叛徒”的哥哥，最终被迫自杀。

黑格尔有一些注明的阐释，他首先多次引用了《安提戈涅》剧本的第456、457行：“我不认为一个凡人下一道命令，就能废除天神制定的永恒不变的不成

① [德] G. 拉德布鲁赫：《法哲学》，王朴译，法律出版社2005年版，第129页。

② [德] G. 拉德布鲁赫：《法哲学》，王朴译，法律出版社2005年版，第227~236页。

③ [德] G. 拉德布鲁赫：《法哲学》，王朴译，法律出版社2005年版，第110页。

文律条，它的存在不限于今日和昨日，而是永久的，也没有人知道它是什么时候出现的。”[①] “黑格尔认为古希腊悲剧常常反映了‘城邦政权所体现的带有精神方面普遍意义的伦理生活和家庭所体现的自然伦理生活’这‘两种最纯粹的力量’之间的矛盾，而《安提戈涅》是反映这一主题的‘最优秀最圆满的艺术作品’。看来，克瑞翁和安提戈涅的主张都有正当的理由，并且都是‘绝对本质性的’主张。”[②] 我以为，黑格尔的“最纯粹”“绝对本质”都忽视了历史的演化过程，因为家庭和城邦都是人类产生很久才相继产生的社会建制，任何历史的产物都不会是“最纯粹”和“绝对本质”本质的，否则胡塞尔的现象学就不会创造出悬置的方法了。黑格尔故意回避了安提戈涅提出的神的律法时间在先，因而效力优先的理由。神人的等级高低不同，也是安提戈涅非常明显的理由之一。从剧本的故事看，殓葬死者是一种风俗，法律与命令也未必有禁止对特定对象的殓葬权利。

苏力的观察是，古希腊时期“一方面家族伦理开始衰落，另一方面城邦政治正不可避免地兴起，于是产生冲突。”而从儒家的礼法角度思考，似乎要“各打五十大板”。我以为应当换一个视角，重新看待城邦（和/或国家）与家庭的关系。以植物进化史为例，菌藻植物、蕨类植物、裸子植物、被子植物依次进化产生，但是后者并不以消灭前者为前提或者目标，它们是共生的关系，它们占据不同的生态位。国家目前看来也不能消灭家庭，因此，国家的法律就必须为家庭“剩余”下必要的习惯乃至性情调节的场域。生命可能会被国家“依法剥夺”，但哀悼却是所有善良风俗所必须保留的家庭“剩余权力”。

齐泽克的意识形态精神分析有力地支持了自然法理论。克瑞翁宣称“正义的公民……对城邦所任命的人必须服从，无论大事小事，也无论他公正不公正。”[③] “在齐泽克看来，一种政治的意识形态当它以自身的统治为出发点和归宿点的时候，也就具有了施虐性的意识形态快感。”[④] 齐泽克指出：

“只要超我表明快感侵入了意识形态领域，我们也就能说，象征的法律与

---

①［德］黑格尔：《精神现象学》，贺麟、王玖兴译，商务印书馆1997年版，第289页。

② 苏力：《自然法、家庭伦理和女权主义？——〈安提戈涅〉重新解读及其方法论意义》，《法制与社会发展》2005年第6期。

③［古希腊］埃斯库罗斯等：《古希腊悲剧喜剧全集》第2卷，张竹明、王焕生译，译林出版社2007年版，第287页。

④ 韩振江：《赤裸生命的抵抗——论齐泽克对〈安提戈涅〉的意识形态阐释》，《马克思主义与现实》2014年第1期。

超我之间的对立指向了意识形态的意义与快感之间的张力：符号的法则担保了意义，然而超我则提供了快感，这种快感成为意义的不被承认的基础。”①

也就是说，克瑞翁隐秘的快感才是他所公开宣称的法律的意义的动机。他所宣称能使城邦团结的法律只是一个幌子：

“那些把共同体最深的‘团结在一起’的东西与其说是那些调整共同体的‘正常的’日常流程的**法律**的认同，不如说是**对违犯法律、悬置法律的特别形式的认同**（用精神分析的术语来说，对一种特别快感的认同）。”②

因此，《安提戈涅》从某种程度上发现了法律的秘密，实在法不仅仅对于神法来说是“更低”的，而且法律也不足以实现自己的全部目的，而必须借助于法律之外的手段，而这不过是哥德尔不完全性定理可以推论的实践结果而已。

总之，回到康德“美是道德善的象征”立场，如果我们承认法律也以善为目的，那么，浪漫主义与自然法的家族相似就绝不是偶然的了，它们在人类知识的长河中同源分流又顾盼有致。

（本文曾发表于《江南大学学报》2016 年第 4 期）

① [斯洛文尼亚] 斯拉沃热·齐泽克：《快感大转移：妇女和因果性六论》，胡大平等译，江苏人民出版社 2004 年版，第 69 页。

② [斯洛文尼亚] 斯拉沃热·齐泽克：《快感大转移：妇女和因果性六论》，胡大平等译，江苏人民出版社 2004 年版，第 67 页。

京剧"孝道戏"中的法治因素

——从《反家暴法》谈起

臧豪杰　任国征 *

《中华人民共和国反家庭暴力法》于2016年3月1日起施行。这是我国首部反家庭暴力法，被美国《华盛顿邮报》称为"中国女性的胜利"①，被专家称为"使家庭不再是隔离于社会"②。其开宗明义是"第一条　为了预防和制止家庭暴力，保护家庭成员的合法权益，维护平等、和睦、文明的家庭关系，促进家庭和谐、社会稳定，制定本法。"

一、京剧"孝道戏"中的家庭法律关系

我国目前现有600多出京剧传统戏，孝道戏有16出之多，是最多的戏曲题材之一。以《新编京剧大观》《京剧知识手册》和《京剧画谱》这三部京剧书目为线索，根据家庭法律关系可以查找和整理京剧孝道戏如下：

第一类是以儿子为主体的母子孝道戏，呈现出儿子对于母亲的感恩亲情。如《四郎探母》《李逵探母》《专诸别母》《掘地见母》等。

第二类是以母亲为主体的母子孝道戏，呈现母亲对于儿子教育的辛劳苦心和牺牲精神。如《岑母归汉》《徐母骂曹》《岳母刺字》《陵母伏剑》等。

第三类是母子孝道戏的内容延伸，主要体现母子结怨、失和和分别的复杂感情。如《打龙袍》《失子惊疯》《望儿楼》《八珍汤》等。

第四类是母子孝道戏的角色延伸，主要描述后娘（姨娘）、婶娘和乳娘的孝道精神，非常宝贵。如《二堂舍子》《三娘教子》《赤桑镇》《潞安州》等。

通过以上的分类，可以发现传统家庭是一个男权组织、情感汇聚地和成人

---

* 臧豪杰，郑州大学马克思主义学院讲师；任国征，北京市青年学者。

①《美媒评述：反家暴法是中国女性胜利》，新华网，2015年12月31日，http：//news.xinhuanet.com/world/2015-12/31/c_128585597.htm。

②《专家评反家暴法：使家庭不再是隔离于社会》，新华网，2015年12月29日，http：//news.xinhuanet.com/legal/2015-12/29/c_1117605727.htm。

之所。尤其值得探讨的现象是作为传统家庭核心价值诉求的“孝”往往又体现于“母子”关系之中。在孝道文化中，古代以父子关系为主轴，但这些京剧剧目竟都是母子关系，这是非常值得我们思考的现象。另一个值得注意的现象乃是京剧孝道戏以“母子”为主线，“母女”关系是不显的。此外，在孝道文化中，古代典籍以正面记载为主，但是这些剧目却有很多专门描写母子失和和结怨的内容，从反面促人深省。

综合来看，这些京剧孝道戏题材广泛，角色鲜明，人物鲜活，故事曲折，集中折射了中国传统社会的这种复杂、独特结构，使得家庭关系重和谐、情感、伦理，而排斥冲突、理性、法制。生活于家庭之中的个体缺乏明确的权利、自由意识，这使得当其遭遇家庭关系的压力时，往往通过隐忍、自责等心理暗示去排解，而意识不到向社会求助；另一方面，中国传统文化把“家”视为一个内部领域，外部社会缺乏介入其中的理论依据，使得整个社会也缺乏救助机制和设施。具体于家庭中的夫妻关系，威尔·杜兰认为“家庭为子女而存在”，“结婚与爱情没有什么关系”，“结婚的目的是让一对健康的男女在一起，生男育女，组织一个子女众多的家庭，中国人认为结婚是没什么爱情可言的”。“男人不把自己的太太当作妻子，而是视她为儿女的母亲，他之敬重他的妻子，不是因为她美丽或教育高，而是因为她会生养孩子、勤劳和顺从”。[①]杜兰提供了中国传统社会中夫妻的一种基本模板，但对于传统中国的士、君子及普通老百姓来说，生儿育女并不能从单纯的生物学角度来解释，而是必须上升到“礼仪”的高度，儿女乃是“礼仪”的结晶或者说作为一个人必须完成的礼仪使命后果，因此，受到礼仪指导的男女结合成夫妻乃是走向“成人”的重要一步，这使得夫妻关系也就不能单纯从有无爱情来衡量，而是必须从伦理高度进行评价，当夫妻和睦、父慈子孝时，“家”也就很好地履行了其职责，生存于其中的男女双方也就很好地完成了人生使命。

由此可见，相对于现代的家庭观，中国传统文化赋予了“家”以崇高的使命与责任，这使得家庭中的男女双方承负着沉重的道德负担。总之，在中国传统社会中，家庭乃是一个坚固的“堡垒”，金观涛、刘青峰将其视为中国传统制度不断复活的“母体”，[②]通过血缘与拟血缘的模式中国传统社会成为一个扩

---

① [美]威尔·杜兰:《人民与国家》，姜义华、吴根梁、马学新编:《港台及海外学者论中国文化》上册，上海人民出版社1988年版，第51、52、55页。

② 金观涛、刘青峰:《兴盛与危机：论中国社会超稳定结构》，法律出版社2011年版。

大化的"家"，在此一"家"中，个人具有价值上的独立性。现代个人又遭遇到社群主义等保守派的激烈抨击，社群主义认为个人首先是社会、文化传统背景的产物，权利、法律等无不是社会情境的产物，因此，赋予个体以价值优先性必将导致价值虚无、公共责任缺失等社会弊病。但从另一个角度来看，家的理想化必然要落实到具体的"家庭"与行为人身上，现实生活过程中的矛盾是无时无刻都存在的，当理想与现实相冲突时，现实往往要因为理想的价值优先性而屈服，其结果便是"家丑不可外扬"及隐忍，另外，中国传统社会的男权结构使得构成家庭关系的男女在权位上是不平等的，因此，现实与理想冲突的后果往往叠压于妻子身上，从而构成了家暴的隐蔽化与合理化。

二、京剧"孝道戏"中的家庭法律秩序

秩序既是文化概念，也是法学要素。金耀基认为儒学的核心问题是"如何建立一个世俗的和谐秩序"。通过"仁"，孔子将个体视为一个自律、积极主体。儒家伦理的突出特征是"以自我为中心的唯意志论"。在群己关系上，儒家将人视为社会的存在[①]。金耀基认为中国社会中存在着一个"自我"，"承认自我的自发性格的本质以及角色结构的动态性格"。[②]但一方面个人并非现代社会的"个体性"，他不具有鲜明的权利、自由意识，费孝通将其称为"自我主义"；另一方面个人又无法独立于"家"之外，中国的家庭系统可以被看作一个社会系统，由于强调等级分明的和谐秩序，因此，个体遭遇到各种结构性的强制。[③]个人与"家"的这种相济相离的关系，狄百瑞将其称为"人格主义"，[④]它与现代个人主义和社群主义偏于一端的理论趋向不同。京剧"孝道戏"里蕴含了博大精深的法律秩序，对于预防和制止家庭暴力、保护家庭成员的合法权益具有很强的教育功能。

1. 京剧文学（唱词）彰显文明的家庭秩序，具有很强的教育功能

《反家暴法》第六条是"国家开展家庭美德宣传教育，普及反家庭暴力知

---

① 金耀基：《儒家学说中的个体和群体——一个关系角度的诠释》，《中国现代化的终极愿景》，上海人民出版社 2013 年版，第 95 页。

② 金耀基：《儒家学说中的个体和群体——一个关系角度的诠释》，《中国现代化的终极愿景》，上海人民出版社 2013 年版，第 101 页。

③ 金耀基：《儒家学说中的个体和群体——一个关系角度的诠释》，《中国现代化的终极愿景》，上海人民出版社 2013 年版，第 100 页。

④［美］狄百瑞：《亚洲价值与人权：儒家社群主义的视角》，尹钛译，社会科学文献出版社 2012 年版。

识，增强公民反家庭暴力意识。"我国《公民道德建设实施纲要》中说"高尚品德必须从小开始培养，从娃娃抓起"。孝道教育也必须从蒙养阶段抓起，孝德培养必须从小时、小处做实抓好，方能事半功倍。这方面，京剧孝道戏的很多唱词给我们很多有益的启示。《三娘教子》中王春娥唱道："骂一声小奴才真个劣性，长成人定是个不肖的畜生。小甘罗十二岁当朝一品；商辂儿中三元至今扬名。"这个唱段至今朗朗上口，发人深省。《岳母刺字》中唱词："鹏举儿听为娘把话来论，休忘了为娘我教养苦心。儿应当为国家忠心效命，莫等闲辜负了年少光阴。那杜充虽无知儿且耐性，常言道：大丈夫权衡轻重，能屈能伸。"这段唱词凝结了我国古代孝道的核心思想，这也暗合了我国《中国"小公民"道德建设计划》中的"五小"行动，第一"小"便是"在家庭做孝顺父母、关心亲人、勤俭节约、热爱劳动的'小帮手'"。

2. 京剧剧情彰显和睦相处的家庭秩序

《反家暴法》第三条是"家庭成员之间应当互相帮助，互相关爱，和睦相处，履行家庭义务"。京剧孝道戏的很多剧情吸取"敬为孝先""以功显亲""慈孝相应"等思想。《李逵探母》中李逵千辛万苦下山探望年迈双目失明的老母，《四郎探母》中杨延辉冒着生命危险在战火纷飞中去见母亲一面。这种对于母亲的见面跪拜，体现了我国古老的"敬为孝先"的思想。而在宫廷戏《望龙楼》和《打龙袍》中的唐太宗和宋仁宗则处处体现出对于母亲的愧疚之情，以及这种愧疚孝道阐发出的对于天下老人的宽恩施惠。如今，我们国家已经成立老龄委员会，并且把重阳节定为敬老节，这都是弘扬"孝顺父母、关心亲人"的孝德理念。京剧故事里的这些剧情，为我们形象生动地还原了古老的孝道文化，我们应该古为今用，认真吸取、借鉴传统京剧孝道教化的上述积极内容，充实今天新型孝道观的内涵。

3. 京剧"孝道戏"注重矫治与惩处相结合的家庭秩序

《反家暴法》第五条"反家庭暴力工作遵循预防为主，教育、矫治与惩处相结合原则"。孝道戏具有传承功能。《赤桑镇》中包拯在秉公执法、斩杀侄子之后，对于嫂娘吴妙贞郑重许诺"养老送终弟承当"。这出戏孝敬年迈嫂子把我国孝道文化的内涵进一步深化。新编京剧《八珍汤》中孙淑琳次子常天宝纵容妻子责打生母，最后被严厉惩罚，则树立了孝道文化的反面典型。孙淑琳的唱词"洛阳舍身为奴把常府进，不料想遇着个吃斋的一瘟神"，时刻警醒后人。这两出戏的可贵之处都在于塑造了鲜明的人物形象，这些形象因为我国戏剧的广泛传播进而千百年来一脉传承，使我们在梳理古代孝道文化时，增加了正反两方面的典型。也正是传统文化赋予“家”的价值诉求“太高”，从而对家存在一种理想化视角，家成为一个关系和谐、不存在矛盾的场域。京剧孝道戏的传承功能，在途径方法上体现了孝道教化以身立教、注重践履、家风陶冶的做法。其在孝道教化途径和形式上形成的不少行之有效的措施和经验，可以借鉴来为今天提高孝道教育实效服务，如可编写易于记循的歌诀进行潜移默化等。

三、京剧“孝道戏”中总结出的法治文化

近代以来，西方权利、自由、平等等观念进入中国，从而迅速推动了男女在恋爱、教育、就业、婚姻等方面的平权，但不可忽视的一个要点乃是现代自由、权利等往往依托于“个人观”的确立，这也就要求中国人不但从社会关系中独立出来，而且还必须从家庭关系中独立出来，也即确立起独立的人格与尊严。从中国的实际情况来看，一方面，有必要从社会、政治、经济、文化层面进一步推进全社会的公民权利意识，反家暴法正是此一意识的产物，它符合了人类社会发展的历史潮流和趋势，是中国社会不断走向现代的体现。但另一方面，也有必要从中国传统文化观念中汲取营养，以京剧孝道戏为例，京剧“孝道教化”的宗旨和积极内容仍然可以借鉴来为我们今天的法治文化建设服务。

1. 在中国传统文化中，“家”构成了一个独立的自足的共同体

滕尼斯认为共同体是一种“有机体”，它“是建立在有关人员的本能的中意或者习惯制约的适应或者与思想有关的共同的记忆之上的”[①]。鲍曼认为共同体源于一种安全感的缺失，滕尼斯的共同体具有“小的”和“自给自足”两个特点，其中“小的”意味着“共同体内部人们的交流是全面的、经常的，因而由于它们相对稀有、浅薄和随随便便的特性，就把来自共同体‘外界’的零星信号置于不利地位”。“自给自足”又意味着“与‘他们’的分离几乎是全面的，打破这种分离的机会是少之又少的”。[②] 但提供确定性和安全性的“共同体”则始终无法克服自身的悖论：确定与安全导致了自由的丧失，自由却又意味着确定性和安全性的丧失。因此，如何既给予人以确定性，同时又给予人以自由，

---

①［德］斐迪南·滕尼斯：《共同体与社会——纯粹社会学的基本概念》，林荣远译，商务印书馆 1999 年版，第Ⅱ~Ⅲ页。

②［英］齐格蒙特·鲍曼：《共同体——在一个不确定的世界中寻找安全》，欧阳景根译，江苏人民出版社 2003 年版，第 9 页。

是一个难以权衡的难题。中国传统文化中的“家庭”或“家族”是建立在以血缘为纽带的基础之上，它们尊奉一个共同的祖先，祖先的训示成为共同的家族记忆，家庭与家族成为型构中国人际关系的“孵化池”，梅贻宝因此将中国社会称为“家庭政体”①。

2. 在中国社会中，家庭与家族内部的人际关系主要是明“礼”，也即熟稔尊卑之分

随着年龄的增长，他将把在家的共同体环境中所掌握的一套关系通过“拟血缘化”的形式扩展到社会人际关系层面，从而使全社会构成一个大的共同体，中国传统文化的主要缔造者——儒家——将此共同体视为一个人成为人的关键场域，并认为只有在这种共同体关系中，人的价值、安全等才能得以养成。因此，中国传统文化非常重视“人”的“确定性”，否则人将失去存在的价值，极端的则是人将同于禽兽，那么，在此一过程中，自由何以达成呢？综合来看，中国传统文化中的家庭关系乃是一个儒家“道”的集散地，也即伦理道德的生发场域，它给人以确定性与安全感，是一个情感的汇聚地，是一个美好的场所。但正如鲍曼所论，中国传统文化中的家庭或家族在提供予人安全感的同时，却褫夺了人的自由感，尽管儒家赋予了“自由”以很高的位阶，但却缺乏切实可行的制度、机制依托，这使得“自由”往往流于形式，从而为温情脉脉下的人身侵害打下了基础。

3. 儒家将自由更多地寄托于精神、伦理道德层面，儒家认为士、君子发现道、践行道的过程便是一个自由的过程

孔子曾说“唯女子与小人为难养也，近之则不孙，远之则怨”（《论语·阳货》）。很多人往往凭前半句而批评孔子的男女观，但如果结合后半句来考察，可以发现孔子并没有明确地主张男女不平等。在两汉儒家形成的三纲中，家庭内部夫妻关系的不平等才逐渐被确定下来，以至于杜兰将中国古代的家庭视为一个“阶级存在”，“在父系的家庭社会中，是不可能民主的，因为国家把维持社会的责任委之于家庭，家庭变成了一个托儿所、学校、工厂和政府”②。在这样一个“阶级式”的家庭关系中，“人”的“个体性”是无法彰显的，杜兰认

---

① 梅贻宝：《中国社会思想与行为上的个人地位》，刘志琴编：《文化危机与展望——台港学者论中国文化》（上），中国青年出版社 1987 年版，第 203 页。

②［美］威尔·杜兰：《人民与国家》，姜义华、吴根梁、马学新编：《港台及海外学者论中国文化》上册，上海人民出版社 1988 年版，第 56 页。

为“在中国，谈不上什么个人主义或个人自由。相反的，个人的观念是微弱的，他只是属于他那个团体的一分子”。[①] 梅贻宝指出：“在中国儒家之社会思想里，个人与社会乃是相互依赖的关系”。[②] 谢幼伟认为儒家从未贬低个人的地位，儒家强调个人的价值与尊严，儒家所倡导自由乃是伦理自由，是行善与择善的自由，儒家也重视个人权利，但更重视个人的责任与义务。[③]

总之，不论是反家暴法，还是中国传统的家庭伦理观，其一个根本性的目的是营造和谐的家庭关系，从而为个人价值的实现奠定基础，二者在价值诉求上是一致的。因此，一方面从法治建设入手，另一方面从德治建设入手，必将为建构出和谐、平等的家庭关系做出贡献。

---

① [美]威尔·杜兰：《人民与国家》，姜义华、吴根梁、马学新编：《港台及海外学者论中国文化》上册，上海人民出版社 1988 年版，第 58 页。

② 梅贻宝：《中国社会思想与行为上的个人地位》，刘志琴编：《文化危机与展望 —— 台港学者论中国文化》（上），中国青年出版社 1987 年版，第 200 页。

③ 谢幼伟：《个人在中国伦理中之地位》，刘志琴编：《文化危机与展望 —— 台港学者论中国文化》（上），中国青年出版社 1987 年版。

文学与法律

——交叉学科研究的新视角

张立新 *

在国外，对于文学与法律的研究最初主要是由一些法学学者们发起的。由于切入点的不同，一般把对于文学与法律两个学科的研究称为“法律与文学”（law and literature），对于这一个运动也称为“法律与文学运动”。其研究内容都涉及文学和法律两个学科，因此，它具有交叉性、多学科性和实用性的特点。

在传统上，文学与法律属于两个不同的范畴，甚至很少人能够想象把这两个学科联系在一起。实际上，文学与法律一直是密不可分的。德国法学家拉德布鲁赫 (Gustav Radbruch）有句名言：“很多诗人都是从法学院逃逸的学生”。这句话从一个侧面揭示出了文学和法律两者之间的渊源。英美文坛的多位作家，例如：杰弗雷·乔叟、沃尔特·司各特、亨利·菲尔丁、赫尔曼·麦尔维尔和华莱士·斯蒂文斯等人本身就是律师出身或者曾经从事与法律相关的工作。

近年来，在国外对于法律与文学的研究已经取得了丰硕的成果。对于这一主题的研究我们可以追溯到詹姆斯·博伊德·怀特（James Boyd White）于 1973 年出版的《法律想象》(*The Legal Imagination*)。一般认为，该书的出版揭开了“法律与文学”研究的序幕。同时，它也标志着“法律与文学运动”的开始。1925 年，美国杰出的法官、著名的法学思想家本杰明·内森·卡多佐（Benjamin Nathan Cardozo）在其论著《法律与文学》(*Law and Literature*）中就提出文学修辞对于司法文书写作的特殊价值。他认为，文学风格和修辞对于法律行业具有重要的作用。文体是从事法律的人们最有效的工具。而从事法律的学者同时应该是一个文体家。《法律与文学》被认为是法律界从文学角度对文学与法律主体的最好论述。其后，1928 年，著名的法律史学家威廉·S. 霍尔兹沃斯

---

* 张立新，中国政法大学外国语学院教授，英语语言文学研究所所长，研究方向为英美文学、英美法律文学、法律翻译。

(William S. Holdsworth)就以狄更斯所创作的《匹克威克外传》《双城记》《大卫·科波菲尔》《艰难时世》《荒凉山庄》《远大前程》等小说为基本素材对19世纪英国的司法制度，尤其是英国衡平法及衡平法院(court of chancery)进行了深入的探讨，并以此作为教材文本在其所在的大学讲授法律史课程。毫无疑问，对于文学与法律的研究是一项具有开拓性的大胆尝试，不仅具有交叉性、创新性，而且具有重大的理论价值和现实意义。

一、文学与法律的关系

文学指的是所有的文学文本，包括小说、短篇故事、散文、诗歌和戏剧等。传统上，文学被认为是细微的、富有情感的和复杂的。法律指的是整个法律制度，包括法律行业、司法实践、法律判例、法律概念和法律文件等。传统上来说，法律被认为是分析性的和冷漠的，是由一些固定的法则组成的空洞的范畴(empty domain)①。但是另一些学者却认为，法律本身并不完全是由冷漠的规则组成的。例如，简·巴伦(Jane Baron)认为，法律也是充满了激情和人性的混杂，而文学则也不完全是情绪化的。她认为，这两个学科之间肯定是有区别的，但是它们的区别只能在对两个学科进行比较时才能够被反映出来。艾尔弗雷德·马修森(Alfred Mathewson)认为，文学与法律的区分界限并不是不可逾越的，而且，文学对法律有一定的影响。他认为，法律只是文学叙述和推理的另一种形式，两个学科在获取更加富有想象力的文献方面具有同样的想象力和认知过程。因此，文学与法律有许多的相似之处。总的来说，它们的共同之处表现在三个方面：(1)法律文本与文学创作通常都采用相似的修辞手法，而且法律文本创作，包括传统的法律主体，基本上具有相似的审美原则。(2)法律和文学都是一种解释性的行为，而且都存在一个解释型的空间。(3)在法律与文学之间存在一种写作的维度。既然总的来说法律的解释者与文学批评家的职责都是为了解释文本的意义，因此，他们都在从事一种创造性的工作，双方使用的语言都没有本质上的差异，分析性的推理是双方共同使用的技巧。无论是在法律研究和文学研究中都是如此。文学作品和法律文本对于学者们的评论都持开放性的态度，都可以通过不同的人得出不同的解释。因此无论文学家还

---

① Jane Baron "Interdisciplinary Legal Scholarship as Guilty Pleasure: The Case of Law and Literature" in MDA Freeman and ADE Lewis (eds) *Law and Literature* ,Oxford University Press, Great Britian 1999, pp. 1060, 1079.

是法律文本的创作者都可以成为自己作品的解释者。例如，每一个法律文本都会有不同的解释，而这也成为律师的重要工作之一。文学家和法律创作人员在写作、阅读和修改文本时同样使用分析性的推理。法律与文学具有共同的缺陷：他们并不是完美无缺的。另外，语言又成为法律与文学的共同媒介，而司法实践和文学创造的共同特征是它们都把解释看成为一种创造性的活动。①实际上，尽管理查德·波斯纳（Richard Posner）认为文学的方法与法律的方法有所不同，但他却同样承认法学与文学的重要联系。他认为，有许多文学作品是与法律诉讼有关的，这些法律诉讼在文学作品中又往往起到了主要的或者高潮性的作用。同时，法学与文学艺术都把文本的意义作为中心的问题加以关注，很多法律文本，特别是判决书则非常强调修辞而不是冷静的说明和阐述。与文学家们一样，法官和律师们都善于精心选词造句，而且特别喜欢使用明喻和隐喻。②在谈到法律与文学的关系时，詹姆斯·博伊德·怀特在一篇研讨会的引言里总结道："这篇引言以提出问题的方式开始。我的目的是要回答我所听到的有关这个问题的根本。那就是，文学对于那些律师们有什么作用？因为大家都知道，文学从根本上来说是关于个人感情和认识的表达。它受到美学和权威的标准的检验，但是法律是政治权力的表现，它受到理性的和司法的检验。其实，这种认识是错误的。因为文学和法律都是关于理性、感情、美学和政治的。这两个学科都承诺要通过提醒人们注意当人们写作或者相互谈论时会发生什么，把这个问题中错误地提出分离的东西重新融合起来。"③洛克伍德·布鲁斯（Rockwood L.Bruce）认为，在快速变化的现代和后现代世界里，法律与文学好像是打火石与铁片一样。它可以点燃我们的怀疑和不确定。通过文学的打火石与法律的铁片的撞击，我们可以产生能够照亮我们未来前进方向的火花。④在内容上，法律与文学联系的最基本点在于"人"，对"人"的关注构成了法律与文学联结的纽带。法律和文学都是整个社会生活的一部分，而绝不存在于真空之中。社会生活中的"人"都成为它们的关注对象。而文学本质上是人学，它不仅关注人，也关注社会生活；法律保障人的权利，同样也在关注人，关注社

---

① Carlos Perrz Vazquez, "Interpretation, Poetry, and Law", *MLR Review*. November 1, 2010.

② Richard Posner, "Law and Literature：A Relation Reargued", *Law Review*, vol. 72. 1986, p.49. For example, the emphasis on rhetoric and legal themes in writings.

③ Bruce L. Rockwood, *Law and Literature Perspectives*, Peter Lang Publishing, 2008, p.1.

④ Bruce L. Rockwood, Law and Literature Perspectives, Peter Lang Publishing, 2008, p.19.

会生活。它们有着同样一种终极关怀，都在尊重人性，因此，有着相同的价值取向。文学和法律从本质上都是个人人生和民族生活的表现，而且，他们都以语言作为自己不可或缺的表达手段，都以语言作为自己的存在方式。文学与法律的“联姻”由来已久。法律一直是与正义联系在一起的，而英国剧作家爱德华·邦德（Edward Bond）评论道：“所有剧院、所有戏剧和其它许多形式的目标都是正义。我认为，这正是人性所追寻的。后现代作家的任务……应当是重述当今的世界，重塑我们所处环境下正义的含义。”[①] 文学与法律强调文学与法律的交叉学科的联系。文学与法律与文化和文明密切相关，然而它是一个于20世纪末出现的相对比较新型的学科。文学与法律是一个非常独特的交叉学科，涉及人类的基本问题、社会科学甚至是自然科学。它是一个富有活力的学科，这一点反映在写作、学术讨论、课堂等领域。在文学与法律的框架内，有许多问题需要回答、许多文本需要研读，但是能够提供正确与错误答案的却很少。

文学与法律有着千丝万缕的联系，即使是那些对文学与法律的关系持怀疑和批评态度的人也承认这一点。他们认为，尽管这两个学科不可能完全融合在一起，但是两个学科有许多相互借鉴的地方。例如，法律成为许多文学作品的主题，法律问题也成为许多作家探讨的问题。一些作家从事法律和文学两个主题的创作，而在一些判决中也引用了文学的作品。文学与法律两个学科的交叉为广大学者们提供了一个新的视角。文学与法律辩论的焦点是法律和一种固定的规则，这属于一个更广泛的社会范畴。

当然，文学与法律的区别也是明显的，有的学者认为，文学与法律的区别之处首先在于两者在结构上是不同的。当司法的解释用来裁决司法争端的时候，一般的法律解释者会遵循富有权威的解释。另外，在司法解释中，法官可以不去考虑美学的成分而更加直接。

二、文学对法律的作用和影响

作为一个交叉学科，文学与法律相互借鉴、相互作用。无疑，文学对法律的影响是巨大的。这种影响可以体现在以下几个方面：文学可以为人们认识法律提供不同的视角，对法律提出批评，并促进法律的改进。帕特里克·格

---

① “Interview by Ulrich Koppen with Edward Bond, in Modern and Postmodern Theatres”, vol. 13, *New Theatre Quarterly*. 103 (1997). 转引自 Daniel Larner, “Teaching Justice: The Idea of Justice in The Structure of Drama,” vol. 23, *Legal Study Forum*, 201 (1999).

伦（Patrick Glen）认为，文学提供了一个从法律的局外人的角度对法律进行审视的机会。这些从不同视角对法律的认识应该被当作一个整体来看待，这样才能得到法律的全景图。例如，《审判》（*The Trial*）和《律师领地》（*The Lawyerland*）两部小说对于法律的描述有很大的不同，前者从法庭外部对法律进行了描述，法律被看作是一种主观的和随意的，而后者则从法庭内部对法律进行了描述。这两部作品从不同角度对法律进行了描述，两者互为补充，对法律进行了不同角度的、整体的描述。例如，一些学者经常引用小说《荒凉山庄》（*Bleak House*）来说明文学对于法律改革的作用。在这部小说里，狄更斯根据自己的观察和与律师交往的经历对于19世纪20年代英国法庭的腐败和不公正进行了描述。这些描述在当时引起了轰动。结果，英国专门成立一个委员会负责对英国法庭的司法程序进行调查。后来证明，狄更斯描述的内容是真实的，因此，这部小说对于19世纪中叶英国法律制度的改革起到了关键的作用。乔治·奥威尔（George Orwell）认为，狄更斯对当时的英国社会和法律进行了批评，但是他的创作意图也只是道德上的批评而不是试图进行社会和法律的改革。狄更斯并没有为人们提供他所抨击的法律制度的替代品，他也没有试图推翻现存的法律秩序。但是，毋庸置疑，通过揭露英国法律制度和法庭的黑暗和存在的问题，狄更斯的小说对英国的法律改革产生了巨大的影响。约瑟夫·塔尔塔科夫斯基（Joseph Tartakovsky）认为，狄更斯更像是一位在公众舆论法庭上的法官。作为一位小说家，他像律师一样取得了成功。[①] 作为一位著名的作家，狄更斯的作品无疑对于英国的司法制度改革起到了推波助澜的作用。狄更斯对于"詹狄士诉詹狄士（Jarndyce v. Jarndyce）诉讼案"的描述已经成为对于英国对于衡平法院改革的导火索。直到今天，《荒凉山庄》仍然经常被学者们用作关于司法道德的讨论。《荒凉山庄》的重要性不仅仅在于它对于司法制度的看法，而在于具体的小说人物之间以及小说人物对于司法制度的反应。也许，文学不能在技术层面确切地表现法律，但是，它却能够从许多不同的角度精确地对法律进行描述。在谈到文学对法律的影响时，学者们经常引用《屠场》（*The Jungle*）的例子。在出版后的六周之内，该小说被销售25000册之多。理查德·波斯纳认为，《屠场》的出版直接导致了联邦政府对于食品加工业

---

① Joseph Tartakovsky, "Dickens V Lawyers" , *The Opinion Pages New York Times* (online ed, New York, 6 February 2012), p. 23.

的立法和1906年《纯食品药品法案》(*Pure Food and Drug Act*)的制定。《屠场》是20世纪初期美国文艺界“揭发黑幕运动”的第一部小说，在它之后，连续出现了许多部作品，对美国各方面的问题进行了大胆的揭发。但是富有戏剧性的是，《屠场》引起轰动的不是厄普顿·辛克莱(Upton Sinclair)对资本主义工资奴隶制的纪实描述和对垄断资本骇人听闻的剥削行径的血泪控诉，而是书中对肉制品质量的描写。这也许是作者未曾预料到的。但是无论如何，作者厄普顿·辛克莱坚信，在一个民主的社会里，小说的创作一定能够带来社会和法律的变革。而事实也证明了作者观点的正确性。《屠场》也是一部从局外人的角度对于法律进行精确描述的小说。在这部小说里，作者通过描述尤尔吉斯(Jurgis)和他的家人的经历，揭露了美国肉类加工行业的黑暗、肮脏和欺骗。虽然法律并不是《屠场》的中心，但是，在小说里，有好几个场景涉及了法律的内容和审判的场景，揭露了法律的不公正和虚伪性以及肉类加工行业法律监管和法律制度的缺失。《屠场》对于美国肉类加工行业和这个行业存在的法律缺失的批评引起了人们的共鸣。小说描写的内容，特别是小说中所配的那些插图，使多数读者对于美国食品行业的法律法规的漏洞感到震惊。它为人们认识当时美国的法律提供了一个全新的视角，从不同的角度对美国的法律进行了真实的描述，并提出了唯一改变令人恐怖的现状的方法。结果，该小说推动了美国食品法律的相关改革。一些学者认为，文学作品不仅能够对法律进行平面的描述和揭示法律的真相，而且能够为法律和法律制度提供一种语境上的解释。小说家们通过对主人公和他们内心冲突的描述，使读者进一步了解现实社会中相互冲突的社会和法律原则。因此，我们可以借助文学作品来了解人间的悲剧，从一个参与者的角度来认识法律。艾尔弗雷德·马修森认为，文学可以澄清法律的错误和不公正，并提供一个具有说服力的、更加公平的社会的替代物。他以小说《一脉相承》(*The Marrow of Tradition*)为例，解释文学是如何介入文化对话并改变那些对话的。他认为，切斯纳特(Chesnutt)的小说致力于挑战人们对于1898年发生在威尔明顿(Wilmington)的种族骚乱和1896年美国最高法院对于普莱西诉弗格森案(Plessy v. Ferguson)审理中表现出的种族主义逻辑。在普莱西诉弗格森案中，美国最高法院的多数人支持法律所规定的种族隔离政策。在小说中，切斯纳特通过详细描述种族不平等所导致的暴力、极端的人性侮辱、痛苦和恐惧对法律的这一条款提出了挑战，并由此揭露了法律的荒谬和法庭辩论的非逻辑性，提出了一个由多种族组成的理想社区的设想。由此可见，阅读文学作品可以使读者寻找小说所要澄清的问题的答案并加深读者对于当时情况的理解。另一位学者 C. R. B. 邓洛普（C. R. B. Dunlop）则认为，文学的价值在于它能够为读者提供一个现实社会的替代物。文学的这种为读者提供一种新的可能性的功能，使读者能够对他们对于法律的设想提出挑战、改变读者关于社会环境的思维方式，并影响他们的行为和决定。[①] 另外，文学也可以激发社会多数沉默者对于社会问题和法律的批评，使他们敢于对社会的司法制度进行分析和批评，避免过去的错误判决再次发生。

关于文学在社会中的作用，不同的学者有不同的看法。一些学者认为，文学无法改变社会的结构，文学作品只能给人带来文学解释和文本理解上的快乐。这种审美功能主要表现为文学作品的艺术感染力。作品通过对对象的艺术的描写创造出完美的艺术形象，表现出作者丰富的感情、深邃的思想，从而给人一种赏心悦目的审美快感。文学解释主要涉及的对象是一首诗歌、一本小说和戏剧的含义，因此，它只涉及感念的分析，并没有涉及一个具体的非常迫切的议事日程。作为审美的社会意识形式，文学作用于社会生活，是通过陶冶人的性情、塑造人的灵魂的途径实现的。这种作用是精神的，它虽然归根到底会影响人的实践活动，进而促进社会历史的变革，但是，它毕竟不能等同于物质作用，也没有物质作用的那种直接性和立竿见影的社会效果。文学只有通过读者才能实现它的社会作用，而读者又是生活在一定社会历史环境之中的。无论他是否自觉，他对于文学作品的接受活动都会受其社会存在的制约。因此，要正确认识文学的社会作用，就必须注意到人的社会存在是怎样从根本上规定他对文学作品的把握。与一切社会意识形式一样，文学对社会生活的作用只能是一种反作用，是第二性的，要以社会存在对自身和读者的决定作用为前提。文学还有其他多方面的功能。比如，文学具有一定的社会组织功能和社会调节功能，它可以促使一些人去改变或者形成一种风尚、可以推动人们参与社会的改造活动等等。参与“法律与文学运动”的一些作家认为，文学可以通过具体的例证来促进司法的变革，文学作品还可以熏陶法律从业人员和律师们的道德修养，提高他们对于法律文本的理解能力、修辞水平和写作能力。对于具有科学和技术性特性的法律，文学可以起到一种“道德矫正”的作用，从而在道德和

---

① C. R. B. Dunlop, “Literature in Law Schools”, *Cardozo Studies in Law and Literature*, vol.3, 1991, pp.63,70.

伦理上提高法官和律师们的水平。关于文学作品的道德性，不同的学者有不同的观点。有的学者认为，文学作品本身并不存在“道德”和“不道德”，只是存在“好”与“坏”。乔治·奥威尔认为，并不能够根据道德情操来评判文学作品。而理查德·波斯纳则认为，文学只是“为了艺术而艺术”。而文学作品的最基本要素并不是它是否有道德性，而是它是否有意思。他认为，作家可以根据自己的爱好和意愿创作任何作品，因此，并不是文学作品本身都具有道德性，因为它经常描写不道德的东西。[①] 因为，有时文学作品甚至描写一些读者不能赞同的内容。文学作品经常充斥着各种各样的人们不可接受的罪行，例如强奸、谋杀和人性的扭曲。另一方面，柏拉图认为，文学作品中因该具有道德原则。约翰·加德纳（John Gardner）认为，文学艺术应该具有道德性，文学批评的首要任务是判断文学作品的道德性。而读者在阅读时应该选择那些具有道德性的作品。毋庸置疑的是，阅读好的文学作品可以提高法官和律师们的道德素质，并影响他们在个人和司法领域的决策。不过，也有一些学者认为，律师的作用是建立在法治的基础上的。律师应该严格按照律法办事，而在办理案件的过程中，不应该添加个人因素。这样，尽管人们对于道德的认识上有差异，但是在法律面前应该人人平等。如果在办理法律案件中夹杂着个人的价值观、信仰和主观判断，就会损害法律的公平性。但是，实际上，法官和律师在处理法律案件和做出决策时，很难完全不受个人因素的影响。美国学者邓肯·韦伯（Duncan Webb）认为，要求法官和律师完全不受个人因素审理案件几乎是一件不可能的事情，因为它基本上否定了这些法律人所具有的道德本性。怀特则认为，把律师的作用与律师本人分离开来的观点是不客观的，因为，如果按照这一观点，法律工作就是一种缺乏自我的纯粹技术性的工作。而事实上，律师在他们的工作中更应该以争取正义为目标。伊恩·沃德（Ian Ward ）认为，法律工作不仅涉及权利和法则，而且涉及爱心和激情。由此，律师不应该忽视自己行为的社会和道德成本。法官和律师们应该采取一种道德立场，使得他们能够不仅按照法律原则和决策程序办事，而且要关注别人的利益。[②] 玛莎·努斯鲍姆（Martha Nussbaum）认为，在法律决策中不应该排除感情因素，感情因素与客观的法律规则一样应该成为正常法律语篇的一部分。如果一个法官完全以

① Dennis Dutton, *The Art Instinct: Beauty, Pleasure, and Human Evolution* , Bloomsbury Press, New York, 2010, p. 456.

② Ian Ward, “Literature and the Legal Imagination” , NILQ 167, 1998, vol. 49, p. 178.

一种正式的方式做出裁决，他就会因为忽视这一裁决本身对人的影响而失去应有的理性。她相信，对于在法庭上所打交道的各种人物，法官很有必要具有同情心。这一同情心能够使法官把辩护人看成是一种受到复杂环境影响的人物。因此，在断案中，不仅要参照案例而且要具有善解人意的知识。[①] 玛莎·努斯鲍姆相信，小说可以在法官做出裁决、立法者进行立法、政策制定者制定政策时起到指导性的作用，使他们能够根据生活常识做出判断。阅读文学作品可以提高法官和律师的道德水准，影响他们的思想和做出决策的方式，最后影响他们的法律决策。也就是说，阅读文学作品可以使这些人更具有人性，可以使人们有身临其境的感觉，可以让人参与到文学作品中体会另一个人的生活、了解其他人的情感和欲望，并由此产生一种同情心和善解人意的态度。文学可以告诉读者人生中可能会发生的事情，而这些因素可以导致不同的思维方式，并影响到现实生活中的决策。因此，文学毫无疑问可以影响到读者的道德情操。邓肯·韦伯相信，通过让读者参与到另一个人的生活中，文学可以帮助读者更好地了解人性，产生同情心。理查德·波斯纳认为，文学想象可以使读者经历他们所没有过的体验，产生感情的共鸣并扩展他们的感情空间。例如，当阅读《比利·巴德》时，读者就能够感觉到主人公的孤独。在《一脉相承》里，读者可以感觉到美国社会中和美国司法程序中所存在的种族歧视。在阅读《律师领地》时读者会本能地唾弃小说里描述的律师人物，从而影响到他们的思想和行为，使他们避免成为那样的人物。同时，在小说里，读者会更深刻地了解美国司法制度的黑暗和不公平。在阅读《大卫·科波菲尔》（*David Copperfield*）时，读者可以了解詹姆斯·斯蒂尔福斯（James Steerforth）的家庭不幸和复杂的人物个性，了解其行为的动机和原因并了解人生的反复无常。在阅读的过程中，读者与文学作品的相互交流可以使读者改变自我。阅读的过程也是一个读者不断进行自我调整的过程。阅读文学作品的这种体验可以培养人们认识环境的新的方法并拓展人们的道德才能，使法官和律师做出裁决时不仅仅局限在法律文本的范围之内，不仅仅局限于事实本身，使他们了解不同的环境，并提供更加广泛的视角。另外，经常阅读文学作品可以帮助法官和律师提高自己的写作能力和理解法律文本的水平。

尽管一些学者在文学对于法律的影响这一问题上有不同的意见，而实际

---

① Martha Nussbaum, “Equity and Mercy”, *Philosophy & Public Affairs*, vol. 83, 1993, pp. 111-112.

上，文学作品对于读者的影响也因为读者的投入和反应程度而不同，但是，毫无疑问，阅读文学作品在对法律制度和司法程序提出批评，推动法律改革，并提升法官和律师的道德修养中起到重要作用。

三、结论

总之，“法律与文学”的研究吸引了众多国外学者的关注，他们从法史学、法社会学、法哲学、法文化学等多重角度切入，展开了一系列的研究。许多学者以法律和文学的双重视角和技巧表达了时代的困境与人类本性的普遍特征。但是令人遗憾的是，在国内，对于文学与法律的交叉研究仅仅处于起步阶段，从事这一领域的研究者大多数是一些法律学者。但是无疑，文学与法律相结合的双向和双重视角的研究超越了文学与法律自身的视域局限，并追求新的视域融合。这不仅开辟了文学与法律对话的新天地和可行性手段，而且将成为文学与法律研究的尝试范例。对于文学与法律的交叉研究不仅对于理解、拓展、更新文学的研究成果和重新认识文学家和文学作品，而且对于洞察研究对象国家的法律内涵、复原研究对象国家的法律发展历史并阐释其司法背景与庭审模式具有非常重要的意义。

"文"为血肉，"法"为筋骨

——以《生死疲劳》中的蓝脸看一个"通过文学的法律"问题

张　灵　魏　昕[*]

一、"文"为血肉，"法"为筋骨

在中国传统社会、传统文化中，文学从来就享有极其崇高的地位，这除了因为文学事关生命存在的意义、人的情感和精神追求以外，即使从国家治理的角度而言，它依然被认为有着极其重要的意义。作为中国文化主导成分的儒家文化，早就确立了文学在中国社会公共生活和个人生命中所应受到的隆重礼遇。孔子说："兴于《诗》，立于礼，成于乐。"[①] 显然，"诗"和"乐"成了成就有意义的人生的起点和目标，而"礼"则是人生立足社会的依赖。——在中国传统中，"礼"又发挥着"法"的某种作用，某种意义上，"礼""法"不仅有重叠交叉，而且它们相得益彰，在中国传统社会的维系、治理中发挥着协作、互补的作用。如此再看，显然，孔子是以提纲挈领的方式，将"文"（也包括"乐"）与"法"（也包括"礼"）一起视为人生与社会成长进步、运行发展的两种相互补充、相互促进的根本依托、核心纲维。孔子在另一处还说："小子何莫学夫《诗》?《诗》可以兴，可以观，可以群，可以怨；迩之事父，远之事君；多识于鸟兽草木之名。"[②] 这句话更明确地给出了关于文学在国家中的重要作用的论断——通过"兴观群怨"发挥具体功能，就近、自下可以服侍父兄以持家，及远、致上可以服务君主、安邦治国。尽管在先秦诸子中也有墨家、法家等贬黜文学，排斥文学，如韩非将"文"视为"五蠹"之一，并认为："儒以文乱法，侠以武犯禁。"[③] 但文学在国家治理视野中受到的更多的是肯定。

---

* 张灵，文学博士，中国政法大学人文学院教授、硕士生导师，主要从事现当代文学及法治文化研究。魏昕，中国政法大学人文学院硕士生。

①《论语·泰伯》，见朱熹：《四书章句集注》，中华书局1983年版，第105页。

②《论语·阳货》，见朱熹：《四书章句集注》，中华书局1983年版，第179页。

③《韩非子·五蠹》，见王先慎：《韩非子集解》，中华书局1998年版，第490页。

到了魏晋时期，文学不仅进入了自觉时代，而且它在国家事务中的意义一度被曹魏的最高统治者曹丕推上了无与伦比的崇高地位："盖文章，经国之大业，不朽之盛事。"[①]一直到近代，启蒙思想家梁启超在新的全球近现代化的语境充分地肯定了文学在国家转型、自强中的作用，他大声疾呼"诗歌界革命""小说界革命"，甚至提出"今日欲改良群治，必自小说界革命始"。[②]显然，从国家治理的角度而言，文学发挥着和"礼""法"虽不相同但同样重大的作用。

文学是人学；法学的实质其实也是人学。因为，是人组成了社会，结成了一个个国家。从这个意义上也可以将一个社会、一个国家比作一个"人"，社会、国家一如一个人一样，人是文学和法学共同关注、围绕的核心、焦点。那么，如果一个人的存在和健康，寄寓在一个有血有肉、有筋有骨的躯体之上的话，一个社会、国家的存在、维系、发展也依托在一个血肉筋骨生成的机体上。那么"文学"就是社会国家的"血肉"，而"法律"则是社会国家的"筋骨"，二者融为一体，气脉相通，共同健康运化、协调运动的情况下，一个社会、国家才能存在、维系和良性发展。因此，当代法学，特别是在现代法治发达的美国，掀起的"法律与文学"运动，就不仅是一件具有学术意义、仅仅关涉法学与文学的事情，而且蕴藏着众多人学与社会—历史实践方面的重要课题。

法哲学大家波斯纳等，将"文学与法律"的相关课题描述、梳理为四个方面或四种范式，它们各有自己的、独特的作业领地、范式与旨趣，本文仅从"通过文学的法律（law through literature）"[③]维度做一尝试，从"用文学的手段来讲述、讨论和表达法律的问题"[④]视角，对莫言的长篇小说《生死疲劳》做一观照，而且集中围绕作品中的"蓝脸"这一重要人物来展开。

二、蓝脸：一个"神话""传奇"抑或"符号""理想"人物？

《生死疲劳》完整地叙述了作为新中国一隅的高密东北乡西门屯的50年历史变迁，书写了在这片土地上生活的人们依据怎样的时代规则和被赋予的权利以分配新中国诞生以前存在的土地、财富，依据怎样的政治、治理规则以划分

---

① 曹丕：《典论·论文》，转引自童庆炳：《中国古代文论的现代意义》，北京师范大学2001年版，第126页。

② 参见叶朗：《中国美学史大纲》，上海人民出版社1985年版，第593页。

③ 参见董燕：《新时期以来中国文学与法学的交叉研究》，《中国社会科学》2015年第8期。

④ 苏力：《法律与文学——以中国传统戏剧为材料》，生活·读书·新知三联书店2006年版，第9页。

人们的阶级地位、社会身份,在怎样的权力机制及其运行方式下,人们如何被赋予了不同的权利使用机会和限度而由之主宰了这片土地上人们的社会生活、社会生产甚至私人生活。因此,《生死疲劳》无疑是一部正面书写了以西门屯为代表的当代中国50年历史的长篇叙事作品,正如一位美国学者所说的:"这本小说更像一部纪录史料,它带领读者进行了一次历史时空的旅行"[①]。"六道轮回"的动物系列故事只是它的框架,用它承载、串起了新中国成立以来半个多世纪社会历史的壮阔画卷,安放了大量鲜活饱满的人物形象,寄寓了丰富、深刻的多方面主题与思想,特别是以尖锐、正面的方式对整个国家公共政治生活领域的运转方式进行了揭示、解剖,对国家自上而下的整个公共政治生活的核心运行机制和国家治理方式中所存在的重要结症以文学的方式给予了呈现和追问。而这一富有政治哲学、法哲学意味的书写意图是通过"蓝脸"这个独特人物的刻画来传达、完成的。

蓝脸实际上正是这部作品的灵魂人物。

蓝脸是一个忠厚勤劳而又认"死理"的质朴农民。他太认"死理"了,因此,也可以说他是一个绝无仅有的"神神叨叨"的人!然而这样的性格未尝不正是具有现代性特征的公正、理性的人所应秉有的品质!?

西门闹原本是靠勤俭持家而积攒、置买下了钱粮田地的西门屯富户,因而在土改中被作为恶霸地主枪决,遂进了阴曹地府。小说就是通过他的不断转世为动物的经历来展开的。

我们看到,押解西门闹的鬼卒的脸是蓝色的。鬼卒"牛头""马面","他们的身体结构与人无异,所不同的只是他们的肤色像是用神奇的汁液染过,闪烁着耀眼的蓝色的光芒。我在人世间很少见过这种高贵的蓝色,没有这样颜色的布匹,也没有这样颜色的树叶,但确有这样颜色的花朵,那是一种在高密东北乡沼泽地开放的小花,上午开放,下午就会凋谢。"蓝脸的半边脸有个巴掌大的痣是蓝色的,这与鬼卒的脸色一致。因此,如果说西门闹的鬼魂在大地上游荡的话,蓝脸是一个活着的"鬼魂"。

小说中特意赞美了这种蓝色的高贵,而这种蓝色存在于一种渺小的花朵上。这就让人联想到托尔斯泰创作《哈泽·穆拉特》的故事。它讲述的是一个农民不堪忍受沙皇压迫而起来造反起义的故事。托尔斯泰很早就想写这个传说

---

① [美] 史景迁:《重生 —— 评〈生死疲劳〉》,苏妙译,《当代作家评论》2008年第6期。

般的故事，但一直找不到头绪，或者说找不到、捕捉不到故事的焦点在哪里。一天骑马走过乡间的道路，他无意间看到在雨天泥泞、雨后崎岖的土路的车辙里有一株草顽强地生长着。显然，车轮曾经多次碾压过它的躯干，它的茎干已经几乎折为两截，但还有一点皮坚韧地连着，于是，它顽强地生长着，它的弯折下来的上半截依然没有干枯，而且充满着生机，并在梢头开着一朵柔弱的小花。这种开花的草就是乡间常见的牛蒡。托翁一下子被眼前的情景打动了，他忽然获得了创作《哈泽·穆拉特》的灵感和激情，于是他一挥而就，有了这篇充满激情、铿锵有力的名作。

在我们看来，高密东北乡沼泽地的蓝色无名之花，正如托翁的那棵牛蒡一样，它隐秘地照亮着《生死疲劳》这部巨作。

那么，蓝脸的半边脸上的蓝色的高贵表现在哪里呢？他的那种执着顽强的"一根筋"地"认死理"，不屈不挠、软硬不吃的劲头、精神，就是这种蓝色高贵的所在。蓝脸用一个法学术语来描述可以称之为一个"公民不服从者"。

蓝脸本是一个不知其来头的孤儿，赤裸冻僵在关帝庙前的雪地里奄奄一息，被西门闹弄回家救活。他自己不知姓名，于是西门闹就着他的半边蓝脸给了"蓝脸"的名字。从此这个乖巧、勤劳、忠厚的少年既是西门闹的干儿子又是西门家的长工，在西门大院有了安定的生活。世事突变，土改兴起，西门闹被枪决，已经长大的蓝脸与西门闹的二姨太迎春成为一家人，他忠厚、仁慈地养活西门闹留下的龙凤胎金龙和宝凤，如同养活自己的儿子蓝解放。

土改时，蓝脸"提高了觉悟"后，在斗争西门闹的过程中也曾"充当急先锋，挽回了贫雇农的好名声，并分得了土地、房屋"，但从整个小说的内容，特别是从西门闹前生后世的叙述中，我们看不到蓝脸有什么不仁不义的行为表现。相反，他的行为、"他和西门家的特殊关系，总让当权者心存疑虑"，于是，小说的开始，他与当权者之间的"疑虑"、芥蒂就因为蓝脸的驴啃了那棵不属于蓝脸而应当属于集体的杏树的皮而展现了苗头。支部书记洪泰岳"说话拐弯"地对蓝脸说："我看，那些饮水不思源、翻身就忘本的人，还不如一头畜生！"这句话蕴含了洪泰岳强烈的阶级意识。随后的话语交锋中我们还看到，蓝脸和迎春结婚本是两厢情愿，但曾受到洪泰岳的阻挠。洪泰岳以阶级意识、出身理论、恩赐者的代言人的身份曾力劝蓝脸娶村西头的赤贫寡妇，蓝脸却以"你"自己何不娶她为由顶得洪泰岳哑口无言。除了婚姻上对当权的洪泰岳不服从以外，显然更大的不服从在于，蓝脸没有加入合作社。洪泰岳说："希望你悬崖勒马，希望你迷途知返，回到我们的阵营，我们会原谅你的软弱，原谅你心甘情愿给西门闹当奴才那段不光彩的历史，也不会因为你跟迎春结了婚而改变你雇农的成分，雇农啊，一块镶着金边的牌子……我洪泰岳可以允许一只猫在我的裤裆里睡觉，但绝不允许你在我眼皮子底下单干！”

蓝脸却依然以“亲兄弟都要分家，一群杂姓人，混在一起，一个锅里摸勺子，哪里去找好”的朴素经验和政府章程上说的“入社自愿，退社自由”、不能强迫的“死理”而拒不入社。他给西门闹转世的驴钉了铁掌。曾经当过驴贩子的陈光第区长对他的驴大加赞赏并也劝蓝脸和他的驴一起加入合作社。蓝脸依然不为所动。开明的陈区长与他相约：“我知道你分了八亩地，到明年秋天，看看你每亩地打多少粮食，如果你的亩产比合作社高，那你就继续单干，如果合作社的亩产比你的高，那时咱们再作商议。”一年过去了，蓝家的八亩地取得好收成，平均亩产350斤，还不算地脚田头的其他收成，但合作社却对外宣传其亩产是400斤。蓝脸知道这是吹牛。

一天蓝脸和西门驴从县城驮盐返回的路上，遇到临产的孕妇王乐云，蓝脸和西门驴及时将孕妇送到县医院急救，母子得以平安。王乐云是供销合作社卖农具的售货员，她的丈夫庞虎是从朝鲜战场退伍的残疾英雄、现为供销合作社主任。蓝脸与庞虎一家成了患难之交。洪泰岳就希望庞虎能借助特殊身份和与蓝脸的特殊关系劝他入社，但蓝脸依然拒绝。庞虎说：“他不入社，是一时没想明白，大家不要强迫命令，我相信，蓝脸同志一定会加入合作社与我们一起奔金光大道的。”

洪泰岳说：“你要是还不入，我就给你下跪了！”但蓝脸的态度、主意还是不变：“你下跪我也不入！”

1958年，一夜之间全县实现人民公社化。蓝脸已成了全县唯一的单干户、黑典型。全国大炼钢铁，公社的基干民兵要征用西门驴拉矿石。蓝脸说：“修水库，炼钢铁，是国家的活儿，我理当去干，毫无怨言，缺了的工，我一定补上，但我有个要求，你要允许我跟我的驴在一起。”巧遇现在已升为县长的陈光第。陈县长对蓝脸说：“你很有个性，我很佩服你，但同时为你感到惋惜，作为本县县长，我希望你尽快牵着驴入社，不要与历史潮流对抗。”为了县长上山查看采石工地方便，西门驴被安排当了陈县长的坐骑。五天后不幸发生，驴右蹄卡在石缝、扭断。蓝脸把自己的衣服脱下来包扎了驴腿，牵着驴艰难返乡。饥肠辘辘的蓝脸和驴走进一家正在吃饭的公社食堂，那里的人根据蓝脸的半边蓝脸和唯一单干户的名声认出了他。食堂的一个妇女说："快离开这里，我们不接待单干户！"蓝脸以驴为工伤的名义，认为公社"有义务接待"。有好人通情达理，劝说大家接待了蓝脸和他的驴。驴丧失劳动能力，公社的人几次上门想买了它，杀了改善干部生活，都被蓝脸骂走。受庞虎义肢启发，蓝脸给驴精心制作了义蹄。遇到面黄肌瘦的洪泰岳，他冷笑说："蓝脸，你这是向人民公社示威吗？""不敢，"蓝脸回答，"我跟人民公社是井水不犯河水。""可你走在人民公社的大街上，可你还呼吸着人民公社的空气，还照着人民公社的阳光。"洪泰岳得"理"不让人。蓝脸说："没有人民公社之前，这条大街就有，没有人民公社之前，就有空气和阳光。这些是老天爷送给每个人、每个动物的，你们人民公社无权独占。"不久，大饥荒到来，饥饿的暴民吃光了树皮草根后，冲进了西门家的院子，抢走了蓝脸的粮食，打死了驴，抢分了驴肉。

1964 年 10 月 1 日，蓝脸带着儿子蓝解放到集市买牛。他们看中了一头小牛，它正是西门闹转世，蓝脸和小牛之间有一种亲人久别重逢的亲情感应。蓝脸只有一百元，与主人要价相差甚远，但他的蓝脸让主人认出了他："你就是那个单干户吗？"买牛人惊讶地问着，"老哥，可真有你的，蓝脸，果然是蓝脸，好，一百元，小牛归你了！"

牛对蓝脸很依恋，因为它知道跟着蓝脸可以单干。但单干已经影响到蓝宝凤、蓝金龙和蓝解放在学校的形象。金龙希望父亲入社，不管打粮多少，大家一起穷一起富，一起干活一起打闹多愉快！孩子们的母亲迎春也劝他入了吧。蓝脸说："他们要是不这样逼我，我也许真就入了，像熬大鹰一样熬我，嗨，我还真不入了。"金龙和宝凤受出身的影响很大，金龙说："爹，我们明白，我们尽管没过一天地主少爷、小姐的生活，我们尽管连西门闹是个白的还是个黑的都不知道，但我们是他的种，我们身上流着他的血，他就像个魔影一样死死地纠缠着我们。我们是毛泽东时代的青年，出身不能选择，但道路可以选择。我们不想跟着你单干，我们要入社。"

蓝脸让其他人都入："我一个人单干。我早就发过誓要单干到底，不能自己掌自己的嘴。"孩子们的娘说："要入还是一家子齐入了吧。你一个人在外边单干，这算怎么一回事？"蓝脸说："我说过了，要想让我入社，除非毛泽东亲自下令。但毛泽东的命令是'入社自愿，退社自由'，他们凭什么强逼我？他们的官职，难道比毛泽东还大吗？我就是不服这口气，我就要用我的行动，试验一下毛泽东说话算数不算数。""爹，"金龙用嘲讽的口吻说，"您就不要一口一个毛泽东了，毛泽东这名字，不是我们这些人叫的，要叫毛主席！”“你说得对，”蓝脸说，“应该叫毛主席。我虽然单干，也是毛主席的子民。我的土地、房屋，都是毛主席领导下的共产党分给我的。前天洪泰岳托人带话给我，说再不入社，就要对我采取强制措施。牛不喝水强按头？不行，我要上访，去县里，去省里，去北京。”金龙说：“爹，何必呢？你一个人，与社会潮流对抗，这不是扒着眼照镜子自找难看吗？我虽然年轻，爹，我也感觉到了，阶级斗争要起来了。像我们这种根不红苗不正的人，跟着潮流走也许还能躲过劫难，逆着潮流走，正是拿着鸡蛋往石头上碰啊！”

蓝脸上访县里，陈县长劝说无效，给蓝脸写了个信，蓝脸带到省委农村工作部，部长接待蓝脸，也劝他入社，蓝脸还是不入，他要单干的权利，说什么时候毛主席下令不许单干时就入，毛主席没下令，他就不入。农村工作部部长被蓝脸的执拗打动，在县长那封信上批了几行字：“尽管我们希望全体农民都加入人民公社，走集体化的道路，但个别农民坚持不入，也属正当权利，基层组织不得用强迫命令、更不能用非法手段逼他入社。”

“文化大革命”，金龙带领红卫兵排演革命样板戏《红灯记》，蓝解放也想加入革命洪流，参演一个角色。金龙拒绝了他的恳求：“单干户比地主富农还要反动，地主富农都老老实实地接受改造，单干户却公然和人民公社对抗。与人民公社对抗就是和社会主义对抗，与社会主义对抗就是与共产党对抗，与共产党对抗就是与毛主席对抗，与毛主席对抗就是死路一条。”金龙见四下无人，压低了声音：“平南县也有一家单干户，运动初起时，被贫下中农吊在树上活活打死，家庭财产全部充公。你和爹，如果不是我变相保护，早就命丧黄泉了，你把这事悄悄跟爹说，让他那榆木脑袋开开缝，抓紧时间，牵牛入社，融入集体大家庭，让爹把罪行全部推到刘少奇身上，受蒙蔽无罪，反戈一击有功。如再执迷不悟，顽抗到底，那就是螳螂挡车，自取灭亡。告诉爹，让他游街示众，那是最温柔的行动，下一步，等群众觉悟了，我也无能为力了。……你如果继续跟着爹单干，只怕连个老婆也找不到，那些瘸腿瞎眼的，也不愿嫁给一个单干户。”虽然蓝解放相信他和爹单干并不是因为他们都有半边蓝脸、生理有什么缺陷而导致精神变态，恰恰相反，他们单干“完全是出自一种信仰，一种保持独立性的信念”，但金龙的话打动了蓝解放。蓝解放告诉蓝脸：“社会变了，陈县长被打倒了，给咱们开‘护身符’的部长肯定也被打倒了。……我不能陪你一条死路走到黑。”哪怕是在“文化大革命”这样的严峻背景下，连曾经不怕孤立地坚定跟随蓝脸的蓝解放，迫于各种压力和对社会形势的判断，对单干都发生了动摇，劝说父亲和自己一起加入人民公社的大家庭，但蓝脸依然坚持自己一人留下来。牛的时代结束。

《生死疲劳》主要写了驴、牛、猪、狗的时代，猴的时代非常短暂，虽然在这几个时代里都涉及蓝脸，但关于蓝脸的故事主要集中在驴和牛的时代。

我们看到，整个驴时代、牛时代，围绕着加入合作社、加入人民公社这件大事，有多少人在给他做工作、在给他做动员、在苦口婆心劝说他、在从不同的立场软硬兼施逼迫他、引导他，在用交情、友谊影响他，甚至诸葛亮“七擒孟获”式地先随其自愿、耐心等他自己回心转意，乃至于通过生产中的刁难威逼他——他那被集体的土地完全围在中央的一亩六分地就是一面镜子，用孩子们的权利、前途、婚姻这些大事为由头希望他以大局意识、牺牲精神来通融……但在单干还是加入集体、加入人民公社这件事上，哪怕孤立到全公社独一个、全县独一个、全国独一个，蓝脸依然不为所动；“单干就是与共产党作对、就是与毛主席作对，就是死路”这样的大话——实际在某种意义、某种程度上也是实话——压不动他；金龙悄悄“放风”平南的单干户被活活打死的身边实例这种威胁到性命的情况，他也无所畏惧！

他为什么这么强硬呢？我们看到，如果起初是出于对“一群杂姓人一个锅里摸勺”缺乏信心以外，给他更大支持的是政府章程上写的“入社自愿，退社自由”，因此，他对洪泰岳以“饮水不思源”这样的话来敲打他，他对这句话背后包含的“报恩要挟”意识与“利益交换”逻辑是抵触的，他自然对洪泰岳们在产量上罔顾事实、弄虚作假、不公平竞争，自然也说话不算话，甚至是说一套做一套，等等，抱有极大的反感和抵触，因此，他在几十年的“意志”“权利”较量的中途，甚至一度表示，如果他们“不是熬大鹰般”逼着自己，兴许也就回心转意了，进而，他认为只要毛主席收回成命，要他不要单干，他也服从。至此，在这里已经不仅仅是对“一群杂姓人在一个锅里摸勺”的信任不信任了，更重要的是，各级政府与官员说话算不算数、我们政府的章程说话算不算数的问题，毛主席说话算不算数的问题。显然这正是蓝脸所死认不放的“理”之所在。

认这样的“死理”，与整个时代、整个潮流，与身边所有人、与全屯所有人、与全公社所有人、与全县所有人、与全省所有人，乃至与全国所有人，与共产党，与毛主席，——与时代“大势”、潮流和所有这些人、组织、机构认这个死理、较这个牛劲，那么，这个农民还是一个普通的农民吗？那么这个人还是一个普通的人吗？这还是一个现实中的人吗？这还是一个有生活依据、有现实依据的所谓“典型环境中的典型人物”吗？

显然，这的确是个非同凡响的人物，这自然也不再是一个普通的农民，不再是一个普通的人，不再是我们所谓的“典型环境中的典型人物”，因为，在已成历史的“典型环境”中几乎就没有这样的人，——虽然我们不能绝对说就没有一个这样的人。但是这又是真实的历史环境、历史过程中的一个应该可能存在的人，一个应该可以存在的人，一个原本应该存在的人，一个原本必然存在的人，这样的人原本应该有很多很多！每一个公民都应该成为这样的人。

所以，我们说，蓝脸这个人物，在某种意义上，又是一个存在于现实之外的人物，一个“神话”人物，一个“传奇”人物，一个“理想”人物，一个“符号”人物！他如鬼卒一样，有一半的脸是蓝色的，这种蓝色有一种罕见的高贵，这种高贵就在于他作为一个生命、一介公民，无论如何能够坚守自己的主体性、自己的权利、自己的判断，坚持自己作为一介公民所拥有的“不可剥夺的神圣权利”[①]，特别是在法律政策允许范围内的“公民不服从的权利”[②]，坚韧不拔地捍卫着亘古至今作为人都应信守的最质朴、最基本的以理服人、说话算数这样简单至极的公共生活或政治生活交往原则。

信守自己的质朴理念与原则，忠厚、倔强、勤劳地在属于自己的土地上“孤立”但不“孤独”地生活了一辈子的蓝脸，嘱咐蓝解放：“我死之后，不用棺木，也不用吹鼓手，亲戚朋友也不用去报丧，你找张苇席，把我卷了悄没声地埋了就行。我缸里的粮食，你全部倒进墓穴里，让粮食盖住我的身体盖住我的脸。这是我的土地里产的粮食，还应该回到我的土地里去。”蓝脸感到自己老到尽头的时候，他和狗小四走到事先挖好的坑里，躺下，死了。蓝解放在爹的坟前立起一块墓碑：“一切来自土地的都将回归土地。”这句话可能是对蓝脸的遗嘱的一个总结。人都是大地的儿女，每个人都应有一块属于自己的土地，感恩土地，信守土地，但也要珍重土地，信守自己的这块土地。信守自己的这块土地这绝不是觊觎，恐怕也不是谁的施舍，虽然可能被剥夺，但这个权利无法剥夺，就像阳光和空气是属于所有人的一样。当然，除了土地，还要信守那

---

① 陶东风：《公共文化服务：从民生概念到民权概念》，《中国政法大学学报》2015 年第 3 期。

② 曹卫东语。见秋芝、夏汛：《“传统文化与中国法治”研讨会综述》，《中国政法大学学报》2014 年第 2 期。

些亘古就有的基本的道理、原则。

在猪的时代、狗的时代和猴的时代，随着动物活动场所的转移，蓝脸不再处于叙述视野的中心，但他始终在场。不需要于他更多着墨，是因为他的个性和光彩依然呈现饱满，而且足以照彻作品的整个大厦。因此，就某种意义上说，蓝脸即是西门闹不屈灵魂的另一种版本以外，蓝脸的精神色彩主导了整个作品。

三、文学中蕴藏着人类社会最根本的自然法

长篇小说作为一种典型的现代文体，擅长于对社会生活做全方位的描写。即使是转型滞后、迟缓的中国社会，公共社会生活、公共政治生活早已经成为人们现实生活、社会结构中的主体构成、核心部分，公共生活领域结构的近现代化转型问题、社会公共政治生活运转的核心方式及其存在问题，无疑应该成为长篇小说书写所不可回避的关注焦点。而这些关注的焦点、领域，也正是现代意义上的法哲学、政治哲学、国家治理原则与机制问题所同样瞩目的所在。卓越的小说家会在政治哲学家、法哲学家、社会学家还不便书写或无力书写、阐释的时候，以小说这种独特的方式予以表现和探寻。特别是对于那些在长篇小说的创作上抱有艺术雄心的、负责任的作家来说更是如此。在这个意义上，《生死疲劳》以一种自然法式的隐蔽、潜在（但形象、生动）的方式，完成了一次“通过文学的法律”探究的作业。

《生死疲劳》并不仅对当代中国半个世纪的社会生活做了形象的记录，而且对其中主宰着整个历史和芸芸众生的命运的社会生活结构进行了生动精确的揭示，展现了其中的社会生活运作机制，特别是以政治风暴、政治运动的形式所展开的社会生活实践、政治生活实践的“游戏规则”的内在秘密和存在的致命问题：合作社、集体化，将意味着对生产活动、劳动成果的占有、分配的实际方式进行彻底改变，各级政府组织、公共权力将居于强势地位，群众个人、农民个人如何再实现当家作主的权利，政治组织、政治权力和群众个体的权利、农民个体的权利如何衔接、沟通？作品围绕蓝脸的命运和国家章程“入社自愿，退社自由”的虚实真伪，以文学的方式完成了对一个困扰当代中国公共政治生活和国家治理机制有效运行的“法哲学”问题的阐释、呈现：政府的章程上明确允诺、赋予农民个体行使自己加入合作社或不加入合作社甚至退出合作社的权利，但各级政府的执行者的实际做法却与此章程的精神并不相符，政

府机构的意志，政府权力的掌握者、执行者的意志、行为为什么总是与这种章程白纸黑字所标榜的规则大有出入，总是倾向于剥夺个体的这种自由权利？那么堂堂国家、堂堂政府、居于权力顶层的领袖，在整个国家的政治生活实践中是否遵守了自古以来人际交往行为的最基本的道德准则——诚信原则？[①]

这些社会政治问题、国家治理问题、法哲学问题无法以成文"法"的明确的、清晰的语言谈论、展开、解决的时候，文学以其敏感性、锐利性和形象性的方式做了虚拟的完成。它走在了现实生活的前面。亚里士多德曾指出："诗人的职责不在于描述已经发生的事，而在于描述可能发生的事，即根据可然或必然原则可能发生的事。……诗是一种比历史更富哲学性、更严肃的艺术，因为诗倾向于表现带普遍性的事，而历史却倾向于记载具体的事件。"[②] 真正的诗的这种特性——抵达普遍性的特点，正与"法"的理想隐秘相通。蓝脸这个人物在现实生活中并不存在，但他们应该存在，可能存在，必将存在，总有一天在法学家、政治学家和整个社会的全方位的努力推进下，蓝脸这样的人在现实生活中一定会存在，成为我们千千万这样的人中的普通的一员，从而使他们从文学的"自然法"般的存在空间，走进现实的、明确的"成文法"的保障、支持下的真实生活。

文学和法律，如同社会生活、国家公共生活机体中的"血肉"与"筋骨"，应当共同以健康的状态、相辅相成地承载起社会和国家公共生活的良性运转与发展进步。

---

① 参见张灵：《〈生死疲劳〉的思想意蕴》，《马克思主义美学研究》2015年第1期。

②［古希腊］亚里士多德：《诗学》，陈中梅译注，商务印书馆1996年版，第81页。

语言与法治

侦查讯问话语的机构性特征分析

曾范敬 *

一、机构话语的定义与特征

很难给机构话语（Institutional Discourse）下一个简单而清晰的定义。对它的认识往往要依赖其与日常话语（Ordinary Discourse）的比较。在家庭成员和朋友之间的非正式背景中，人们往往会使用非正式的日常话语；而在医院、课堂、法庭、监狱、会议室、新闻采访、问询处、工厂、办公室等等正式场合背景下，为达到某一特定目的或是完成特定任务，人们往往会背离日常话语，自觉和不自觉地遵守特定的秩序和话语程序。① 对此，莱文森（Levinson）就说过"在（日常）会话时两个或多个参与者可以自由地轮流说话，而完全不同于一些特定机构场景如宗教仪式、法庭、课堂等的对话。" ② 这种发生在特定机构场景的正式的话语就是我们所说的机构话语。

尤根·哈贝马斯认为机构话语是"策略话语"（strategic discourse），区别于"交际话语"（communicative discourse），或是"理想会话"（ideal dialogue）。理想会话的前提条件是互动双方的平等或对称参与，充满合作和善意（goodwill）的"理想言谈语境"（ideal speech situation），就其理想状态而言则是说话者对称地言谈，所有参与方享有同等的权利来陈述、发问和批评，参与者选择和进行言语行为的机会是均等的。策略话语则是充满权力和目的导向的话语。③

德鲁和海瑞奇齐（Drew & Heritage，1992）认为机构话语相对于非正式话

---

* 曾范敬，中国人民公安大学国际警务执法学院副教授，法学博士，硕士研究生导师。主要研究领域为法律语言学、涉外警务和国际警务合作。

① Drew, P. & J. Heritage (eds.).*Talk at Work: Interaction in Institutional Setting*. Cambridge：Cambridge University Press, 1992, p.4.

② Levinson, S. C. *Pragmatics*. Cambridge：Cambridge University Press, 1983, p. 45.

③ Habermas, J. *Theory of Communicative Action,* Vol.1.Reason and the Rationalization of Society. (trans. T. McCarthy). London：Heinemann, 1984. pp.94-101.

语而言是互动交际的标记形式[①]。非正式话语中，参与者地位是平等的，为着一个共同的目标或是大致的方向维持会话的进行。会话双方都可以较为自由地转换话题和自然地进行话轮的接手和转移。非正式会话各方往往会遵循合作原则。而在机构话语中，参与者则是不平等的，在话语互动意义上是不对称的，一方可能会更多地控制话轮转换和话题更迭，而另一方则是较为被动，在话语互动关系上是一种主导一从属关系。

莱文森提出机构话语区别于非机构话语的三个方面：（1）有特定目标；（2）有不同程度的限制；（3）在特定机构语境下有其相应的推理框架。[②] 索恩保罗（Thornborrow，2002）指出机构对话是一种参与者的机构角色和他们的话语角色融合在一起的交际形式。机构话语可以描述为提前设立一种言谈位置，以供人们在此基础上展开交谈，并限制某些说话者使用某种话语行为的话语。他对机构对话的特征做了比较全面的归纳：[③]（1)会话参与者具有不同的、事先规定好的和约定俗成的参与角色，或是具有不同的机构身份。（2）参与者之间话轮类型分配的结构上具有不对称性，不同的参与者具有不同的机构身份承担不同的话语身份。（3）就权利和义务而言，参与者之间是不对称关系。一些话语对一些人来说是合法的，而对另外一些人来说是不合法的。（4）参与者凭借话语资源和机构身份完成特定行为。他承担的机构身份要求他的话语要么削弱、要么加强。

近年来，国内外对机构话语（institutional talk）的研究越来越多。它是20世纪七八十年代，会话分析研究从日常会话这一主领域向特定场景下话语分析发展的产物。目前对机构语篇的研究主要是由国外学者来完成的，国内学者对此有一些研究，如廖美珍（2003）对中国法庭话语的研究，王晋军（2002，2006)对医疗话语及其他类型机构话语的研究等。[④] 而对侦查讯问话语的机构性

① Drew, P. & J. Heritage (eds.).Talk at Work：Interaction in Institutional Setting. Cambridge：Cambridge University Press, 1992, p.4.

② Levinson, S. C. Activity Type and Language. In P. Drew and J. Heritage (eds.).Talk at Work：Interaction in Institutional Settings.Cambridge：Cambridge University Press, 1992,pp.66-100.

③ Thornborrow, J. Power Talk：Language Interaction in Institutional Discourse. London：Pearson Education Limited. 2002,p.25.

④ 廖美珍：《法庭问答及其互动研究》，法律出版社 2003 年版；廖美珍：《答话研究 —— 法庭答话的启示》，《修辞学习》2004 年第 5 期；王晋军：《医生和病人会话中的问句与权势关系》，《解放军外国语学院学报》2002 年第 5 期。

特征的专门研究则几乎没有。

二、侦查讯问机构话语特征

侦查讯问话语是指侦查人员为了获取犯罪嫌疑人的真实供述和辩解，查明案件事实真相而依法对犯罪嫌疑人进行正面审讯的一项侦查措施。其目的是获取犯罪嫌疑人的口供。整个侦查讯问话语中，讯问双方都是围绕着警察机关这一特定社会机构的任务或功能组织和行使言语行为的。这一目的要在侦查人员与犯罪嫌疑人之间的言语互动中实现。侦查讯问话语是典型的机构话语，其主要特征如下：

1. 侦查讯问机构话语的场所规定性

尽管机构话语并不是由特定的机构场所决定的，而是由代表机构，承担机构角色的人员为行使机构目的而进行的话语活动。侦查讯问并不必然地发生在公安局的审讯室中（例如现场进行的讯问、押解途中进行的讯问等），但是公安局的专门审讯室是大多数侦查讯问发生的典型场所。

专门审讯室通常设在公安机关院内。窗户装有铁栅栏，以防止犯罪嫌疑人在讯问过程中跳窗逃跑或自杀等恶性事故的发生。讯问室墙壁要有隔音设备，以免受到外界声音的影响。讯问室大多是近似长方形的空间，面积一般为12~15平方米。讯问室内的墙壁、房顶、地面色彩以白色或浅灰色等淡色调为主。墙壁一般不张贴图片、图表等装饰物，会悬挂“坦白从宽、抗拒从严”的标语。犯罪嫌疑人背向门而坐，讯问人员面向门而坐。犯罪嫌疑人和讯问人员距离210~360厘米之间，暗示被讯问人审讯的威严和地位的差异。讯问人员前横放一张长方形桌子，并且坐的凳子要高于犯罪嫌疑人，这是为了确立讯问人员的地位和身份。犯罪嫌疑人的座位位于房间中间或偏后位置，其所坐凳子被固定在地板上，相对要低一些。讯问人员身着警服，不得少于2人，1人主导讯问，1人辅助并做记录。

侦查讯问话语发生的场所特定性是侦查讯问话语机构特征之一。警察审讯室的结构和布置的目的是让犯罪嫌疑人与其熟悉的环境发生隔离，对犯罪嫌疑人的心理产生影响。侦查讯问人员的座椅也比犯罪嫌疑人高，居高临下，对犯罪嫌疑人形成一种必要的心理刺激和压力。侦查讯问人员身着警服，更显得严肃、庄重。这从各个方面都营造出了侦查讯问者所拥有的优势地位。可以设想，在如此交际空间内，讯问双方是不会自由交谈的。在这种环境下的话语只能是侦查讯问话语。侦查讯问场所的规定性，即物理语境的规定性，必然会反射到犯罪嫌疑人的思维和言语产出过程及产出结果上。他会考虑此时该说什么话，不该说什么话，自觉地遵守机构话语的规约和维护话语秩序。

2. 侦查讯问机构话语的机构目的性

刑事诉讼从其最根本意义上说是一项围绕收集证据、核实证据的国家行为。侦查讯问作为刑事诉讼的一部分，是为实现刑事诉讼的目的而服务的。因此，侦查讯问自然也围绕着收集证据这一中心进行。侦查讯问是一项有关侦查人员讯问犯罪嫌疑人的活动，是侦查讯问者与犯罪嫌疑人问与答之间的活动。俗话说，“有问有答”，问的目的当然是为了答，因此犯罪嫌疑人对侦查人员讯问的回答显然是侦查讯问所追求的目的，即犯罪嫌疑人的口供。美国人托斯格尼特认为，侦查的目的包括：（1）了解犯罪的真相以及如何发生的；（2）从犯罪嫌疑人处获得有罪的自认；（3）获得认定犯罪实施手段和情形的所有事实；（4）收集能使侦查人员获得符合逻辑的结论的信息；（5）提供检察官在可能的法院诉讼中使用的信息。[①]我国关于侦查讯问的论述中也指出，侦查讯问的目的包括：（1）获取犯罪嫌疑人真实完整的供述，了解犯罪嫌疑人的犯罪事实真相；（2）及时排除无辜者，保护无罪的人不受刑事追究；（3）深挖余案，查破结案；（4）了解犯罪情况，为总结研究犯罪规律，预防和打击犯罪提供证据；（5）教育犯罪嫌疑人认罪伏法，改恶从善。[②]在现代刑事诉讼，在打击犯罪的同时普遍追求对犯罪嫌疑人、被告人的人权保障。侦查讯问程序也应当顺应这一发展要求。比如赋予犯罪嫌疑人享有一系列的权利：例如律师在场和沉默权，并在讯问前向犯罪嫌疑人履行告知义务等。我国现行的刑事诉讼法也赋予讯问期间的犯罪嫌疑人享有一系列权利，其中包括:（1）自行辩解权。（2）提出控告权。（3）拒绝回答权。（4）要求回避权。（5）得知鉴定结论权。（6）聘请律师权等。[③]因此，侦查讯问活动具有双重目的，即获取犯罪嫌疑人自愿真实口供和保护犯罪嫌疑人权利的统一。

日常会话中，参与各方都是为着一个大致相同的目标或相关的话题进行会话。人人都在会话方向上积极贡献自己的话语。但是，在侦查讯问话语中，讯

---

① Lyman, M. D., Criminal Investigation：the Art and the Science(2nd Ed.)New Jersey：Prentice Hall. Inc. 1999, pp. 227-228.

② 胡关禄：《侦查讯问学》，警官教育出版社 1998 年版，第 24~29 页。

③ 徐美君：《侦查讯问程序正当性研究》，中国人民公安大学出版社 2003 年版，第 41~52 页。

问双方的目的是冲突的、对抗的。目的冲突性是侦查讯问话语最为重要的特征。但是，侦查讯问话语的机构目的是指导讯问活动的最高准则，指导着整个的讯问活动。因此，在目的矛盾冲突的侦查讯问中，为实现机构目的，机构一方（其现实代表就是侦查讯问者）往往会被赋予更多的权力和资源，处于一种权力优势地位。在话语上，侦查讯问者往往会比犯罪嫌疑人具有更多的控制权和话语手段。

3. 侦查讯问机构话语的法律规定性

刑事诉讼是一项与犯罪斗争的活动。根据现代刑事诉讼证据主义以及无罪推定的原则，对任何的犯罪的定罪和处罚都必须依据确实充分的证据，并且由国家负证明犯罪的举证责任。根据我国宪法和法律规定，公安机关是我国法定的侦查专门机关，负责刑事案件的侦查、拘留、执行逮捕和预审工作，其主要任务是负责收集证据为起诉和审判做准备。只有收集了足够的证据之后，诉讼才会继续，否则就将中止。为了使侦查人员能够收集足够的证据，法律赋予了侦查人员在侦查程序中享有专门的权力以收集证据，其中包括讯问犯罪嫌疑人。因此，从本质上，侦查讯问是侦查人员在侦查阶段为获取证明案件事实的证据而享有的一项权力。它是国家强制力推动下的一种活动。而更深一层的表现则是要求讯问双方在讯问过程中都必须严格依照法律的规定开展讯问和接受讯问，自觉接受约束。法律对讯问双方的活动加以了规制。一方面，它要求侦查讯问人员必须依法进行讯问；另一方面接受讯问的犯罪嫌疑人只能在法律框架内享受权利，不能任意地干扰或破坏讯问的正常进行。

侦查讯问话语中，参与双方因法律制度的安排不同而承担了不同的机构身份和角色，相应地也就赋予了不对等的权力关系。这在侦查讯问开始之前，即在侦查讯问话语开始之前就已经由机构设定好了。双方只有在此基础上进入即时当下的讯问互动中。在侦查讯问问答中，警察几乎完全承担了“提问者”的角色，而犯罪嫌疑人被动地承担“答话者”的角色。

4. 侦查讯问机构话语的程序规定性

根据法律规定，侦查讯问活动的目的就是通过对犯罪嫌疑人的讯问全面、客观地收集、调取犯罪嫌疑人有罪或者无罪、罪轻或者罪重的证据材料。这一任务是法律规定的公安机关的机构目的，属于实质意义的规定。另外，《中华人民共和国刑事诉讼法》对侦查讯问活动的实施程序也做出了规范，其第二编第二章第二节第九十一到第九十五条对公安机关讯问犯罪嫌疑人从参与讯问人员资格、人数、地点、法定手续、讯问期限、讯问步骤和笔录等方面都做出了明确的规定。另外，为了保障《中华人民共和国刑事诉讼法》的贯彻实施，统一办案程序，确保办案质量，提高办案效率，公安部结合公安侦查业务实践，制定了《公安机关办理刑事案件程序规定》。它重申了侦查讯问活动的目的和意义，并对讯问的前期准备、组织实施和讯问结束要遵循的法律规定和注意事项做了较为详细的规范。公安部刑侦局2006年编写的《刑警办案须知》更是就侦查讯问的基本要求和操作步骤做了细致的规定。第一次正式讯问犯罪嫌疑人大致遵循下列步骤：

第一，准备阶段。第二，讯问阶段。（1）问明基本情况，包括：姓名、别名、曾用名、性别、出生日期、户籍所在地、暂住地、籍贯、出生地、民族、职业、文化程度、家庭情况、社会经历、是否受到过刑事处罚或者行政处理等情况。（2）讯问是否有犯罪行为，让他陈述有罪的情节或者无罪的辩解。（3）告知犯罪嫌疑人的权利和义务。（4）讯问有关案件事实。问清作案时间、地点、手段、过程、后果、动机、目的等。（5）制作讯问笔录或允许犯罪嫌疑人自行书写供述。（6）讯问笔录要犯罪嫌疑人审核或者向其宣读，确认无误后要求犯罪嫌疑人在其笔录上逐页签名、捺手印。第三，讯问结束。

因此，侦查讯问机构话语活动必须要依法进行，遵守相关法律规定。这些法律要求反映在侦查讯问话语上，就使其具有了相当的程度的结构化和规律性。

5. 侦查讯问机构话语的互动策略性

侦查讯问是侦查人员和犯罪嫌疑人之间一种互动交际活动。作为讯问主体的警察和作为讯问对象的犯罪嫌疑人的特定性以及双方之间目的的不一致性，致使侦查讯问更多地表现为一种冲突和对峙。讯问过程是警察检验其预先形成的犯罪嫌疑人有罪怀疑是否合理的过程。警察潜意识里希望通过讯问对其预先做出的有罪推测能得到犯罪嫌疑人本人的证实，即要求犯罪嫌疑人做出有罪的供述。而犯罪嫌疑人作为案件当事人，明知讯问结果将对自身产生直接的利害关系，处于本能的自我保护，总是对讯问的问题要么矢口否认，要么避重就轻，千方百计地脱罪或是减轻罪责。双方的矛盾是显而易见的。这种矛盾在侦查讯问话语中表现为双方互动的高度策略性。另外，侦查讯问中由于警察因其机构权力而掌握着更多的话语资源，他们有更多地策略选择来对侦查讯问话语进行控制，而犯罪嫌疑人则利用自己掌握的独有信息和知识，在最低限度遵守合作原则的基础上，采取反策略来进行抵制。

6. 侦查讯问机构话语的角色双重性

侦查讯问话语中的社会角色是机构赋予的角色，称为侦查讯问话语机构角色。机构角色是社会角色的一种特殊形式，除了具有一般社会角色的共性之外，还有其独特之处。根据米勒（Miller，1938）的定义，机构是一种由各种习俗和社会规范组成的结构，它依照可以辨别的目的对某种形式的普遍的共同活动做出规范。[①]因此，和一般的社会角色不同，侦查讯问话语的机构角色的目的性更强，其所受到的各种习俗和社会规范的制约更多。

侦查讯问的目的是其机构预先设定的，也就是社会性预先设定的。为了实现这一目的，侦查讯问活动中的参与者被预先分配和承担起不同的社会角色，按照人们对这些角色所期望的来实施行为，当然包括话语行为。侦查讯问者和犯罪嫌疑人一旦进入讯问语境，就会承担起各自所扮演的社会角色，从而会自然地维护侦查讯问的秩序，包括话语秩序。从这个意义上讲，社会角色具有意识形态意义。侦查讯问者会想当然地认为自己是讯问者，犯罪嫌疑人则会承担答话者角色。侦查讯问者和犯罪嫌疑人的社会角色是机构和社会结构提前分配好的，这种分配是不均衡的，体现了不平等的权力关系。

话语角色属于社会语言学和语用学研究的范畴，是指话语主体在话语交际活动中所扮演和体现出来的角色。话语角色实际上是社会角色在言语交际过程中的一种表现形式，它附属于社会角色。就侦查讯问而言，机构将讯问双方的社会角色定义为侦查讯问者和犯罪嫌疑人，这是一种较为稳定的社会角色分配，这是机构目的决定的。这种社会角色在言语交际中通过话语角色体现出来。在言语互动中，参与者还要实现互动目的（即当下的话轮互动中的目的），因而要不断变化话语角色，话语角色充满了动态性、对抗性和策略性。因此，“社会角色是稳定的，而话语角色则是短暂的，瞬时的，因语境而变化的，在言语交际中，话语角色可根据语境的需要进行调整，以便使其话语同角色相适应以达到预期的交际目的。”[②]因此，机构（社会）角色是一种宏观角色，而话语角色则是一种微观角色。社会角色分配体现社会结构，话语角色体现社会角色。

---

① Miller, S. Social Action. Cambridge：Cambridge University Press, 1938, pp. 181-182.

② 陈汝东：《社会心理修辞学导论》，北京大学出版社 1999 年版，第 158 页。

还有一类话语角色强调说话人与话语信息之间的关系，是剥离了交际参与者社会关系的语言本体研究。参与者只是作为交际的说话者和听话者，来分析它们与话语信息之间的关系。这种话语角色划分更多的是侧重于语言使用。这种话语角色也是一种微观角色。侦查讯问话语中，宏观社会角色分配是警察和犯罪嫌疑人，微观话语角色分配则是警察是提问者、犯罪嫌疑人是应答者。微观互动中，警察和犯罪嫌疑人都可能会承担说话者和听话者角色。就话语信息的责任而言，警察和犯罪嫌疑人也会根据各自目的承担相应的话语角色。宏观的权力关系体现在微观的互动之中。

三、结论

机构话语是一种确定了人们在会话中位置并限制了一些说话者对某些话语使用的话语[①]，侦查讯问话语是典型的机构话语，它是一种互动形式，参与者当前的机构角色和话语角色之间关系作为当下现象出现，并塑造了机构话语的结构和方向。换句话说，机构话语中人们做什么，总体上说，是话语角色与机构身份和地位两者相互影响的结果。了解了侦查讯问话语的机构性特征，为我们进一步提高侦查讯问效率，实现侦查讯问机构目的提供了新视角。

侦查讯问机构话语中，社会角色是和身份相联系的，机构要求参与人分别承担侦查讯问人员和犯罪嫌疑人的身份，分配了不同的社会角色。这是一种较为稳定的角色关系，它是一种不对称的权势关系，它在话语中通过话语角色体现出来。作为话语角色，侦查讯问双方的话语行为都要遵守一定的话语规则，按照人们对话语角色的期望和要求行事。在侦查讯问话语中，侦查讯问人员的主要话语角色是指示和问话，次要角色是听话和打断，其所受到的限制是禁止讯问与本案无关的话题，遵守相关法律规定；而犯罪嫌疑人的主要话语角色是按照侦查讯问人员提出的问题回答，次要角色是听侦查讯问人员的问题，其受到的限制是如实回答讯问人员的提问。侦查讯问话语作为机构话语一开始就为警察和犯罪嫌疑人的权力不平等做了制度上的安排。机构化的角色一般而言都具有等级特点，反映出一种权势关系。侦查讯问话语中警方是强势者，而另一方是弱势者，双方各自具有明确的权利和义务，一方会对另外一方施加更多的

---

① Thornborrow, J. Power Talk：Language and Interaction in Institutional Discourse, London：Pearson Education Limited. 2002,p.25.

控制和支配。

另一方面，通过大量的讯问实践，加之相关专业知识和专业技能，警察讯问者对自己的角色领会能力大大增强，很容易进入角色。犯罪嫌疑人尤其是初次进入司法程序的普通人，因为缺乏相关专业知识和技能又无专业人士帮助，则会对犯罪嫌疑人这一角色感到陌生，角色领会能力较差，甚至会不知所措。这种角色领会能力的差异往往会给警察讯问者以极大的心理优势。

因此，警察应充分认识侦查机构话语所带来的语言选择和角色优势。侦查讯问中存在着突出的话语权力不对称现象[①]。这种话语权力表现为对交际资源的占有，表现在交际策略上的更多选择性。在警察讯问中，警察机构在宏观上用话语定义了犯罪嫌疑人的身份、角色、地位和等级关系。在微观话语互动上，警察通过沉默、打断、启动问答相邻等交际手段实现对话题的控制和参与模式的转换，从而控制犯罪嫌疑人话语的长短，掌握着讯问的方向。但是，侦查人员不应该过分强调自身的话语权力强势地位，有意或无意地夸大这种机构话语所分配的非对称权力关系，造成对方的抵触情绪，否则就可能造成交际失败，不利于实现机构目的。

① Thornborrow, J. Power Talk：Language Interaction in Institutional Discourse. London：Pearson Education Limited. 2002,p.28.

法治中国语境下的立法语言研究
——以《中华人民共和国刑事诉讼法》为例

崔玉珍 *

中共十八届四中全会提出要全面推进依法治国，而全面推进依法治国、建设法治国家离不开对立法语言的规范与完善，因为“法”是法治的基础，是法治向前推进的基石，而立法语言则是“法”的载体。可见，立法语言和法治两者有着密切的关联，因此本文将在法治中国的语境下对立法语言进行实证研究，希冀可以揭示出面向法治立法语言所具有的特点和规律，以期为我国的立法语言规范化、科学化服务。

一、法治对立法语言的要求

立法语言和法治之间存在紧密关联，更多地体现在法治对立法语言有着独特的要求。

依法治国的基础就是法律，治理国家是按照法律进行的，中间其实还暗含着法治的主体关涉对象，那就是国家的民众。治理国家实质上就是维持民众的社会秩序，依法治国就是按照法律来维持民众的社会秩序。如此一来，民众是否理解、接受并遵守法律规范直接就关涉到了法治的推进和发展。

崔玉珍（2015）《法治在当前乡土社会中的困境及思考》一文还进一步提出，“民众对法律规范的理解、接受和遵守很大程度上受到立法语言的限制。因为语言是内在思维的外在体现，立法语言就是立法者意图和思维的投射，只有当立法语言所投射的法律思维能为民众所理解并接受，民众才会真正地遵守立法中的法律规范。”

从上可看出，法治实际上对立法语言提出了一个重要的要求，那就是立法语言是可以被民众所理解的，本文称之为“立法语言的可理解性”。

---

* 崔玉珍，中国政法大学人文学院副教授、硕士生导师，中国政法大学法律语言研究中心副主任。

立法语言的可理解性实质上包括两个方面的内容：

第一，立法语言的语言文字方面的使用应符合国家语言文字的使用规范。任何一个语篇可以被理解的首要条件就是其语言文字的使用是符合该语言使用方面的规范化要求。一般来说，语言文字使用符合语法规范、无歧义是规范化的重要要求。简单地说，就是语言文字、标点符号的使用都是正确的，不存在一般的硬性错误。

第二，立法语言应做到适当的通俗化。由于信息传递的目标、接受对象以及内容的差异，不同的语体有着自己独特的语言特点，立法语言同样如此。立法语言要求准确地表达法律所涉及主体之间的关系、不同行为之间的联系等，其必然具有和日常语言不同的特点。但立法语言的表述和日常语言的表述不宜差别过大，差别过大必然会影响立法语言的可理解性，因为语言实际上是思维不自然的流露，语言表述差别过大反映出来的最根本的、最深层的原因在于两种思维的不同，而思维的不同就必然会导致不理解的产生，或者会增加理解的难度。

前人对法律语言的通俗化很早就有了关注。孟德斯鸠就曾提出："法律不要精微玄奥；它是为具有一般理解力的人们制定的。它并不是一种逻辑学的艺术，而是像一个家庭父亲的简单平易的推理。"①我国商鞅也曾强调："圣人为法，必使之明白易知。"②从他们的论述中可清楚看到，他们认为法律应该是能让人容易理解和明白的。这种观点和简明英语（plain English）运动的追求不谋而合。简明英语运动始于1979年，现世界众多国家都在提倡和实施，主要是致力于清除晦涩难懂的官样文章，清除各组织、机构在不当场合使用行内术语以及发布各种容易导致误解的官方信息等。其中很重要的一部分就是法律语言的简明化运动。

笔者也认同法律语言简明化/通俗化运动，因为法律作为具有国家强制力的规范性行为，其载体语言的表达就应尽量保持日常语言的风格以使民众所能理解和接受。因此本文提出，立法语言也应该通俗化，这才能很好地推广我们的法律、促进我国的法治建设。

总的来说，法治对立法语言提出了可理解性的要求，而立法语言的可理解

①［法］孟德斯鸠：《论法的精神》，张雁深译，商务印书馆1978年版，第296页。

②《商君书·定分篇》。

性又包括两个方面，具体情况如图 1：

立法语言可理解性
- 语言文字使用的规范要求
- 语言表述的通俗化要求

图 1　法治对立法语言的要求

本文也将从以上两大方面入手对《中华人民共和国刑事诉讼法》[①] 进行语言的实际调查，梳理我国立法语言在这两方面的使用现状，找出存在的问题，希冀可以进一步提出相关的建议，为我国的立法工作提供切实的服务。

二、《刑诉法》的语言现状考察及分析

《刑诉法》是一部重要的法律，对维护社会主义法制、尊重和保障人权、保护公民权利起到重要的作用，是我国法治建设的重要基础和体现，因此本文对《刑诉法》的语言进行梳理，以该法的语言使用为例探讨立法语言在法治要求下的使用特点和规律。

根据前文对立法语言在法治语境下的要求，立法语言的可理解性主要涉及两个方面：一是立法语言的语言文字使用规范，二是立法语言的通俗化。本文分别进行考察、分析。

1.《刑诉法》语言文字使用规范的梳理

所谓语言文字的使用规范，是指语言的使用应符合国家对语言文字应用的规范化要求。通俗地说，就是说所使用的语言可以准确表达出其内容。通过对《刑诉法》语言的梳理我们发现，《刑诉法》仍存在以下五方面语言失范的现象：

（1）标点符号的使用不当。《刑诉法》中标点符号的使用是一个很值得注意的方面。在目前《刑诉法》的语言表述中，逗号、顿号的使用应引起注意，因为这两种标点符号导致了不少语言失范现象。（见例 1）

例 1　第一百五十六条　下列案件在本法第一百五十四条规定的期限届满不能侦查终结的，经省、自治区、直辖市人民检察院批准或者决定，可以延长二个月：

---

① 本文所考察的对象是 2012 年修订的《中华人民共和国刑事诉讼法》，为了行文的简洁，下文简称为《刑诉法》。

（一）交通十分不便的边远地区的重大复杂案件；

（二）重大的犯罪集团案件；

（三）流窜作案的重大复杂案件；

（四）犯罪涉及面广，取证困难的重大复杂案件。

例 1 中划线部分的逗号使用可能使此项产生歧义。一方面，我们可以将“犯罪涉及面广（的案件）”和“取证困难的重大复杂案件”理解为是并列关系；另一方面，也可以将“犯罪涉及面广”与“取证困难”理解为都是用来修饰“重大复杂案件”。但从整个条文来看，此条文中对四项案件的描述应当都是采用了偏正结构，因此，第四项中“犯罪涉及面广”“取证困难”应当都是用来修饰“重大复杂案件”的，那么，“犯罪涉及面广”与“取证困难”之间就不应当使用逗号，而应当改为顿号。

（2）用词不当。句中所用的词其意义不符合所在语境，有时候用了词义相近甚至相反的词。（见例 2）

例 2 第一百零六条 ……“法定代理人”是指被代理人的父母、养父母、监护人和负有保护责任的机关、团体的代表……

“监护人”一词是民事法律中的概念，是指对无行为能力或限制行为能力的人的人身、财产和其它一切合法权益负有监督和保护责任的人。一般来说，未成年人、精神病患者及其他有严重精神障碍的人，都应设置监护人。我国《民法通则》第十六条第一款规定：“未成年人的父母是未成年人的监护人。”第十六条第四款规定：“没有第一款、第二款规定的监护人的，由未成年人的父、母的所在单位或者未成年人住所地的居民委员会、村民委员会或者民政部门担任监护人。”第十七条第一款规定：“无民事行为能力或者限制民事行为能力的精神病人，由下列人员担任监护人：（一）配偶；（二）父母……”。第十七条第三款规定：“没有第一款规定的监护人的，由精神病人的所在单位或者住所地的居民委员会、村民委员会或者民政部门担任监护人。”从这些条文可见，“监护人”是专有法律名词，是法律概念，“监护人”的范围包括“父母”“配偶”等。刑事诉讼法第一百零六条第（三）项中对“法定代理人”的界定中将“监护人”与“父母”“养父母”“负有保护责任的机关、团体的代表”并列，显然是不合适的。“监护人”一词对“父母”“养父母”“负有保护责任的机关、团体的代表”来说，是一个上位概念，前者包括后者，因此“监护人”不应当和“父母”“养父母”“负有保护责任的机关、团体的代表”成为并列关系。可见例 2 使用“监护人”是不当的。

（3）搭配不当。在句子中一对词不能搭配或违反语言习惯。（见例 3）

例 3 第十四条第二款 诉讼参与人对于审判人员、检察人员和侦查人员侵犯公民诉讼权利和人身侮辱的行为，有权提出控告。

例 3 要表达“诉讼参与人对于 ×× 的行为，有权提出控告”，例中的“审判人员、检察人员和侦查人员侵犯公民诉讼权利和人身侮辱”应当是“行为”的定语。但“审判人员、检察人员和侦查人员侵犯公民诉讼权利和人身侮辱”中发生搭配不当的语言使用，因为这个表达里“和”前后应该是并列的关系，然而“侵犯公民诉讼权利”是动宾结构，而“人身侮辱”连动词都没有，两者由“和”生硬地连接组成了“侵犯公民诉讼权利和人身侮辱”，由此产生了不当搭配。为使文义畅通，这里的“人身侮辱”建议改为“进行人身侮辱”。

（4）语序不当。每个句子成分在句子中都有固定的位置，如果安排不当就会影响句意的表达和理解，从而出现“语序不当”的失范现象。简单地说，语序不当是指句子所用的词语没有按照合理的顺序进行排列。（见例 4）

例 4 第三十四条第三款 犯罪嫌疑人、被告人可能被判处无期徒刑、死刑，没有委托辩护人的，人民法院、人民检察院和公安机关应当通知法律援助机构指派律师为其提供辩护。

例 4 中主要是表达对“可能被判处无期徒刑、死刑的犯罪嫌疑人、被告人”来讲，如果“没有委托辩护人”之后的一些行为，因此建议修改为“如果可能被判处无期徒刑或死刑的犯罪嫌疑人、被告人没有委托辩护人，人民法院、人民检察院和公安机关应当通知法律援助机构指派律师为其提供辩护。”

（5）句式使用不当。起诉书中的句式使用不当主要有两种情况：一是句式杂糅，二是句式使用错误。

例 5 第二百六十二条 <u>罪犯在服刑期间又犯罪的，或者发现了判决的时候所没有发现的罪行</u>，由执行机关移送人民检察院处理。

例 5 应当是表达“罪犯 ×××（在何种条件下），由执行机关移送人民检察院处理”，条件是由“或者”连接的并列短语，具体来说就是“罪犯在服刑期间又犯罪的，由执行机关移送人民检察院处理”与“罪犯发现了判决的时候所没有发现的罪行，由执行机关移送人民检察院处理”。显然，划线部分文义不通，主要原因在于句式的使用不当，建议在“发现”的前面加上“被”字成为“罪犯被发现”而非“罪犯发现”。

2.《刑诉法》语言通俗化方面的梳理

立法语言通俗化是指，立法语言尽管是一门具有高度专业性的语言，但在表述上不应该和日常语言有太大的差距。

立法语言和日常语言的区别主要有两个方面：

第一，立法语言所表达的内容具有行业的专门性，和日常语言的表达内容差距较大。法律主要是表达一系列的法律规范，其中涉及法律主体、行为等的一系列规范，具有行业专门性和特殊性。这和日常语言肯定是具有很大差别的。

第二，立法语言所涉及的关系比较多，日常语言所涉及的关系比较简单。法律是具有国家强制性的，因此其所涉及的事物要准确，事物之间的关系要明确，因此所涉及的关系就会比较多也比较复杂。这一点也和日常语言有着巨大差别。

立法语言和日常语言的两个显著性差别比较多地反映在词汇和句法结构这两个方面，因为词汇是法律条文的组成材料，其所表达的内容都由词汇的意义来反映；句法结构则是不同词汇之间关系的投射。因此本文认为词汇和句子结构这两个方面对立法语言的可理解性具有重要的作用，下面我们来看一下《刑诉法》在词汇和句法结构两方面的具体表现。

例 6 第二百零四条 ［自诉案件范围］自诉案件包括下列案件：

（一）告诉才处理的案件；

（二）被害人有证据证明的轻微刑事案件；

（三）被害人有证据证明对被告人侵犯自己人身、财产权利的行为应当依法追究刑事责任，而公安机关或者人民检察院不予追究被告人刑事责任的案件。

在例 6 中，“告诉”表示法律上特定的一种程序，但由于该词也是日常语言中比较常用的一个词，可意义完全不同，日常语言中的“告诉”主要是表示“诉说、陈述”的意思，是一种常见的行为，和法律语境中的程序具有本质差别。可见，这个词虽然在日常语言中经常出现，但在法律语境中却表示截然不同的含义，这种词汇往往会影响民众对法律的理解。

例 7 第二百零九条 ［不适用简易程序的情形］有下列情形之一的，不适用简易程序：

（一）被告人是盲、聋、哑人，或者［1］是尚未完全丧失辨认或者［2］

控制自己行为能力的精神病人的；……

例 7 总长度 38 个字词，但这个句子的句法结构颇为复杂。这个句子一共两个“或者”，但这两个“或者”不在一个层次上，“或者［2］”连接的两个成分分别是“辨认、控制”，而“是尚未完全丧失辨认或者［2］控制自己行为能力的精神病人”都是“或者［1］”的其中一个连接成分。也就是说，“或者［1］”的连接成分里又包括了“或者［2］”，从而构成了嵌套的句法结构。

例 7 嵌套句法结构的形成和法律所表达内容及其复杂的关系有关。在该例，对被告人的描述不止一种情况，在其中一种情况中又有更细的、下位的小情况，因此在表述时力图完整，不同层次的关系都糅合在一起，从而在句法结构上形成了嵌套的关系。我们说，虽然嵌套结构能很准确地表示多重关系，但这和我们日常语言的表达是有很大差距的，因为日常语言中我们所涉及事物之间的关系比较简单、明确，句法结构相应地就会比较清晰明了。从《刑诉法》的语言来看，立法语言的句法结构相对来说要复杂得多，而且嵌套的关系也比较多，这必然会给对法律的理解造成一定的困难。

3.《刑诉法》语言的可理解程度

从前文的分析可看出，《刑诉法》在语言文字使用规范和语言通俗化两个方面都存在不同程度的、影响理解性的问题。在立法语言文字使用规范方面，《刑诉法》存在五个方面的失范现象：标点符号使用不当、用词不当、搭配不当、语序不当和句式使用不当。在立法语言通俗化方面，《刑诉法》的词汇和句法结构都反映出其语言和日常语言有比较大的差别。可见，《刑诉法》在立法语言的可理解性方面仍需进一步完善。

三、法治中国语境下的立法语言建议

基于上文的考察和分析，要实现法治、推进我国的法治建设，立法语言仍需提高其可理解的程度。笔者认为，从立法语言的可理解性来看，立法语言完善的路径可从以下两个方面进行：

第一，加强法学专业语言使用能力的培训。立法语言中存在不少语言文字使用的失范现象，这最根本的原因在于语言使用方面的基础教育没有做好。笔者认为只有从根本上入手才能改变目前的状况，因此应在法学教育的培养过程中加强语言使用能力的培训。

第二，我国法律的制订应多结合我们本国的语言表达习惯。我国立法语言在通俗化方面做得不够，笔者认为其主要的原因在于目前很多法律概念和表达方式都是从西方法律移植过来的，在制订过程并没有充分考虑到本国语言的使用习惯和表达习惯，结果就造成立法语言的通俗化程度不够，最终导致法律的可理解程度比较低。要改变这一困境就必须在法律制订的过程中充分考虑我国的语言表达和思考方式。

如果做到了上面两个方面，立法语言的语文文字使用规范和通俗化这两个方面都会得到提高和完善，我国法律的可理解性也会提高，法治建设会更加顺利。

四、余论

本文从法治中国的视野对《刑诉法》的立法语言进行了考察、分析，提出法治理念下的立法语言研究应该关注立法语言的可理解性。本文进一步提出，立法语言的可理解性主要包括两个方面：一是立法语言文字的使用应当符合国家通用语言文字的使用规范，一是立法语言应当做到适当的通俗化。在此基础上，本文对《刑诉法》语言进行了梳理，发现目前我国立法语言在可理解性上存在不少问题：立法语言文字使用规范方面主要存在标点符号使用不当、用词不当、搭配不当、语序不当和句式使用不当五个方面的失范现象；立法语言通俗化方面，立法中的词汇和句法结构都反映出立法语言和日常语言仍存在比较大的差别。相应地，本文提出一些立法建议。

英国哲学家休谟说："法的世界肇始于语言，法律是通过词语订立和公布的。"法律是治国之重器，要全面推进依法治国、建设法治国家就必须坚持立法先行，发挥立法的引领和推动作用，不断提高立法质量，不断规范与完善立法语言。

参考文献

1. 崔玉珍：《法治在当前乡土社会中的困境》，《中国政法大学学报》2015 年第 1 期。

2. 陈炯：《谈立法语言》，《语言文字应用》1995 年第 3 期。

3. 陈炯：《对立法语言学的几点构想》，《扬州大学学报（人文社会科学版）》2005 年第 1 期。

4. 陈炯：《论立法语言的风格特征》，《毕节师范高等专科学校学报（综合版）》2005 年第 1 期。

5. 董晓波：《我国立法语言模糊性的法哲学分析》，《语言文字应用》2006 年第 4 期。

6. 刘大生：《中国当前立法语言失范化之评析》，《法学》2001 年第 1 期。

7. 刘大生：《浅论立法语言规范化》，《法学论坛》2001 年第 1 期。

8. 刘红婴：《立法语言社会认知度的调查与分析》，《江汉大学学报（人文科学版）》2007 年第 5 期。

9. 牟云峰、姜廷惠：《立法语言中的指同形式》，《语言文字应用》2007 年第 2 期。

10. 王建文、宋世明：《论我国民商事立法语言风格的定位——立法语言与日常语言的冲突与协调》，《南京大学法律评论》2006 年第 2 期。

11. 谢潇：《法律语言学·立法语言——从宪法看立法语言的特点》，《湘潭师范学院学报（社会科学版）》2005 年第 6 期。

12. 张建军：《立法语言的明确性》，《人大研究》2010 年第 6 期。

论起诉书的叙述性

刘 哲*

一、起诉书的基本内涵

起诉书是一个特定称谓，专指人民检察院依照法定的诉讼程序，代表国家向人民法院对被告人提起公诉的法律文书。《中华人民共和国民事诉讼法》第一百二十条、《中华人民共和国行政诉讼法》第五十条，均规定“起诉应当向人民法院递交起诉状。”可见无论提起民事诉讼还是行政诉讼均使用的是起诉状。对于刑事自诉案件，根据《最高人民法院关于适用〈中华人民共和国刑事诉讼法〉的解释》第二百六十一条：“提起自诉应当提交刑事自诉状；同时提起附带民事诉讼的，应当提交刑事附带民事自诉状。”可见刑事自诉案件使用的也是“状”。事实上，起诉书仅指公诉案件的指控文书，它是特定的，无需进一步使用“公诉案件”“刑事”等定语进一步限定，它的范围已经通过法律和司法解释的规定而不言自明。反而是限定之后会产生其他诉讼程序也有相应的起诉书的疑问，但这实际上是不存在的。书和状虽一字之差，体现的却是公与私的差别，因此“起诉书”三个字就足以特定化，无需加定语，就是表示公诉案件的指控文书。

起诉书的演化史其实是刑事诉讼制度的演化史。无论在古代弹劾式诉讼时期，还是在纠问式诉讼时期，合理的控诉原则均无法存在，它们不可能造就发达的起诉书制度，原始的“私诉”暂且不说，在实行国家追诉的纠问制下，侦查、起诉与审判由同一主体流水式的实施，法院在审判前进行的侦查就“要形成审判所需的全部材料”，法庭审判“不过是让被告人对已经准备好的控诉材料进行供认和下个判决而已”，[①] 在该诉讼构造下，起诉书只是形同虚设。到了近现代，刑事诉讼采取相对合理的三角构造，实行控诉制，坚持控审分离、不告不理，审判程序的启动和运行要求独立的控诉程序作为支撑，起诉成为侦查与审判真正必要的链接，它的样态塑造着整个刑事程序的结构，没有起诉，就没有审判，侦查再完备

---

* 刘哲，北京市人民检察院公诉部检察官。

① 李心鉴：《刑事诉讼构造论》，中国政法大学出版社 1992 年版，第 84~85 页。

再详尽也不可能直接实现刑事责任追究，审判对象由控诉方通过起诉来提示，未经控诉的任何罪行，法院都不得对其进行审判。这样，控诉制的发展与完备，就催发了起诉书功能的演化变迁，随着控诉作为一项专门性的诉讼活动逐渐走向完善，承载着控诉功能的起诉书显得越来越重要。在当代，起诉书已经具备十分丰富的功能内涵，譬如美国联邦最高法院就经常强调，“按照现代的诉状理论，起诉书应当受到一些基本作用的检验，其所要完成的已经不再仅仅是有关技术方面的要求了，一份起诉书是否符合要求最终应当取决于是否能够满足那些基本功能”，基于“哈姆林诉合众国判例”，美国最高法院根据该“功能性方法”建立了“基本的分析框架”——“一份起诉状必须满足两个条件才能被认为是合格的。第一，它包括了被指控犯罪的构成要件并告知了被告人他需要辩护的指控；第二，能够使被告人在保证不会在将来因为同样的罪名受到指控的情况下做有罪或无罪的供述”，以此来衡量和评价起诉书的功能。[①] 在英国规范起诉书起草的主要有两部法律，分别是《1915 年起诉书法》(IA) 和根据此法制定的《1971 年起诉书规则》(IR)(SI1971No1253)[②]。英国法上的罪状由罪行陈述和随后的犯罪细节构成，罪行陈述给出罪行的简单名称及如果是违反制定法，制定法的名称。IA 第三条规定起诉书应当包括“为给出有关指控性质的合理信息而必须的细节”。相对合理的刑事诉讼构造下，起诉书应当具备告发、申请、主张等基本功能要素，通过起诉书提出控诉，提请启动审判程序，表明控诉请求，表达诉讼主张，确切提示审判对象，以适应法院审判和被告防御的需要。[③]

二、判决书的说理性与起诉书的叙述性

多年来司法界[④] 和学界[⑤] 一直主张加强判决书的说理性，成为判决书追求的

---

① [美] 韦恩·R. 拉费弗、杰罗德·H. 伊斯雷尔、南西·J. 金：《刑事诉讼法》，卞建林、沙丽金等译，中国政法大学出版社 2003 年版，第 960 页。

② [英]约翰·斯普莱克:《英国刑事诉讼程序》，徐美君、杨立涛译，中国人民大学出版社 2006 年版，第 307 页。

③ 谢进杰:《刑事起诉书记载制度评析》,《环球法律评论》2008 年第 5 期。

④《人民法院五年改革纲要》明确指出“加快裁判文书的改革步伐，提高裁判文书的质量。改革的重点是加强对质证中有争议证据的分析、认证，增强判决的说理性；通过裁判文书，不仅记录裁判过程，而且公开裁判理由，使裁判文书成为向社会公众展示司法公正形象的载体，进行法制教育的生动教材。”《中华人民共和国最高人民法院公报》1999 年第 6 期。

⑤ 龙宗智:《刑事判决应加强判决理由》,《现代法学》1999 年 2 期；叶自强：《论判决理由》,《湘江法律评论》卷三，湖南人民出版社 1999 年版，第 135 页以下；王利明：《法改革研究》，法律出版社 2000 年版，第 350 页；苏力:《判决书的背后》,《法学研究》2001 年第 3 期。

一个核心目标，并支撑它不断完善。但是起诉书应该追求的核心目标是什么，一直以来没有一个共识性的意见，极个别主张也是说理性，未免东施效颦，自提出以来就受到批评，实务界认为背离起诉书的功能①，学术界认为背离起诉书一本主义的基本原理②。还有一种矫枉过正的观点认为说理性过于啰嗦，简洁性才是起诉书追求的目标，理由是诉讼经济，认为起诉书的篇幅不可能太长，与改革后的判决书不可同日而语③，更有甚者直接提出“一句话起诉书”的主张④，这种理论在实践中确有一定的市场，起诉书越发呈现简单化、格式化、程式化的倾向，与不断丰富完善的判决书相比差距越来越大。“起诉书一句话主义”体现了侦查中心主义下的庭审形式化和效率优先原则，随着以审判为中心诉讼制度改革的深入展开，庭审实质化程度不断加强，起诉书与判决书正在向审判这个中心共同前进，因此必须“同日而语”，应当通过充分发挥起诉书的功能增强出庭的实质化，进而实现庭审的实质化。鉴于此，笔者认为起诉书应该追求的核心目标是叙述性。一言以蔽之，如果说把“理”讲透、说清楚，就是好的判决书，就体现了判决书的说理性的话，起诉书就是要把“事”说清楚、说明白，不能语焉不详，不能一带而过，不能笼而统之，要把案件事实一五一十说清楚。看不明白的起诉书不能说是好的起诉书，有着巨大解释空间的起诉书不是好的起诉书，而这就是叙述性。叙述性的核心就是把案件事实以及相关证据做一个全面的展现，重点不是论理，而是描写和叙述。事实上，“事”和“理”也不是能够完全分开的，把“事”说清楚了，“理”自然也就明白了，因此对于判决书来讲，对案件事实详细的描述，对证据充分的分析，也是整体说理性的一部分，当然最后仍然是结合法律的综合分析论证。而起诉书只是舍弃了法律分析的部分，把重点放在事实和证据方面。对于起诉书的篇幅来讲，应该服从叙述性的充分展开，“事”没说清楚，不能停笔，不能人为限定篇幅压缩事实，影响叙述的充分性。目前阶段可以将重心放在事实的叙述上，证据的描述分析放在次要位置，随着庭审实质化的加强再进一步强化证据分析的功能。

---

① 李玲、董常青、吴祥义：《起诉书制作改革的理论与实务研究》，《新疆公安司法管理干部学院学报》2001 年第 1 期。

② 张彦翀、余冠文：《起诉书说理性背离起诉书一本主义》，《法治研究》2007 年第 9 期。

③ 李玲、董常青、吴祥义：《起诉书制作改革的理论与实务研究》，《新疆公安司法管理干部学院学报》2001 年第 1 期。

④ 陈兴良、周光权：《平易、简洁而精确——关于提倡“一句话起诉书”的对话》，《刑事法判解》第 3 卷，法律出版社 2001 年版，第 493~504 页。

判决书的说理性和起诉书的叙述性都源于一定的制度环境，目前随着司法改革持续推进，中国的司法制度环境正在不断改善。事实上，大陆法系和英美法系的判决书都强调一定的说理性，只是英美法系，尤其是美国表现得更加突出一点。总结起来，这种说理性根源于以下三个方面的制度原因，也是内在动力：第一个是遵循先例原则，尤其是上诉法院的判决，要考虑得更多，法官以判决书被引用率作为个人的职业成就；第二个是将法律共同体作为预期的受众，以期在行业内获得认可；第三个是署名制尊重法官的著作权，判决书由持多数意见的法官起草，并注明起草人，少数意见也可以计入判决，并署名，判决中的各种意见均可以获得引用。事实上，虽然我国是成文法国家，但是判例在司法领域中的作用正在不断加强。近年来“两高”均出台了指导性案例制度，1999 年创刊的《刑事审判参考》发表的一千余个指导案例其实也是判决理由的扩充，事实上在庭审过程中也不乏辩护人以《刑事审判参考》的案例作为重要依据而加以援引，虽然不能引用到判决之中，但对于法官心证的形成还颇有影响力。而且《刑事审判参考》经常会以“大案传真”的形式刊登一些重要案件的优秀判决书，从而对判决书的改进产生持续的推动力。目前，随着判决书网上公开的持续开展，判决书的预期受众也在悄然发生变化，不少法律数据库都开始对公开的判决书进行系统的研究、分类，成为服务法律职业的重要参考依据，优秀的判决书及其主要观点也通过网络平台在法律职业群体间转发，判决书的预期受众已经扩大到整个法律共同体。上述情况说明，判决书说理性的内生动力正在生长。

事实上，起诉书的叙述性也依赖于相似的制度环境，比如庭审实质化或司法竞技主义，对控审界限的严格区分；对诉权保护的强调，保证辩护方充分了解指控信息，以实现控辩平等；法律共同体对检察官职业成就的评价作用；起诉书对判决书的融入程度，以及判决书重要性的提升；等等。但是目前中国的起诉书，与判决书清晰的改进路径相比，其目标还颇显迷茫，起诉书从来没有受到过判决书般的重视。但是当前起诉书也迎来了两个历史性的机遇，一个是起诉书的网上公开。据不完全统计，中国很可能是第一个系统地公开起诉书的大国。这就很大程度上扩大了起诉书的受众范围，使法律共同体有机会对起诉书进行全面评价。而庭审的实质化是起诉书的另一个机遇，庭审的实质化首先就要求出庭工作的实质化，出庭工作的实质化自然要改变起诉书现在程式化、形式化的现状，从而以更加精细化的事实与出庭工作更好地相互衔接。而起诉书的事实和证据，不仅是庭审的范围，也是判决书说理性的语境，只有更加丰富的语境才有可能使判决书在说理之路上走得更远。事实上，与判决书一样，起诉书不仅是一份文书，同时也是一系列的诉讼制度，这些制度将随着国家法治化的进程而不断发展完善。

三、起诉书叙述性需要进一步加强的理由

1. 书面要式

起诉书是指控行为的书面形式，事实上绝大部分国家的指控行为也是采取书面要式形式的，需要白纸黑字落到实处，不仅仅是体现其庄重性和严肃性的仪式感，更是为对判决范围确定强制的约束力。这很类似于书面合同，如果内容粗疏可解释空间就会增加，漏洞就可能增加，最后纠纷就会增加，合同的约束效力就会降低。为了保障双方的权益，往往重要的书面合同都呈现精细化的趋势，事实上起诉书也一样。

2. 程式化与实质化的结合

起诉书当然也是一种制式文书，但这种格式要求旨在增强起诉书的统一性和严肃性，起诉书并非仅仅依靠填充格式就能够完成的，还有很多实质内容需要表述。最核心的就是事实，没有两件完全一样的盗窃案，复杂的案件更需要仔细详尽的事实予以支撑，起诉书的叙述性目的就在于展现案件事实的特定性，从而为被告人获得个别化的处遇提供基础。

3. 宣示性

起诉书首先要在法庭上公开宣读，现在又要在网上公开，事实上同样网上公开的判决书也会援引起诉书的事实，起诉书将面临三次公开，这充分体现了起诉书的宣示性。但从另一个角度来看，也对起诉书提出了更高的要求，那就是正义不但要被看见，还要被看清楚。在法庭上，宣读一份起诉书，如果听众不知所云，过于简略、语焉不详，正义的感受也会跟着打折扣。又或者，起诉书和指控完全脱节，出示了很多证据并说明了证明内容，但是这些证明内容在起诉书中完全找不到踪影，或者与证据相隔甚远，这就与围绕起诉书指控的事实进行举证的指控要求相背离，形成了起诉书和出庭公诉“两张皮”的现象。更有甚者，在起诉书的含混性上做文章，起诉书就笼统地叙述十余起事实，到时候看被告人的表现，如果被告人表现好就少说几起，如果表现不好就多说几起，通过举证权来控制审判范围，使审判范围和辩护范围都处于完全不确定的

状态，这就根本上背离了起诉书的书面要式原则，也严重损害了检察机关的公信力。

4. 起诉书既是指控的利器也是辩护方的护身符

正式的庭审是从宣读起诉书开始的，起诉书相当于公诉方的开篇陈词，是对案情的一个完整介绍，这是公诉人所独有的一个机会，在以后的庭审过程都不会再有。在法庭辩论中，公诉人也不可能再重新全面介绍案情了，只能是以点的方式提到一些事实片段，主要的还是论证。因此，起诉书是一个特别的机会，公诉人应该充分把握，从而向法庭陈述一个完整的事实，而不仅仅是梗概，更不是标题，"一句话起诉书"就接近于标题。有些检察官认为可以在法庭讯问的过程中向法庭和听众传达案件的全貌，这是一个很理想化的想法，往往只能在非常简单的案件中，且在被告人非常配合的情况下才可能完成。一旦被告人不认罪，案件稍微复杂一些，就很难完成这个任务。如果将控辩双方的陈述比喻为"讲故事"的话，公诉方的"故事"很有可能被辩护方或者被告人结构掉。虽然双方都会坚持自己的叙述立场，但被告人作为当事人，其叙说会有更强的代入感，并与辩护人紧密配合，呈现出来的很可能是与起诉书完全相反的面貌。公诉人当然可以举证，但如果在庭审之初就陷入了被动，在举证的过程中辩护方可以不断提出质疑，并根据自己的立场对证据进行解读。这样下来，法庭和听众很容易陷入云里雾里，并对起诉书指控事实的充分性开始产生怀疑。对此，为什么公诉人不能率先呈现案件的完整情节，通过精细的叙述，首先给法庭和听众一个完整的"故事"情节，虽然同样也要面对辩护方的质疑，但如果每一个案情细节都有相应的证据支持，起诉书与证据之间环环相扣，指控效果自然也会得到提升。

事实上，对起诉书的精细化不仅是公诉人的需要，也是整个司法制度的期望，尤其辩护一方。首先，指控应该特定化，这是一个底线和前提，比如，指控的罪名、事实的内容和数量、被害人的人数及具体身份以及犯罪的数额。当然数额有时没那么精确，但大体上应该是确定的，不能差得太多。事实有几起就是几起，被害人有几个人就是几个人，在这个问题上是不容含糊的。事实太多、被害人太多，都不应当成为逃避叙述责任的理由，因为到头来判决还是要一个一个确认。这些对于厘定被告人的刑事责任也是一个基础性的事实，对此往往用"一句话"是很难说清楚的，为了厘清刑事责任的范围多说几句又何妨。事实上，起诉书的优劣也不是以篇幅多少为标准的，而是以能不能把案件事实说清楚为标准。其次，指控的关键性细节也要弄清楚。“琐事”“泄愤”是目前起诉书中比较常用的概括性词汇，但如果涉及到死刑裁量的问题，就需要精细化的判断，到底是什么样的“琐事”，什么样的愤怒要说清楚，即使是自由刑的裁量情节上也有很大的不同。事实上，起诉书的任务不仅要定罪也要求刑，需要明确重要的量刑情节，这些都要体现在案件的细节之中，所谓的“一句话起诉书”就会忽视了起诉书的量刑价值。司法实务与案例讨论有很大的不同，不仅是把罪数弄清楚，还要处理刑罚的适用等很多技术性的问题，但是这些确是对被告人具有重大影响的，因此这些琐碎的问题难以避免地要在起诉书中有所体现。因为，没有两起完全一样的案件，起诉书应该把案件的特点适当地体现出来，而不是完全抹杀掉。而有些时候关键性的情节，甚至还体现为罪与非罪、此罪与彼罪的重要区分点，或者说几个关键性的情节成立才能支撑起整个犯罪的构成，否则便无所依凭。那么这些关键的情节就不能一带而过，就应该表述清楚。只有这些重要的案件事实细节在起诉书中完整地披露，辩护方才能有针对性地组织辩护，也就是说指控要光明正大，不能搞突然袭击，因为客观公正是检察官的基本立场。如果起诉之后真的无法定罪，公诉人就要反思当时起诉的时候是否慎重，这才是一个良性循环。而且最为重要的，这同时也能够给人以强烈的正义观感，使正义被人看得更清楚。

5. 起诉书是案件质量的检验阀，叙述性是防止冤假错案的人性防线

“一句话起诉书”实际上会掩盖很多证据的疑点，冤假错案主要是证据问题，而证据最怕的就是细节，这些关键的细节事实能不能被有效地证明，直接关系到整个证据体系是否扎实，这些细节不牢，整个案件结构也会轰然倒塌。有时候，笼统用一句话来概括一下疑点重重的案件，可能会容易一些，因为负罪感会小一点，但如果深入到细节，就很难再编下去了，就像瞪着眼睛说瞎话，真是有点难。因为细节离证据太近了，在没有证据支撑的情况下编的每一个细节都像是在挑战自己的道德底线，这有点像远距离发射导弹与用刺刀杀人的关系一样，离得越近就会越血腥，负罪感也会越强烈。每个人都可能会撒谎，但是把谎话说得有鼻子有眼也不是每个人都能做到的，它直接挑战人类的心理底线和道德底线。因此，起诉书注重细节，增强叙述性，就是要利用人性来防止冤假错案，当你对那些关键的细节写不下去的时候，那一定就是有些证据还不充分，有些疑点还没有排除，至少内心还不够确信。这个时候要做的不是轻易地把被告人送上法庭了事，而是反躬自省，反思整个案件，去补充完善

相应的证据，倒逼侦查机关提高侦查质量，最后如果穷尽这些都不能完成细节的合拢，那只能做出不起诉决定。虽然被放走的有可能就包括真凶，但是更有可能是被冤枉的人，而重要的是通过这种方式提高了整个控方的指控水平，同时也坚守了程序正义，树立了检察机关的权威和公信力，在这个过程中公诉人个人收获的是切实的能力提升，而这些都是“一句话起诉书”所无法给予的。

四、起诉书叙述性的实践问题及评析

起诉书虽然篇幅有限，但它是整个案件的浓缩，它的篇幅、结构首先取决于案件的信息量，其次取决于案件的清晰程度。起诉书叙述的谋篇布局，应该立足于这两个因素，并充分考虑案件的特殊性和独特性，最大程度上将指控特定化。出色的叙述性大概有三个层次：首先是准确，认定的事实应该有证据支持，符合实际的情况；其次是精细，应该体现必要的细节；最后是清晰，要适当地划分一定的层次，对复杂事实进行有效组织、编排，使受众更容易接受和理解，能够与出庭工作更加有效的结合。对此，笔者选择了一些实践中的起诉书案例来加以讨论。

1. 被告人的身份情况

被告人的职务对于职务犯罪和单位犯罪都非常重要。比如说一个单位犯罪案件，在表述被告人职务的时候称其为某公司负责人，但实际上他就是该公司的法定代表人和总经理。这时候为什么不直接说呢？笼统地表述很容易让人误以为该公司的法定代表人另有其人。究其原因，主要是因为刑法条文表述是“单位负责人”，因此公诉人就机械地向刑法表述上靠，但刑法的表述是概括所有的情况，是将那些没有实际名义职务但确是公司的实际控制人的情况也吸纳进来一并加以概括的概念，而本案被告人的职务是名实相符的，只表述为“负责人”是不严谨的。事实上，被告人基本情况与案件事实是紧密相连的，被告人基本情况也是事实的一部分。同样是这个被告人的身份问题，案件事实认定犯罪的时间是于 2004 年 4 月起开始的，那被告人的任职时间也是确定其犯罪责任的重要组成部分，也应该予以明确表述。另外，因为被告人辩解这个公司实际上是由副总经理控制的，所以被告人控股的地位，作为对公司实际控制能力也就应当予以表述，从而进行无声的回应。而如果是职务犯罪，其任职起止日期就更要精确。可惜这些事实在起诉书中均没有表述，导致起诉书的事实在叙述上不够严谨，这些漏洞就容易在出庭过程使公诉人中陷入被动。再比如，被告人的国籍也是一个重要的问题，如果不弄清楚很多诉讼程序就会发生错误。一个案件的被告人辩称自己是瑙鲁国国籍，并有英文姓名，且有一澳大利亚籍未婚妻，并育有一女，现母女居住在香港，这些细节有在案的证据支持。但是被告人国籍这个情况未予核查。事实上，瑙鲁于 1947 年曾由联合国授权澳大利亚托管，因此瑙鲁与澳大利亚的关系较为紧密。取得瑙鲁国籍对于出入澳大利亚可能存在一定的便利。而如果被告人确系瑙鲁国国籍，根据我国国籍法第九条："定居外国的中国公民，自愿加入或取得外国国籍的，即自动丧失中国国籍"。被告人就不再是中国公民，那就牵涉了很多问题，有些是很刚性的。

2. 被害人的特定化问题

有些案件起诉书的指控不够特定化，突出的就表现在被害人不特定化上。比如，一个非法吸收公众存款的案件，起诉书表述为"张某等 170 余人"，张某是谁从起诉书上无法确定，而经济类犯罪案件被害人姓名没有必要隐匿。而"170 余人"也是一个概括性的数字，到底是一百七十几个人也无法确定，被害人的人数不应当是概括的，能确定几个就是几个。鉴于被害人人数较多，起诉书正文不便全部列举的，我们要求在起诉书后边附表加以列举，从而明确指控的范围，但这份起诉书也没有列举清楚。更有甚者直接表述为："被骗学生共计六百余人"，甚至连一个被害人姓名都没有提到，而 600 余人到底准确的范围是多少更是无法确定。这种表述方式对被害人权益的保护明显不足，自然很容易引起被害人的不满，同时由于指控的范围不确定，审判的范围、辩护的范围也都无法确定。事实上，犯罪数额有时可以表现为相对的约数，但是被害人必须精确到个数，能认定多少个被害人就是多少个，确定不了的就无法认定，以后确定的可以追加起诉或者另行起诉，这是一个刚性的问题。

3. 案件的起因、意图和行为

行为是犯罪的核心要素，必须严格地建立在证据基础之上，起诉书的叙述性首先要保证准确，在准确的基础上才能谈精细。还是一个非法吸收公众存款的案件，这个案件的证据显示：被告人王某辩称融资都是副总经理赵某等人操作的，公司实际由赵某负责，王某对非法吸存的事实完全不清楚。而赵某称，其先是找到佟某等人谈融资，佟某答应帮忙操作后，赵某与佟某等人共同找到王某，然后商定。其他证据能够支持赵某的证言。本案中，被告人王某对这个非法吸收公众存款的实际作用是什么，审查报告称为"授意"，起诉书改为

“指使”，但都不准确，也不符合案件的实际情况。事实上，用“商定”“批准”可能更加符合实际情况。

再有一个故意杀人案件，反映的问题更多。起诉书指控：

> 被告人甲因琐事与乙产生矛盾，意图报复。某年某月某日某时许，在乙工作的单位院内，甲携带的尖刀猛刺乙胸部，伤及其心脏、下腔静脉及左肺下叶、肝脏，致乙急性失血性休克死亡。
>
> 被告人甲案后自动投案。

这个案件事实描述得简要程度很接近于“一句话起诉书”的水平，但由于过于求简，就会存在表述不清之处，给指控带来困扰。比如说，案件的起因。起因要不要纳入起诉书，首先就有一个怎么理解案件事实的范围问题。事实上，起诉书指控的事实不仅仅是构成要件的事实，还包括与定罪量刑相关的其他事实。这可以从以下两个方面来理解：一是构成要件事实是静态的、确定的、确证的事实，指控的事实是有待于检验的、待证的事实。其他事实，比如案件起因，有时候有助于证明案件成立，以事实的角度论证其合理性，有着多重信息的复合验证效果。比如非洲的鼓语，用多种方式描述一个事物，以便从远处确认这个信息。一个人有这个动机，而且这个动机合理，因为他做了准备，实施了杀人行为，从他身上取得了凶器，还有被害人的血迹。这既是事实，也是证据，还是论证，是无声的说理，这就是起诉书的叙述性。二是量刑意义。严重程度，法益侵害程度，尤其是死刑量刑考虑的情节是很细的，是杀还是不杀，是无期还是有期，当然需要论证，但论证需要事实的依据。这个依据既包括法定的量刑情节，也包括酌定的量刑情节。犯罪起因无疑是确定是否适用死刑的酌定因素，不能不予以描述。对于数额犯来说，违法性的程度主要在于数量；但是对于非数额犯，考虑的主要就是情节，一方面是法定的情节，但更多的是千差万别的酌定情节，这些情节就体现在案件的细节之中。以前指控主要是关注定罪，近几年有量刑建议，其实体现了指控犯罪的精细化，但指控的精细化仅有量刑建议是不行的，还必须要有支撑量刑建议的事实依据，这就是量刑事实。而量刑事实不仅仅是到案、退赃，这些是常规的项目，还有隐含在诸如案发起因、案发过程这些细节之中的事实。对此，我们应当进一步引起重视，指控的精细化应当从起诉书的精细化开始。具体来说，本案的起因只有两个字“琐事”，很多时候公诉人喜欢用“琐事”来省略不好描述的案发原因，一带而过，但这也同时省略掉了重要的案件情节。发案的原因到底是什么，有多大深仇大恨，从而非要持刀索命，对此看到起诉书的人都不禁要打了一个问号，起诉书不应当在这里埋伏笔。起诉书要原原本本地进行叙述，要在最大限度上减少疑问，增强说服力。如果说要与证据相呼应的话，也是有预见性地呼应，而不是出人意料地呼应，应该是顺理成章地呼应。而且，每一个“琐事”都是不同的，“琐事”并不是同一件事，对定罪量刑的影响也是不同，因此应当加以具体化的描述，具体阐述案件的起因，尤其在死刑案件中更要注意。这个案件的起因其实是：被害人曾在一次争抢买单的过程中，当着众人的面将被告人付款买单的现金撕碎并还给了被告人，被告人觉得伤了面子，要找被害人说理，要求被害人道歉，这不是一个“琐事”所能够涵盖的。

再比如，犯罪意图。起诉书的表述是“意图报复”，而报复的意图是怎么体现出来的起诉书没有表述。而报复属于心理动机，需要事实予以体现，不是直接一说就能够了事。起诉书需要叙述事实，而不是直接下结论，要让事实自己说话，才能够避免有罪推定。事实上，准备工具、扬言杀人、实施杀人，有起因，有行为，有结果，这些事实点结合在一起的结论就是报复，没有必要把“报复”这个词一定要说出来。如果说起诉书也要有说理性或说服力的话，那应该就是以事实来说服，让人通过事实自然而然地得出自己想要的结论，这才叫说服力，或者说是叙述性，就像说好导演会讲故事，而不是直接亮明观点和结论，这都是一样的。

还有，犯罪经过和致伤结果。起诉书表述“持携带的尖刀猛刺乙胸部，伤及其心脏、下腔静脉及左肺下叶、肝脏，致乙急性失血性休克死亡。”“持携带的尖刀”“猛刺”“胸部”，看似精炼，却容易让人产生多重疑问。一是刺了几刀？起诉书没说。二是致伤部位具体是？致伤部位是胸部，但是左边还有右边，还是中间，起诉书也没有表述。三是伤情成因是什么？如果是一刀，只能是一侧，为什么左右两侧脏器都有损伤，心脏在左侧，而肝脏在右侧。肝脏位于右上腹，隐藏在右侧膈下和肋骨深面，大部分肝为肋弓所覆盖。实际上伤在右侧，即右前胸部乳头下 3 厘米处，解剖胸腹部右侧第 6 肋骨、第 6 肋间及肋弓近肋弓角处可见一斜行刺破口。即刀从肝脏进入斜刺入心脏。法医证实被害人右心房及下腔静脉裂创、肝脏贯通伤系一刀形成，左肺下叶创口较浅，判断应是刺扎后抽刀过程中形成，不是有意刺扎形成。[1]这又引出四、五两个问题。四是凶器长度。刀刃的长度为16.5厘米，足够长，才有可能从一侧斜刺，造成两侧脏器贯通伤。五是拔刀问题，起诉书没有提及，实际上就无法与左肺下部的伤情进行关联，也无法与猛刺相呼应，进而与刺伤的深度，导致两侧脏器俱损的结果相呼应。所以要叙述拔刀的情节，才能进一步证实猛刺的力度，在猛刺的环节还要叙述力度很大以至于被告人被弹倒在地，才能进一步证实伤口的深度，从而证实致伤的结果。拔刀、力度、深度、致伤结果，这是一系列关联的细节事实，又进一步印证了笔者刚才讲到的复合事实的印证功能，通过一个又一个能够精确证实的点的事实，才能把整个犯罪事实叙述得精确而又合理，并增加了说服力，这是“一句话起诉书”所无法完成的。

4. 审查报告事实与起诉书事实的转录问题

事实上，前文提到这个故意杀人案件的审查报告认定的事实，前因后果都说得非常清楚，很细致，但是到了写起诉书的时候反而却要照搬公安机关移送的起诉意见书认定的事实，不禁令人扼腕，这种现象需要反思。实务中，有这么一种现象，很多公诉人喜欢根据审查报告的事实，再改写成起诉书的事实，起诉书的事实就是审查报告认定事实的简化版和浓缩版，而起诉意见书的事实，一般要比审查报告的事实简略。在案件还不是十分复杂的情况下，公诉人就会直接照搬起诉意见书的事实，或者略微地加以改造一下。这种行为其实是对起诉书功能的一个误解，认为起诉书的事实不是为了让人彻底看明白，而只是让人看到就行了，知道有这个事情就可以了，奉行点到为止的原则。起诉书没有表述清楚的，寄希望于在法庭上再阐述，起诉书只要不出错就行。但是正如前文所述，简单不但不能避免错误，还可能会制造新的错误，关键的细节如果不表述清楚必然引起大量的误解，从而使指控整体上陷入被动，起诉书到底要表述多少内容应当以阐述清楚为准。

5. 案件事实的结构问题

起诉书要谋篇布局，这是一个叙述结构的问题，结构上如果不妥当，再多

---

① 尸体胸腹部的情况：右前胸部可见纵行条状划伤，长为8厘米；右前胸部乳头下3厘米处可见一条状斜行裂创，大小为7厘米×1.8厘米，创缘整齐，于下侧创缘可见皮瓣，创壁光滑，创口深达胸腔。解剖检验：胸腹部右侧第6肋骨、第6肋间及肋弓近肋弓角处可见一斜行刺破口，长为4厘米；左侧胸腔积血，量为2000毫升；右侧心包可见一刺破口，长为4厘米；心脏于右心房处、下腔静脉、膈肌、肝脏均可见刺破口；左心室内膜下可见片状出血；左侧心包可见一刺破口；左肺下叶内侧缘可见一刺破口。肝脏左叶可见贯通创，膈面长为5厘米，脏面长为3厘米。

的细节也无从附着。比如，一个案件明明是单位犯罪，但是事实描述的结构却是自然人犯罪，最后在罪状表述的时候突然说是单位犯罪就显得非常突兀，且缺少事实基础。再比如，有些经济犯罪的案件，本来事实是比较复杂的，证据上也有一些矛盾，但是为了简化，制造的漏洞都到了无法弥补的地步。比如起诉书认定被告人职务侵占货款 200 余万元，事实上这个 200 余万元由货款和备用金两部分组成，备用金是无法解释为货款的。而且由于被告人在截留款项的过程中，还有多次归还的行为，其过程较为复杂，但是起诉书为了简化，将这些过程都统统予以省略，直接就得出结果，但最后犯罪数额是怎么算出来的，公诉人自己都说不清了，而且也不知道问题出在什么地方。

还有一种情况叫人为捏合事实，结果往往是费力不讨好。有的职务犯罪案件，本来贪污、受贿的事实都比较多，一共二三十起，审查报告是以同类罪名的形式，采用分总的形式逐笔对事实进行叙写的，看起来自然流畅、条理清晰。但是起诉书为了表述简化，把这些事实进行了高度的整合和再压缩，通过合并同类项，很多事实都几乎被浓缩到顿号里了，以至于举证的时候，都不容易一一对应。但是，最后判决还是采用了与审查报告相同的方式进行逐笔叙写，叙述方式又翻了回来，这不但没有节约司法资源，反而是极大的浪费，而且这种捏合性表述方式还在一定程度上影响了起诉书与出庭的自然联系。而且由于事实高度捏合，每起事实中行为的具体性，比如具体虚构的协议是什么、账目是如何平的、赃款是如何占为己有的、去向又是什么，都不便表述，从而影响了案件事实的特定化。而对于这些复杂的事实，判决书采取了总总分总的四层叙述形式，先总的说明身份，再以罪名分为几大类事实，每一大类事实，先有总括的叙述，再逐笔分述，全部叙述完毕后，再总括一下各罪名涉及的总数额，使人一目了然。事实上，这本来就是公诉人在审查报告中的叙述结构，只是我们人为地走了弯路。

有的起诉书还有案中案，情节比较复杂，就更应该把结构弄清楚。比如，一个私放盗窃犯的徇私枉法案件。起诉书把五重事实放到两段中去描述，一是身份事实；二是徇私枉法的前因性事实，即盗窃案件侦破、查处事实；三是私自放人以及掩盖罪证等徇私枉法的事实；四是有罪的人被定罪量刑的事实，从而体现了徇私枉法的严重程度；五是到案的经过。起诉书人为将上述五部分事实结合成两个自然段，明显感觉层次不分明。这也是“一句话起诉书”不良影响的又一例证，对分段叙述有一种莫名的恐惧，害怕一分段就显得复杂了。事实上本来就复杂的事实，不可能人为变简单，人为简化的结果就是层次不分明，事实越来越弄不清楚了。

五、关于增强起诉书叙述性的建议和思考

1. 顺应改革潮流，转变办案模式

以审判为中心的诉讼制度改革要求庭审的实质化，为此需要转变现有的案头主义工作模式，将公诉工作的重心转移到出庭工作上来。随着司法办案责任制改革，大量的案件将不再审批，过于精细复杂的审查报告（个别报告甚至达到上千页）将失去实际意义，对案件证据的记录功能将由电子卷宗代替，更多需要做的其实是针对庭审的准备和分析预测。因此，庭前的公诉办案模式将由过去以审查报告为中心向以起诉书为中心转变，使公诉人从烦琐的报告制作、证据摘录中解脱出来，更多地将围绕起诉书的撰写和庭审的预测组织证据审查工作和补强工作。从办案一开始就要考虑起诉书该怎么写，就像法官在审判时会考虑判决书该怎么写一样，这不是简单的文书撰写，这是思维方式的转化，将原来细密庞杂的审查报告和审批汇报的行政化办案模式，转变为起诉书和出庭工作实质化的司法化办案模式，这就以审判为中心和去行政化的具体体现，起诉书只是一个平台和基础。

2. 对公诉人评价机制的转变

随着办案模式改变的还有公诉人的评价机制。过去的评价模式是内部行政化的，因此特别倚重审查报告等内部工作文书，审查报告可以在领导面前展现个人的综合分析能力，而公诉人个人在体制的发展中也依赖于内部行政评价。事实上十佳公诉人的内部评比，审查报告的撰写（开卷考试）也是比重最高的部分，因此审查报告的撰写被视为首要的公诉能力，远高于出庭和起诉书的制作。但是情况正在发生变化，首先是庭审的重要性和难度都在日益增加，司法办案责任制之后审查报告的内部评价功能也在下降，很多审查不用再审批了。其次，起诉书要在网上公开，不仅是内部人员，起诉书将面向整个公众，尤其是法律共同体会给予专业的评价。起诉书将逐渐成为公诉检察官的公开执法档案，并会伴随其整个法律职业生涯，不论今后的职业和岗位如何变更，它的历史评价功能不会改变。庭审的公开程度和评价的方便性上都无法和起诉书相比。因此，对公诉人的评价机制正在由内部行政化向外部司法化的方向转变，这反过来也会影响内部的评价机制，起诉书被外部看重的同时，内部的重视程

度也会随之提升，因为它关涉整个检察机关的公信力。这也是北京市人民检察院与中国政法大学法律语言研究中心合作研究起诉书规范化问题的初衷，目前据此研究成果出台的《北京市人民检察院关于公诉案件起诉书制作的规范意见（试行）》已经被高检院全文转发，要求各级人民检察院公诉部门认真学习借鉴，这同时也体现了高检院对起诉书工作的重视，是外部评价影响内部评价机制的一个例证。进一步推演，起诉书又可能会进一步渗透到十佳公诉人评比以及其他内部考核体制中来。

3. 起诉书作为案件质量检测功能的发挥

加强起诉书的叙述性或者说起诉书的精细化，是提高案件质量标准的新途径，是将案件质量预先放到庭审中模拟检验的演习场。前文提到起诉书的精细化，就是对案件证据分析的精细化，就是证据矛盾排查和非法证据审查的精细化，通过起诉书的精细化发挥庭前过滤的机能，从而把住审查起诉关，不仅要做到当诉才诉，还要做到当诉多少才诉多少，案件的基本质量将得到更大的保障。这些案件的细节性事实，与证据的关联度更高，在庭审上会形成更加紧密的指控网络，经得起推敲和质疑，并且能够以更为清晰、流畅、有力的形式，将指控呈现在法庭和公众面前，不但让正义被看得见，还会让正义看得很清楚，从而在法庭上树立检察机关的公信力。

4. 起诉书功能的整合

起诉书还存在一个功能整合的问题。首先是与审查报告整合，现在司法机关正在推动速裁程序改革和认罪认罚从宽处理机制改革，总体来说就是繁简分流，繁者越繁、简者越简，将有限的诉讼资源向疑难复杂案件倾斜，同时提高轻微案件的诉讼效率。而要从简的案件，从检察环节来说应该主要从审查报告开刀，因为这是工作量的大头，起诉书实际上没什么可减的，而且由于法庭调查不实质进行了，有些量刑情节等细节可能还要在起诉书上体现得更充分一点。在这些案件中，可以考虑将起诉书和审查报告合二为一，就是取消这些案件的审查报告。实际上这些案件以后也是无需审批的，起诉书完全可以替代审查报告的事实认定和法律意见功能，而案件证据的记录功能已经有电子卷宗来完成。审查报告的取消将极大地提高诉讼效率。事实上，法院也可以进行类似的改革，只保留判决书和庭审笔录就可以了。其次，是起诉书与公诉意见书整合。有些案件比较复杂，宣读完起诉书，法庭讯问，举证质证之后，再发表公诉意见的时候，整个过程有时会比较长。到后来完整的事实就可能有点忘了，而且事实和证据是很难完全区分的。可以考虑在精细化叙述事实的基础上，再对主要证据进行适当的分析，就是将起诉书作为庭审的开篇陈词，把案件事实证据的核心点先摆出来，从而增强指控的说服力并提高庭审效率。当然这仅限于证据的分析，而且较为简要，对于详细的法律论证当然是在法律辩论之后进行的，法庭辩论阶段也可以结合举证质证的情况，再对证据进行分析和总结。但有了开篇的陈词之后，法庭的焦点就会更加的集中，总结起来也会更有针对性。

5. 灵活性和原则性的平衡

起诉书是兼具程式化和实质化的文书，可以说是原则性和灵活性兼备的，因此要把握规范化和个性化的平衡问题。起诉书的规范化和个性化都不是绝对的，起诉书的规范化并不是要抹杀个性，而是要给公诉人提供一个参照系，这个参照系有些是较为刚性的，比如体例格式，起诉书应该有一个整体统一的风貌。同时还有一些较为弹性的标准，比如语言的应用，还是需要个人结合实践去把握。起诉书的规范还是要为办案服务，个别案件也可以个别化的方式去处理，比如特别检察厅起诉书甚至将被告人放在了最后，这是充分考虑了当时的特殊情况，主要就是先把事说清楚。尤其案件的事实，是千差万别的，比如特别复杂的案件，往往会配有序言，采用总—分—总—分—总的五层级叙述结构，这个在《北京市人民检察院关于公诉案件起诉书制作的规范意见（试行）》中均没有禁止，公诉人可以自己灵活掌握。

有些检察机关习惯于在规范性文件出台之后还要出一个起诉书的模板。事实上，笔者不建议制作模板。一是高检院已经有一个格式样本，其中有模板，没有必要再出模板；二是规范性意见的内容很多，有些是弹性的，《北京市人民检察院关于公诉案件起诉书制作的规范意见（试行）》就有93个条文，其中就有26处“可以”、18处“一般”，有很多是弹性的规定，这些内容无法一一涵盖在模板之中。模板实际上是一种对规范性文件的人为简化，这种简化作为权威发布之后，就会变为僵化的教条，到时候公诉人只会照着模板做，遇到稍微复杂一点的情况，就不知道如何处理，有些公诉人即使发现模板存在疏漏，也不敢挑战模板的权威。笔者建议可以通过定期评比的方式提高起诉书的制作水平，因为评比出的起诉书，纵然是优秀的，也可以进行点评，可以提出质疑，也不用完全照搬，因此有必要培养公诉人整体化的思维，不过多纠缠于细枝末节。

6. 起诉书的书面化与口语化

起诉书为什么要宣读，是否要全文宣读，这是我们需要认真思考的问题。高检院公诉厅在2004年在加强出庭工作规范中，规定了起诉书的宣读范围，基本上是从头到尾全文宣读，其必要性可以进一步研究，有些程式化的东西是不是应当也要读，值得思考。目前来看，判决书很少全文宣读，但并没有损害其权威性。那如果不全文宣读起诉书，是否会影响起诉书的效力，目前看也不会带来任何实质性的影响，因为起诉书已经庭前多日就提交给法院，法院也送达给被告人和辩护人，作为利益攸关的重要文书，当事人不可能不认真阅读，对起诉书中的内容已经是知悉的，甚至是熟悉的。还有法庭上也会核实被告人的身份，被告人身份的详细信息已经当庭核实，也没有必要再宣读一遍。因此，起诉书的宣读的形式意义大于实质意义，我们需要思考的是如何让起诉书的宣读更有实质意义。笔者认为，主要是要宣读与法庭调查关系最为密切的信息，或者说关键点。台湾地区在审理陈水扁四大弊案时，特侦组检察官并没有宣读起诉书全文，而是阐述起诉书要点，当然这份起诉书也比较长，达六万字。可以预见，随着庭审实质化、起诉书精细化的展开，我们的起诉书也会越来越长，事实上起诉“四人帮”和林彪反革命集团的最高人民检察院特别检察厅起诉书也长达两万字。对于这些较长的起诉书可以阐述起诉书的要点，而不是全文宣读，因为有书面起诉书在，这是书面化与口语化的一个结合。而对于一些不那么复杂的案件，可以考虑省略掉一些程式化的部分，直接宣读事实部分、证据部分和起诉理由部分即可。这是一个起诉书书面性与口语性的平衡问题。还有一些部分也不用全文宣读，比如涉众型经济犯罪的被害人名单，以及为梳理证据或者事实绘制的图表，虽然不宣读但可以略做解释。这些内容虽然不用宣读，但由于其以书面的方式呈现给当事方，也是一种有效的告知。同时书面表达也有自己的优势，它可以增强起诉书的可视化程度。口头的宣读、阐述，与更为详细、精确，甚至与可视化的书面文本相结合，不仅会使指控的范围更加具体，甚至会更加立体和直观。

民事立案阶段司法话语权规范研究

卫　霞*

立案是民事诉讼当事人走入司法程序的第一步。现行的立案登记制从程序法上确保了当事人的诉权，同时使法院的审查义务增加。为了确保司法公正但又不降低相应工作效率，法院立案庭应当遵循一定的话语规则，明确该说什么、不该说什么、在什么环节说、怎么说等内容，以期实现法的相应价值。

一、研究意义

1. 当事人感受司法公正与否的开端

2015年4月1日，中央全面深化改革领导小组第十一次会议审议通过了《关于人民法院推行立案登记制改革的意见》，指出将人民法院案件受理制改革为立案登记制，对依法应该受理的案件，做到有案必立、有诉必理，保障当事人诉权，切实解决百姓“立案难”问题。[①] 立案是当事人接触司法的第一步，而司法的核心价值在于公正，因此，立案阶段相关司法主体的言行是当事人感受司法公正的开端。在这个阶段，相关司法人员不处理具体实体事宜，只就程序性事项进行接收、告知、解释等，而这正是一种“看得见的正义”。但是，这个阶段的司法人员只能进行告知等程序性义务，对法律问题分析、证据证明力大小等都不得进行相应的表示，更不能对案件结果进行预测，否则会对当事人的判断产生影响，进而违反程序正义的要求。而在实践中，一部分当事人由于对法律程序的陌生误认为接触立案庭的法官就意味着司法程序的开始，同时法官的言行已经代表国家审判的进行，所以对法官的言语备加关注。因此，民事立案阶段相关司法人员说什么、不说什么、在哪个环节说、怎么说等，都有一定的界限，超过这个界限可能会对当事人产生重大影响，进而影响其对司法公正的判断。

---

* 卫霞，太原科技大学法学院教师，中国政法大学2015级法治文化专业博士生，研究生，研究方向为法治文学、法学理论。

① 最高法印发《关于人民法院推行立案登记制改革的意见》，中国法院网，2015年4月15日，http://www.chinacourt.org/article/detail/2015/04/id/1585051.shtml，2016年4月1日。

2. 影响法院立案工作效率的重要因素

民事审判除了注重公正外还应当注重效率。在立案阶段，相关司法人员解释过少会让当事人感觉受到冷落，进而对自己诉权的行使以及审判结果的预测等产生不良的感觉。但对当事人解释过多或反复告知，又会降低工作效率，因此，如何在完成本职告知解释等工作的前提下提高立案效率也成为经常困扰法院立案庭的一个问题。再加上现在实行的立案登记制度，使立案庭工作人员必须让当事人非常清晰立与不立之间的界限、若立案则需准备完整的立案材料等法律规定，让当事人对自己能否行使相应诉权作出判断。这无疑加重了法院立案庭的相应工作，更对立案效率提出挑战。但法院立案庭又不同于律师事务所等法律咨询机构，不应对案件的实体内容、证据材料等进行深入的说明、分析，因此，立案庭工作人员应当说什么、不应当说什么以及在什么情况下应当有权保持沉默、拒绝等，便是在立案登记制下节省人力、时间进而提高工作效率的一条重要途径。

3. 一国法治文明的重要典范

法院文明是一国司法文明的集中体现，而司法文明又是一国法治文明的典范。法院作为国家的审判权力机关，不仅享有一定的职权，而且承担相应的职责。这种职责不仅体现在法律法规规定的书面文本中，而且体现在相关工作人员办事的方法与言行举止上。作为司法程序的开始，立案相关工作人员的言行体现的是法律法规的要求，履行的是职责的相应规范，而这种“说”的过程正是法院文明的最初体现。这种最初的印象往往是当事人记忆中最鲜明、最深刻的部分，并且使其对接下来的司法流程状态产生判断，并对以后的审判执行工作等产生重要影响。再加上法院作为法律的实施机关，本身就是规则之治的典范，因此在这个意义上，立案庭工作人员的言行不仅是法院文明的开端，更是一国法治文明的浓缩，是国家法律承载、传播的重要典范。

二、民事立案阶段司法话语权之形态、特征及存在问题

1. 司法话语权

语言学上的语言是对人类所有用以表达的文字符号系统和声音符号系统的总称，言语是指具体的语言行为，话语是指口语形态的语言行为。[①] 因此，从

---

① 刘红婴：《法律语言学》，北京大学出版社 2007 年版，第 205 页。

一定意义上讲，话语是语言的一部分，话语权是语言权的口语形态表示。从这个角度而言，司法话语权是指在司法过程中各方主体进行口语形态语言行为时所具有的权利。在司法过程中，以民事诉讼为例，主要有司法人员、原告、被告、代理人、证人等。由于司法主体在整个司法过程中掌握话语的起始、走向等基本脉络，呈现明显的主动性、法定性，故司法话语权主要是指司法主体在职权范围内所拥有的话语权利，以及与此对应的话语义务。本文的研究亦从这个角度展开，就民事立案阶段司法人员的话语权进行分析。

2. 现行法律规定

关于民事立案阶段司法人员话语权的相关法律规定如下：

首先，《民事诉讼法》第一百二十、一百二十二、一百二十四条对人民法院在立案阶段的话语权进行了规定，其中包括“告知”“调解”。[①]

其次，最高人民法院在《法官行为规范》对此规定得更为详细，如在第十条中规定，当事人来法院起诉应“加强诉讼引导”，其中“引导”需通过话语实施；“不符合起诉条件的，不予受理并告知理由。”[②] 第十一条中对“当事人口头起诉”的情形也有所规定，包括告知、要求、宣读。[③] 第十二条中针对“当事人要求上门立案或者远程立案的”履行相应的“告知”义务。[④] 第十三条中规定当事人到人民法庭起诉，人民法庭若有权受理的则不得“要求”当事人到所在

---

①《民事诉讼法》第一百二十条规定：“书写起诉状确有困难的，可以口头起诉，由人民法院记入笔录，并告知对方当事人。”第一百二十二条规定：“当事人起诉到人民法院的民事纠纷，适宜调解的，先行调解，但当事人拒绝调解的除外。”第一百二十四条规定：“人民法院对下列起诉，分别情形，予以处理：（一）依照行政诉讼法的规定，属于行政诉讼受案范围的，告知原告提起行政诉讼；（二）依照法律规定，双方当事人达成书面仲裁协议申请仲裁、不得向人民法院起诉的，告知原告向仲裁机构申请仲裁；（三）依照法律规定，应当由其他机关处理的争议，告知原告向有关机关申请解决；（四）对不属于本院管辖的案件，告知原告向有管辖权的人民法院起诉；（五）对判决、裁定、调解书已经发生法律效力的案件，当事人又起诉的，告知原告申请再审，但人民法院准许撤诉的裁定除外。”

②《法官行为规范》第十条中规定：当事人来法院起诉：（一）加强诉讼引导，提供诉讼指导材料。

③《法官行为规范》第十一条　当事人口头起诉：（一）告知应当递交书面诉状；（二）当事人不能书写诉状且委托他人代写有困难的，要求其明确诉讼请求、如实提供案件情况和联络方式，记入笔录并向其宣读，确认无误后交其签名或者捺印。

④《法官行为规范》第十二条　当事人要求上门立案或者远程立案：（一）当事人因肢体残疾行动不便或者身患重病卧床不起等原因，确实无法到法院起诉且没有能力委托代理人的，可以根据实际情况上门接收起诉材料；（二）当事人所在地离受案法院距离远且案件事实清楚、法律关系明确、争议不大的，可以通过网络或者邮寄的方式接收起诉材料；（三）对不符合上述条件的当事人，应当告知其到法院起诉。

基层人民法院立案庭起诉。[①]第十四条中对“案件不属于法院主管或者本院管辖的”，用“告知”或“指明”处理。[②]此外，第十五条中规定“依法应当公诉的案件提起自诉”，应当“通知”或“告知”相应结果。[③]第十六条针对“诉状内容和形式不符合规定”的，不仅应当“告知”，而且要做到“一次讲清要求”。[④]此外，对“当事人在立案后询问证据是否有效、能否胜诉等实体问题的”，法院立案庭工作人员不得提供倾向性的意见，并告知只有通过审理才能确定相应结果。[⑤]但对于询问案件处理流程或法定期限的，应当“告知”，并不得“拒绝”。[⑥]在交纳诉讼费阶段，“告知”相应交费信息，并对特殊情形予以书面通知。[⑦]对不符合申请诉前财产保全、证据保全等措施的，需“解释”原因；[⑧]对当事人自行委托但不符合要求的鉴定意见可以要求重新鉴定，并“说明”理由，对当事人申请法院委托司法鉴定的请求应当及时“答复”。[⑨]

再者，《最高人民法院关于人民法院登记立案若干问题的规定》中对立案

---

①《法官行为规范》第十三条　当事人到人民法庭起诉，人民法庭有权受理的，应当接受起诉材料，不得要求当事人到所在基层人民法院立案庭起诉。

②《法官行为规范》第十四条　案件不属于法院主管或者本院管辖：（一）告知当事人不属于法院主管或者本院没有管辖权的理由；（二）根据案件实际情况，指明主管机关或者有管辖权的法院；（三）当事人坚持起诉的，裁定不予受理，不得违反管辖规定受理案件。

③《法官行为规范》第十五条　依法应当公诉的案件提起自诉：（一）应当在接受后移送主管机关处理，并且通知当事人；（二）情况紧急的，应当先采取紧急措施，然后移送主管机关并告知当事人。

④《法官行为规范》第十六条　诉状内容和形式不符合规定：（一）告知按照有关规定进行更正，做到一次讲清要求；（二）不得因法定起诉要件以外的瑕疵拒绝立案。

⑤《法官行为规范》第二十条　当事人在立案后询问证据是否有效、能否胜诉等实体问题：（一）不得向其提供倾向性意见；（二）告知此类问题只有经过审理才能确定，要相信法院会公正裁判。

⑥《法官行为规范》第二十一条　当事人在立案后询问案件处理流程或时间，告知案件处理流程和法定期限，不得以与立案工作无关为由拒绝回答。

⑦《法官行为规范》第二十二条　当事人预交诉讼费：（一）严格按规定确定数额，不得额外收取或者随意降低；（二）需要到指定银行交费的，及时告知账号及地点；（三）确需人民法庭自行收取的，应当按规定出具收据。第二十三条　当事人未及时交纳诉讼费：（一）符合司法救助条件的，告知可以申请缓交或者减免诉讼费；（二）不符合司法救助条件的，可以书面形式通知其在规定期限内交费，并告知无正当理由逾期不交诉讼费的，将按撤诉处理。

⑧《法官行为规范》第二十四条　当事人申请诉前财产保全、证据保全等措施：（一）严格审查申请的条件和理由，及时依法作出裁定；（二）裁定采取保全等措施的，及时依法执行；不符合申请条件的，耐心解释原因；（三）不得滥用诉前财产保全、证据保全等措施。

⑨《法官行为规范》第二十五条　当事人自行委托或者申请法院委托司法鉴定：（一）当事人协商一致自行委托的，应当认真审查鉴定情况，对程序合法、结论公正的鉴定意见应当采信；对不符合要求的鉴定意见可以要求重新鉴定并说明理由；（二）当事人申请法院委托的，应当及时做出是否准许的决定，并答复当事人；准许进行司法鉴定的，应当按照规定委托鉴定机构及时进行鉴定。

阶段的司法话语形态也有所规定，如第二条中的“释明”、第十三条中的“反馈”。[①]

3. 形态与特征

由上可知，现行法律法规规定民事立案阶段的司法话语权有调解、告知、引导、要求、宣读、指明、通知、解释、说明、答复、释明、反馈、拒绝等形态。牛津学派语言哲学家奥斯汀（John Langshaw Austin，1911~1960）曾提出“以言行事”（do things with words）理论，要求在言语过程中完成某种行为。且这些行为是较为正式的、严肃的，相对于“以言表意的行为”而言。[②]从这个角度讲，司法主体的话语权是最为典型的“以言行事”行为。具体而言，司法工作人员通过“说”的形式履行了相应的法定职责，完成了相应的程序过程，体现了相应的法律效力。既然“说出来”就能产生相应的法律效力，则“说”的制度必然需承载相应的规则。而在立案阶段，正因为很多程序都需通过“说”来完成，故司法主体的话语必然需要受到约束，否则便构成违法。就我国现行法律状况，关于法定语言程序“以言行事”的具体规则可归纳为两大类别：规定性的话语规则和技术性的话语规则。规定性的法律规则指有严格程序规定及内容范围的确定，一般情况下可变性较小，所表达的是能够基本确定的内容。技术性规则是指在法律规定的话语范畴内，在一定语言量的准备下，能够相对自由地实施对话。[③]按照这种分类，民事诉讼立案阶段的告知、引导、要求、宣读、指明、通知、解释、说明、答复、释明、反馈、拒绝等话语形态需遵循规定性的话语规则，而调解这种话语形态需遵循技术性的话语规则。两者话语权的具体特征如下：

---

①《最高人民法院关于人民法院登记立案若干问题的规定》第二条　对起诉、自诉，人民法院应当一律接收诉状，出具书面凭证并注明收到日期。对符合法律规定的起诉、自诉，人民法院应当当场予以登记立案。对不符合法律规定的起诉、自诉，人民法院应当予以释明。第十三条　对立案工作中存在的不接收诉状、接收诉状后不出具书面凭证，不一次性告知当事人补正诉状内容，以及有案不立、拖延立案、干扰立案、既不立案又不作出裁定或者决定等违法违纪情形，当事人可以向受诉人民法院或者上级人民法院投诉。人民法院应当在受理投诉之日起十五日内，查明事实，并将情况反馈当事人。发现违法违纪行为的，依法依纪追究相关人员责任；构成犯罪的，依法追究刑事责任。

② 参见 J. Austin，How to Do Things with Words，Oxford University Press，1962；术语的汉语翻译参见涂纪亮：《英美语言哲学概论》，人民出版社 1988 年版，第 356 页。亦有译为“话语行为”（locutionary act）和“话语施事行为”（illocutionary act）的，参见杨玉成：《奥斯汀：语言现象学与哲学》，商务印书馆 2002 年版，第 29、65 页，转引自刘红婴：《法律语言学》，北京大学出版社 2007 年版，第 35 页。

③ 刘红婴：《法律语言学》，北京大学出版社 2007 年版，第 39 页。

告知、引导、要求、宣读、指明、通知、解释、说明、答复、释明、反馈、拒绝等话语形态主要由司法主体做出，且方向单一；话语内容事先可以预设，且需遵循一定的程序；话语表达方式主要是说明、叙述，且在表达之前有完整的书面准备；通过以声音的物质媒介表达出相应的法定程序要求及规则，说的过程即职权行使的过程，体现相应的法律效力。

调解与此则不太相同。调解不仅可以由司法工作人员实施，也可由当事人及其他人员实施，调解过程表现出一定的互动性。话语内容事先无法预设，调解也无相对固定的程序；话语表达方式主要是议论、叙述，且在话语表达之前没有完整的书面准备；是否调解由当事人自行选择，是否具备相应法律效力主要取决于当事人是否能达成合意。

4. 现存问题

通过上述分析，我们发现民事立案阶段的司法话语权除调解属技术性话语形态外，其他话语形态均应遵循规定性的话语规则，有着严格的程序规定及内容范围的确定。但在现实情况中，一部分立案庭工作人员在行使规定性话语权时同时予以劝说调解，容易让当事人担心法院是否有意阻碍自身诉权的行使、或是担心调解的方案可能就是法院判决的结果，而这不一定对自己有利等。此外，立案庭工作人员在行使规定性话语权时，针对当事人对职权范围内的提问应当进行告知，尤其对诉讼风险等事关当事人诉权的重大问题即使有书面材料也应当主动重点告知，最大限度地避免当事人权益的损失。但在这种情况下也只能就诉讼风险等事关诉讼权利的一些事项进行告知，对证据证明力、案件结果等不得进行有任何倾向性的表述。再者，出于提高工作效率的目的，对当事人多次问询同一问题时应当享有一定的沉默权，且对于当事人询问立案权限以外的问题时应当享有一定的拒绝权，以此来保证民事立案阶段司法话语权的正确行使。

三、规范化建议

针对民事诉讼立案阶段司法话语权的特点及相应问题，笔者认为应当从以下几方面予以规范：

1. 加强相关立法，统一话语形态

如前所述，民事诉讼立案阶段法定话语权除调解外基本上都属于规定性话语权，其中包括告知、引导、要求、宣读、指明、通知、解释、说明、答复、释明、反馈等。其中的“解释”与“说明”、“答复”与“反馈”等基本属于同样的话语动作，却以不同的指称形式表述，并没有各自选用的语境规律。在这样的情况下，应当在立法层面将表述同等含义的话语形态予以统一，同样的话语形态具有同样的职权，不同的话语形态表示不同的职权，以便司法实践操作。

此外，由于司法话语权基本上是在法定的程序中运作的，哪些主体可以说话、说什么话、怎样说、在什么环节说、在什么情境下可以不说等都会产生相应的法律效力，因此应当完善相关立法明确司法的话语权利与话语义务，使司法语言更加规范化。

2. 区分话语权限，确保公正规范

民事立案阶段司法人员以行使规定性话语权为主，调解并非必经程序。在这种情况下，立案庭法官可以询问当事人是否愿意进行调解，但并不能以判决结果可能不利、诉讼耗时耗力等为由建议当事人进行调解。基于维护司法中立的考虑，如若当事人愿意调解，则可由专门主持调解工作的法官出面，或法院专门设立立案前调解的相关机构予以进行；如若起诉人不愿意进行调解，则立案庭工作人员只能行使规定性话语权，或就职权范围内的提问进行告知。两种话语权应由不同的司法人员行使，从而最大限度地保证当事人诉权的行使及司法公正。

3. 完善规定性话语权，细化语言规则

刘红婴教授曾指出，现行法律中所规定的基本上都是直接的话语权利（力），即对言辞表达规则的单一、明确的框范。但如果只有直接话语权，话语权的含义是不完整的，它还需要其他内容来充实，如沉默权、拒绝权等异态话语权。作为直接话语权的必要相辅部分，异态话语权的完善可以有利于构建立体、全面的话语权系统，也使话语权的实施有较大可能的保障。①鉴于此，笔者建议在立案阶段的法定话语权中应加入一定的异态话语权，具体如下：

一是对于当事人就立案职权范围外无法律明确规定应当回答的问题享有一定的拒绝权。法院立案庭不同于律师事务所等法律咨询机构，不应对案件的实体内容、证据材料等进行深入的说明、分析等，因此，在完成本职工作的告知、审查后便可享有拒绝权，明确指出对此问题不予回答，除非职责权限范围

---

① 刘红婴：《法律语言学》，北京大学出版社 2007 年版，第 213~215 页。

内应当表达的内容。这样既能保证相关职权的行使，又在职权行使完毕后避免不必要的言语对话，从而在保证司法公正的前提下节省时间，提高立案工作效率。

二是回答同一当事人同一问题的次数应当有限，超过次数规定应当享有一定的沉默权。沉默不同于拒绝，拒绝一般可以作为，但沉默一般是不作为，且并非任何情况下都能行使。现行法律规定，对于诉状和材料不符合要求的，“人民法院应当一次性书面告知在指定期限内补正。”[①] 这样可以避免当事人为了准备起诉相关材料来回奔波，从而加大立案成本。但换一个角度讲，因立案阶段司法人员履行的主要是规定性话语权，其内容已事先预设，且有固定的程序，反复解释同一问题不仅消耗当事人的时间，同时降低了立案工作效率，亦不可取。因此，针对这种情况，法院可在立案阶段对当事人多次问询同一问题时享有一定的沉默权，且这种沉默权的行使应当有相应的证据证明法院已履行了相应的话语义务，如法院在给当事人解释后可以让当事人签字，且告知解释以不超过三次为宜，超过这个次数则可以不予回答，等等。

4. 履行所有话语程序，力争规范、准确、文明

此外，鉴于规定性话语权的特点，立案庭工作人员应当遵循相应法律要求，履行所有的话语程序，尽到所有的语言责任。如对诉讼风险等事关当事人诉权的重大问题即使书面材料中已呈现但也应主动告知，最大限度地避免当事人权益的损失；行使“告知”权时，应当询问起诉人是否听清或明白相应的程序事项，等被问者回答“听清了”才可进行下面的程序；在当事人询问相应职权问题时应当明确地回答“是”或“否”，而不使用任何“我觉得”“我相信”等带有主观色彩的语言。在条件成熟时，应当设立相应的监督机构，确保法定话语权规范、准确、文明地实施。这不仅是司法语言规范化的要求，同时也是法治文明化的体现。

---

①《最高人民法院关于人民法院登记立案若干问题的规定》第七条中规定，“当事人提交的诉状和材料不符合要求的，人民法院应当一次性书面告知在指定期限内补正。”

语类混合和移植现象探析
——以警察讯问为例

叶 宁 庞继贤*

一、引言

在过去的二十多年间，语言学界对“语类”（genre）和“语类分析”（genre analysis）的关注日益增加。国内外学者从各个角度探索语类，主要目标在于解读并解释语篇世界的现实和专业语类中的“个人意图”，体现话语实践所建构的个人的、组织的、专业的和社会的身份，解读语言在社会环境下如何运作，以及语篇协商和专业实践之间的相互作用。[①] 对机构性话语（institutional discourse）的语类分析体现了追求上述语类研究目标的一种努力。政府的各部门，如警察局、法院、交通局、保险公司等都存在一定的组织结构形式，说话和行事会受到这些组织结构规范或规则的制约。在机构性组织里进行的语言交际就是机构性话语，如警察讯问、法庭问答等。这些机构性话语具有不同于日常言语交际的话语程式、话语角色、话语权力或权势关系等。

二、语类和语类混合

广义地说，语类就是一种被社会所普遍认可的、为实现某一交际目的的人类交际活动类型。语类以社会认同的交际目的和某些共同的形式特点为特征，这一交际目的不仅仅源于个人的交际动机，而是在社会中建构、认同、加强。[②] 语类的概念被用于描述情景语境和文化语境对语言运用所造成的影响。Martin & White 将语类定义为“…… 一个有阶段的、有目标指向的社会过程。”[③]

---

* 叶宁，浙江警察学院副教授，警察话语行为研究中心主任，东盟非传统安全领域研究中心副主任。庞继贤，浙江大学教授，浙江大学城市学院外国语学院院长。

① Bhatia V. K. *Worlds of Written Discourse: A Genre-Based View*. London：Continuum, 2004.

② 庞继贤、陈明瑶：《英语研究论文的及物性结构与论文交际目标的实现》，《外国语》2007 年第 5 期。

③ Martin J.R. &WhiteP. R. R.*The Language of Evaluation*. New York：Palgrave Macmillan, 2005,p.32.

Swales 则将语类描述为“一组交际事件”，其特征是具有“一组共有的交际目的”和相似的结构、语体特征和目的受众。① Berkenkotter & Huckin 则进一步指出语类是“动态的结构，受制于使用的条件”②。

语类是社会建构和阐释的，在特定的学术、社会、机构和专业语境中使用，具有规约性。虽然每个语类都有自己的领域界限，但是由于各专业学科间日益增加的联系，语类间的界限常常不再清晰，理想化的单一语类分析有时很难与纷繁复杂的现实话语一一对应。现实中的语篇世界是复杂的、动态的、多样化的，具有可预测性和不可预测性。为了有效地实现交际目的，不同语类间的资源常被挪用和移植，在现实世界中的话语运用常常出现语类嵌入（genre embedding）和语类混合（genre mixing）等语类混杂现象。传统的语类分析方法以分析语篇的语步结构为主（如，Swales 1990; Dudley-Evans 1989③），这种研究范式显然已经难以反映现实的话语实践。考虑到语篇世界的现实，Bhatia 强调相似或密切相关的语篇中“语篇间性”（interdiscursivity）的重要性，特别是要开展对语类、专业实践和学科文化之间以及不同语类之间符号资源的挪用和移植（appropriation of generic resources）现象的研究。④ 例如“学术介绍”语类群（genre colony）的共同交际目的是介绍学术工作，包括学科介绍、著作介绍、研究论文介绍和学术讲座介绍等。通过不同的语篇表现形式，这一语类的主要功能就是使某个书面或口头的学术事件被人了解。但是在当今的消费世界中，“消费”“推销”等理念也同样影响语类的生成、接收与消化。“著作介绍”语类的功能不再局限在“介绍”上，现在这类“介绍”语类与新书推荐广告语类在交际目的上的界线日趋模糊。这种语类资源的混合给予了话语社团成员策略上相当的自由度，使他们在以往的经验和互动基础上应对新情况，最大程度地达到语篇的交际目的和社会目的。

---

① Swales J. M. *Genre analysis: English in academic and research setting.* Cambridge：Cambridge University Press, 1990,pp. 45-46.

② Berkenkotter C. & Huckin N. T. *Genre knowledge in disciplinary communication: Cognition/culture/power*. New Jersey：Lawrence Erlbaum Associates, Publishers, 1995,p.3.

③ Dudley-Evans, T. Genre analysis：an investigation of the introduction and discussion sections of MSC dissertations. In Coulthard, M. (ed.). *Talking about text*. Birmingham：English Language Research, University of Birmingham, 1989.

④ Bhatia V. K. Genre analysis, ESP and professional practice. *English for Specific Purposes*, 2008, 27：161-174.

三、警察讯问中的语类混合现象

由于公安机关特定的结构和组织形式，其话语、程序和行为方式都受到法律法规及内部条例的制约。公安机关在刑事案件侦查过程中，为了查明案件事实真相，揭露和证实犯罪，需要依法运用各种法定的侦查措施和手段。警察讯问是刑事侦查部门运用讯问的方式，获取犯罪嫌疑人口供或在讯问中收集犯罪的直接证据，使全案获得突破的一项侦查活动。[①] 作为公安机关内部的一种机构性话语，讯问是法律活动的一种，其语类结构的步骤相对稳定，带有专业语篇的语言结构和语体特征，代表专业社团成员共有的交际目的和意识形态。

然而，在科学技术快速发展和充满竞争的社会环境下，由于社会程序被不断地修改以适应环境和形势的变化以及各个领域间的联系，要保持语类单一的、清晰的界限是困难的，在那些形式化和固定的语类下隐藏着一些可变化的语类形式。[②] O' Beebee 认为，每个语篇都会涉及一个以上的语类，可以是显性的或隐性的。[③] 法律机构话语包括多种语篇，如立法语篇、讯问语篇、法庭问答语篇等。这些语篇有各自的组织结构、语言特点和交际目的，形成不同的规约化的语篇行为，即语类。但这些语篇又相互联系，借用其他语篇的语类资源，产生语类混合现象。人们对语类结构进行处理、合并或改变以最大程度地实现交际目的。讯问语类与其他专业领域的语类一样，并不是单一的、固定不变的，常常是机构性话语中警察讯问语类和立法语篇（legislative discourse）语类的混合，突显法律话语中的权力和权威是这类语类混合的主要理据。

1. 语料

本研究拟从语类分析的视角探析机构性话语中的语类混合现象，以警察讯问语类为例，归纳其宏观结构和微观的交际步骤，揭示不同阶段中语类内嵌和语类资源移植的现象。研究语料来自浙江省 5 个地区 7 个公安机关的 30 份讯问笔录（本研究随机抽取前三次讯问笔录），内容涉及强奸、故意伤害、盗窃、抢劫和故意杀人案件各 2 起，犯罪嫌疑人 10 人，共计约 35000 字。

---

① 侯英奇：《侦查讯问》，中国民主法制出版社 2007 年版，第 1 页。

② Gibbons J.*Forensic Linguistics: An Introduction to Language in the Justice System*.Oxford：Blackwell, 2003.

③ O'Beebee,T. *The Ideology of Genre: A Comprehensive Study of Genetic Instability*. Pennsylvania：The Pennsylvania State University Press. 1994.

2. 警察讯问语类的宏观结构

警察在讯问活动中的交际目的主要有三个，一是获取犯罪嫌疑人的口供，二是在讯问中收集证实犯罪的直接证据，三是对其犯罪行为的甄别和界定。讯问活动是在特殊的语境下进行的，即犯罪嫌疑人在被采取强制措施的情况下，被迫在审讯室里接受警察的讯问，因而交际双方的社会角色截然不同，权力分配自然极不对称。作为讯问方的警察是机构权力的化身，主宰讯问的进程和内容，使用的交际模式是带有胁迫的强制性对话，以完成获取犯罪嫌疑人真实的供述和辩解的目的；被讯问方处于被控制、被胁迫的地位，答话的空间受到严格的控制与支配。[①]

警察讯问作为机构性话语，有其约定俗成的宏观结构，由主事实框架和案件事实核心组成。主事实框架指的是讯问发生的环境——讯问的日期和地点，审讯室的在场人员（侦查员和记录员），犯罪嫌疑人的个人情况（在第一次讯问语篇中详细描述），以《中华人民共和国刑事诉讼法（2012 年修正）》（以下简称《刑诉法》）为依据对犯罪嫌疑人进行权利义务的告知。讯问语篇的核心内容是案件事实框架，即以问—答形式调查案件事实真相、重构犯罪事实。当问—答告一段落后，又回到主事实框架，以犯罪嫌疑人确认以上所述是否属实、核对笔录并签名作为结束（详见图 1）。

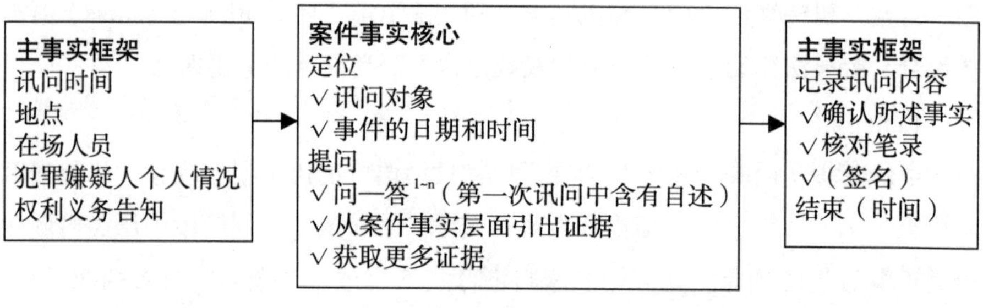

图 1　警察讯问语类的宏观结构

3. 主事实框架中立法语篇的嵌入

立法语篇，如《刑诉法》，是按照一定的规则表述立法意图，其交际目的

---

① 叶宁：《法律中的几个语言学问题》，王守仁、姚君伟主编：《华东外语教学论坛》，上海外语教育出版社 2008 年版，第 214~222 页。

是规范社会，调整各阶层的关系，确立在真实的客观世界中人与人之间相互必须承担的社会责任和义务，以及在出现纷争和犯法时代表国家权力和公众利益提供协调和惩罚的标准。分析发现警察在讯问开始阶段使用的《权利义务告知书》中的语言完全借用立法语篇——《刑诉法》中的十三条条款（详见图 2）。

对公安机关及其侦查人员诉讼权利和人身侮辱的行为，有权提出控告。	《刑诉法》第十四条第二款：“诉讼参与人对于审判人员、检察人员和侦查人员侵犯公民诉讼权利和人身侮辱的行为，有权提出控告。”
对于侦查人员有下列情形之一的，有权要求他们回避：（一）是本案的当事人或者是当事人的近亲属的；（二）本人或者他的近亲属和本案有利害关系的；（三）担任过本案的证人、鉴定人、辩护人诉讼代理人的；（四）与本案当事人有其他关系的，可能影响案件公正处理的。对于驳回申请回避的决定，你可以申请复议一次。	《刑诉法》第二十八条：“审判人员、检察人员、侦查人员有下列情形之一的，应当自行回避，当事人及其法定代理人也有权要求他们回避：（一）是本案的当事人或者是当事人的近亲属的；（二）本人或者他的近亲属和本案有利害关系的；（三）担任过本案的证人、鉴定人、辩护人、诉讼代理人的；（四）与本案当事人有其他关系，可能影响公正处理案件的。”《刑诉法》第三十条第三款：“对驳回申请回避的决定，当事人及其法定代理人可以申请复议一次。”

图 2　讯问语类中讯问与立法语篇资源的混合

讯问语类中立法语篇的嵌入有以下三个作用。首先，突出了讯问的本质特征，即国家法律规定的一种侦查措施；其次，立法语言的逻辑性和严肃性以及法律专门术语的使用，向犯罪嫌疑人明确了讯问活动的语境，强制性地将犯罪嫌疑人从日常生活的情境中抽离，利用法律语言的威慑力量在讯问开始时冲击犯罪嫌疑人的心理防线，有效地推动讯问交际目的的实现；最后，立法语篇严谨的结构和专业的术语表明了警察作为机构性话语代表的身份，提高他们在讯问活动中主动分配语类资源以达到交际目的的权威性、合理性和合法性。

4. 案件事实核心中的立法语篇语类资源移植

当出现纷争和法律被触犯时，立法语篇代表国家权力和公众利益提供协调和惩罚的标准，如《中华人民共和国刑法（2015 年修正）》（以下简称《刑法》）。警察的讯问是获取、判断、核查并使用案件的证据来查明案件事实真相的过程，并通过讯问结合案件事实和法律规定的案件性质和罪名作出准确的认定。以下三例中的黑体字就是警察在案件事实核心阶段，利用《刑法》及其司法解释的立法语篇语类资源移植，在获取犯罪嫌疑人口供和收集犯罪事实证据的同时有效地判定案件的性质和罪名。

例 1

问：那个女孩子跟你发生**性关系**时，是不是**自愿**的？

答：她不自愿的，是我强迫她的，她说自己是处女。

问：你为什么**强迫**那个女孩子跟你发生**性关系**？

答：我当时很冲动，心中有一个念头，就是想跟她发生性关系。

问：你要那个女孩子跟你发生**性关系**时，你有无使用**暴力殴打或威胁**她？

答：我没有打她，我就是追赶她，追上她后把她按在地上，并且威胁她，我说如果她再喊救命，我就把她杀了，在山腰这个地方把她杀了，也没有人知道，她听了后很害怕。

……

问：你**强迫**那个女孩子跟你发生**性关系**的过程中，那个女孩子有无反抗？

答：她不愿意，她说痛，但她不敢反抗，也没有明显的反抗。

《刑法》第二百三十六条规定：以暴力、胁迫或者其他手段强奸妇女的，处三年以上十年以下有期徒刑。根据最高人民法院、最高人民检察院、公安部《关于当前办理强奸案件中具体应用法律的若干问题的解答》(1984 年 4 月 26 日〔1984〕法研字第 7 号)(以下简称《解答》)，对强奸罪的认定是：强奸罪，是指违背妇女意志，使用暴力、胁迫或者其他手段，强行与妇女发生性交的行为。

警察提问	《刑法》及《解答》
性关系	性交
自愿	妇女意志
强迫、暴力殴打、威胁	强行、暴力、胁迫

例 1 中警察的第一个问句蕴含预设语义“女孩子和你发生了性关系”，疑问焦点是“是否自愿”。在得到犯罪嫌疑人的承认是“强迫”后，警察根据《刑法》及《解答》中关于强奸罪的定义与解释，使用《刑法》中的立法语言“有无使用暴力殴打或威胁”进一步讯问犯罪嫌疑人。最后一轮的提问再次确认了本案的性质——“强迫发生性关系”，可以认定为强奸罪。例 1 中的黑体字部分成功地移植了《刑法》及《解答》中的法律语言，在提问中紧扣立法语篇对强

奸罪的规定，快速有效地界定了犯罪行为。

例 2

问：你有无**故意伤害**行为？

答：有。

问：××× 是**被谁砍伤**的？

答：是被我砍伤的。

……

问：你拿刀砍人之前，**是否知道会砍伤他人**？

答：那我当然知道刀砍下去肯定会砍伤人。

问：××× 什么地方**被你砍伤**？

答：当时我只听到 ××× 说手被我砍了，具体伤势我没看到，后来我听说他的左手被我砍掉下来了。

《刑法》第二百三十四条规定：故意伤害他人身体的，处三年以下有期徒刑、拘役或者管制。

警察提问	《刑法》及其司法解释
故意伤害	故意伤害
被谁砍伤 / 被你砍伤	致人重伤
是否知道会砍伤他人	本罪在主观方面表现为故意

例 2 中的黑体字部分移植了《刑法》及其司法解释对故意伤害罪的法律规定。首先，警察提出“故意伤害”的罪名，让犯罪嫌疑人对自己的行为定性，确立了讯问中警察的权威性。虽然得到肯定回答，为了获得确切的事实真相，警察针对《刑法》关于“故意伤害罪”的司法解释“是否致人重伤”及“主观方面是否表现为故意”进行提问以认定犯罪事实。

例 3

问：你晚上 11 点多钟了到这个店去干什么？

答：我到这个店里去是想去抢点香烟来。

问：你为什么要去**抢香烟**？

答：……所以我想到这个香烟店里去抢点香烟来拿去卖掉换点钱过年用。

……

问：你为什么要**用铁棍朝小伙子的头上打去**？

答：我想把他打晕过去，趁机抢香烟。

……

问：为什么要把小伙子骗到里间去**打晕他**？

答：因为里间打晕的话，即使外面有人来买香烟也不会看到的，这样的话安全点。

问：那个小伙子**被你打了几棍**？

答：一棍。

问：一棍吗？

答：我是打了两棍，第一棍打到他的头上，第二棍打他的时候被他夺过去了。

问：那个小伙子**被你打了以后，有没有受伤**？

答：我当时没有注意。

《刑法》第二百六十三条规定：抢劫罪是以暴力、胁迫或其他方法，抢劫公私财物。

警察提问	《刑法》及其司法解释
抢香烟	强行将公私财物抢走
用铁棍朝小伙子的头上打去	当场使用暴力（侵犯了被害人的人身权利，往往造成人身伤亡）
打晕他	当场使用暴力（侵犯了被害人的人身权利，往往造成人身伤亡）
被你打了几棍	当场使用暴力（侵犯了被害人的人身权利，往往造成人身伤亡）
被你打了以后，有没有受伤	当场使用暴力（侵犯了被害人的人身权利，往往造成人身伤亡）

本例中警察针对具体案件，在提问中移植立法语言“强行将公私财物抢走”及“当场使用暴力”并将其具体化，即黑体字部分，指向明确，在获得犯罪信息的同时完成了对犯罪嫌疑人所实施的行为的定性，有效地完成了两个交际目的。并且，在犯罪嫌疑人回答“被你打了几棍”这个问题后，警察将得到的回答简单重复并加上语气词“吗”对其可信度提出质疑。用“一棍吗？”这样的方式直接明确地点明疑问点，而不是使用礼貌或者婉转的表达方式，体现了讯问中双方权力和地位的不对称。

语类通过运用社会认可的、已成为约定俗成的语言知识和语篇资源来成功达到特定的交际目的。讯问语类是在获取口供或证据这一专业交际行为的基础上，同时对案件进行界定的一种动态过程。警察作为司法工作人员，拥有专业的法律知识，在法律目的和程序的控制下，他们不仅通过法律专业术语的使用明确了讯问方的法律权威性和讯问中的支配地位，更重要的是在提问中移植了立法语言资源，直接切入讯问重点，提高讯问效率，高效地达到交际目的。

四、结语

司法体系是最具权威的机构，它解释法律并实施法律。为履行职责，司法工作者如法官、警察的权威性必须首先得到承认。权力关系的一个重要体现就是语言行为。语言不仅仅是法律权力借以展开运作的工具，在很多情况下，语言就是法律权力。警察讯问作为司法活动的一种，在问—答的语言实践中实现法律权力并体现权力的不对称。

在某种程度上，专业语类对外行人来说是一个封闭的体系，或者说外行人至少需要经过努力才能获取语篇的意义。[①] 警察作为一个特殊团体，其专业知识和专门术语是这一特殊团体的有力标记，这些标记保持了团体内的一致性和排他性。警察通过嵌入立法语篇的资源，在讯问初始时即明示了其机构性话语的特征，突出讯问的特殊语境，将被讯问方定位于“如实回答”的身份角色，增加讯问双方之间的距离，突出双方权力的不对等性；在讯问进程中，利用立法语篇语类资源的移植，抓住讯问的关键，切入要害，控制答话，对案件性质做出准确、快速的认定。根据语类的非单一性特征，提高警察在讯问活动中主动分配不同语类间符号资源的语言意识和作为机构性话语代表的身份意识，可以减少讯问话轮，高效地完成交际目的。

---

① Coulthard M. & Johnson A. *An Introduction to Forensic Linguistics: Language in Evidence*. Routledge, 2008, p.60.

吴英案辩护的语言学分析

元　轶*

就研究方法而言，我们需要转型，“主流学术不断依仗优势地位重复生产单一的观点，导致思想规范化，千人一面，然后共同团结在该观点下，称之为真理，从而让以该观点为核心的学者们产生主流消费的快感，失去批判的能力和自省的态度。”[①] 就本文的研究对象而言，需要我们选择相适应的法学方法论，需要从叙事学、语言学角度对吴英案庭审程序进行分析，因为个中问题恰恰是大样本的数据统计之类的定量社会科学研究所完全无力呈现的。需要我们站在吴英的视角，用她的感受和思维去理解她，理解法律是如何更疏于考虑女性的体验、经历和价值的。如狄尔泰所言，要凭借神入他人内心世界的方法来达到认识之目的；如埃德加·莫兰所言，要把研究者重新整合到我们的观察活动中；如韦伯所言，神入是一种更为复杂的理解样式，要通过分析自己处于被理解者所处的情状时将会出现的内心行动，由此领会人的行动的意义。[②] 托尔斯泰写《安娜·卡列尼娜》，用几十万字为其辩护，就是对报纸上标签化的只言片语的重新阐释，而非像主流一样卫道的进行谴责，把脏水泼在安娜身上了事。列夫·托尔斯泰笔下的安娜·卡列尼娜之所以在世界文学史上成为最具魅力也最为复杂的女性形象之一，就在于托翁将这样一个新闻标签化的离我们很遥远的出轨贵妇人还原成我们身边的普通人，他神入她的灵魂，直至让我们也看到自己的灵魂。

我们并不意图否定主流的法学话语，并不打算提出终局性的结论，“真正的思想者不在于完成，而在于打开。不是由自己终结真理，先知般地把真理交给人们，而是打开思考之门，让自己和人们一道在思考中行动。学者的价值不在于灌输自己的观点，而在于展示不同的观点供他人参见，学者也不可能产生真理性的观点，本质上都是自身个体经验的表达。就只是重新阐释，不断的重

---

* 元轶，中国政法大学副教授，法学博士，硕士生导师。

① [美] 汉娜·阿伦特：《极权主义的起源》，林骧华译，生活·读书·新知三联书店 2008 年版，第 654 页。

② [德] 马克斯·韦伯：《社会科学方法论》序言，李秋零、田薇译，中国人民大学出版社 1999 年版，第 16 页。

新阐释已被固化的观点。”[①] 因此，本文选择的研究方法是在试图打破主流法学方法论的垄断和僵化，为研究对象提供新的阐释，打开新的视角。

本案被告人吴英，女，1981 年生，浙江省东阳市歌山镇人。2005 年在东阳市区经营理发休闲屋。2006 年下半年，吴英以一亿注册资金先后创办了“本色集团”的八家公司，行业涉及酒店、商贸、建材、婚庆、广告、物流、网络等。此后注册成立浙江本色集团，创立家居市场、建材市场和本色概念酒店。就在本色集团扬名天下半年后，2007 年 2 月 7 日下午 5 时许，吴英在首都机场被东阳市公安局以涉嫌非法吸收公众存款罪拘留。2009 年 4 月 16 日，浙江省金华市中级人民法院开庭审理吴英案。10 月 29 日，浙江省金华市中级人民法院判处其死刑。2010 年吴英不服判决上诉，律师做无罪辩护。2012 年 1 月 18 日，浙江省高级人民法院对吴英案二审宣判，维持对被告人吴英的死刑判决。二审判决之后，围绕吴英案，新闻界、法学界、经济学界、网络社会舆论纷纷展开激烈讨论。2 月 14 日，最高人民法院受理并通报了吴英案死刑复核情况，称将依法审慎处理。十一届全国人民代表大会第五次会议期间，“吴英”受到更大的关注。4 月 20 日，最高案人民法院裁定发回浙江省高级人民法院重新审判。5 月 21 日，浙江省高级人民法院重审对吴英判处死刑，缓期二年执行。2014 年 7 月 11 日，浙江省高级人民法院裁定吴英从死缓减刑至无期徒刑。

吴英案中的辩护可谓具有极强的典型性，虽然最后改判死缓的结果与辩护并无直接的因果关系，但正是上述看似矛盾的地方指引我们有必要对吴英案的辩护及其相应的后果进行分析，并由此从语言学实证的角度阐释辩护权在我国庭审中所遇到的困境和障碍，并解读吴英案死刑判决的所谓转折的非程序因素。

吴英对庭审辩护给予厚望，她十分关注审判的过程和细节，对程序充满信仰，认为程序应当是复杂的、精致的、互相影响的、有效的。因为笃信法律程序，相信游戏必有规则，有规则必须遵循，于是抓住不放，试图严格从既定的规则中找寻救济，而非破坏现有规则。也正因此，我们才会看到下面的庭审话语，才会看到吴英在庭审中据理力争、慷慨陈词；也正因此，才会有语言学者指责吴英不应在庭上“反客为主，并向公诉人发难”，认为吴英“咄咄逼人、对公诉人进行了挑衅”。[②]

---

① [美] 汉娜·阿伦特：《极权主义的起源》，林骧华译，生活·读书·新知三联书店 2008 年版，第 564 页。

② 徐章宏：《“死刑判决”与“无罪申诉”的较量——基于吴英非法集资案涉法话语分析》，《广东外语外贸大学学报》2015 年第 2 期。

公诉人：对起诉书指控你的罪名，有什么异议？

吴　英：我觉得我不是诈骗。

公诉人：这些钱哪儿来的？

吴　英：都是借来的。

公诉人：都是借来的，借来的时候对人家怎么说的？

吴　英：没有说用途，只是说经营或者说资金周转。

公诉人：向这些人借钱的时候，有没有讲过要利息呢？

吴　英：利息肯定要付的。

公诉人：这么高的利息。你所经营的这8个公司或者说你的个体，还有其他个体户，你的利润可以承受这么高的利息么？

吴　英：我觉得可以。

公诉人：怎么样做？

吴　英：我觉得我如果不被抓进来，可以的。

公诉人：那你在公司成立6月份开始到你被抓时2月份，2007年的2月份，这么长的时间，你的公司赚了多少钱？

吴　英：公司利润已经有产生。

公诉人：不是已经有产生就可以应付这句话的，有多少产生？你的公司投资按你自已说是1个亿，你有多少利润产生？算过这个钱没有？

吴　英：难道我的利润就一定要这段时间么？以后就不能产生么？

公诉人：你的钱可是都是借来的。

吴　英：反正我觉得我没有被抓进来，钱是可以还掉的。

这是吴英在一审庭审中自行辩护的片段，此时，第一次接触刑事司法程序的吴英天真地以为当庭的言词证据有意义，以为能够影响裁判者的心证，从而能够影响她的命运。当她的这一信仰被践踏之后，她在看守所里写道：公开审判，只是走形式。为什么我的案子会是内部请示、上定下审的判决？吴英还对律师张雁峰说："法庭上辩得那么好，可是法官一点没听进去。"确实，吴英及其辩护律师所进行的辩护，由于没有被法官倾听的机会，因此连否定性的有理有据的回应也没有。

吴英：我借的钱除了还本付息，其他都是为了公司经营。否则的话，我就不会投资固定资产，那不如携款出逃。

吴英：买那么多的固定资产？难道这几十万平方的建筑物会比这几个亿的钱还要轻吗？背着这么多的沉重的房子比蜗牛爬得还慢。

没有回应。

吴英：在公安机关的口供有大部分不符合事实，之所以向公安机关说假话，是因为当时有人告诉她，只要自己认罪了，就可以马上被放出去。

张雁峰律师：所谓个人花 400 万元购买名衣、名表等并不存在，这只是吴英在他人欺骗诱导下做出的不真实的供述（东阳公安于 2007 年 2 月 8 日至 6 月 14 日安排化名张华的线人应小华在吴英监舍威胁、欺骗吴英，让其编造钱已全部花光的事实）。[①]

没有回应。

杨照东律师在吴英案一审辩护词中说：公诉人认为吴英使用了欺诈手段，理由是：本色集团印制了虚假的宣传册；宣传册是 2006 年 12 月印制的，而本案中的借款最晚的一笔也是 2006 年的 11 月份。12 月印制的宣传册不可能用于 11 月份以前的借款过程中。

没有回应，二审判词里依然是一句话："制作本色宣传册向社会公众虚假宣传"。

我们于是发现，吴英案审理的时间表面上很长，但那不是真正意义上的审判，而是静寂的审前侦查程序的延伸，是一种静静的审判，不倾听，不交流的静静的程序，也就无法影响最后的实体结果，因为无法给倾听者留下印象，也就不会让倾听者有可能借此进行真正的自由心证。没有证人出庭，没有言词证据和交叉询问，只有不容置疑、固定的书面证言笔录、文字报告在那里静静地发酵。检察官在法庭上，只关注"她的回答是否适合他的问题"，不会倾听，不愿交流，不想回应。

于是，杨照东律师在二审中提出：我们很珍惜法庭给我们提供的这次论辩机会，我们也很愿意与检察员在这里就吴英案的罪与罚进行有益的探讨。但是，这需要我们检辩双方都能够做到言之有物、言之有据。[②] 于是导致诸多本应

① 参见张雁峰律师二审辩护词。

② 参见杨照东吴英案二审第二轮辩护词。

是辩护的声音，转为反问和质问的声音。

张雁峰律师质问法院：被害人基本上都称吴英没有骗钱，是正常的民间借贷，不知法院凭什么认定“骗取”巨额资金呢？

张雁峰律师质问法院：如果说吴英的集资款没有用于生产经营，那么钱都花哪里去了呢？都挥霍了吗？都怎么挥霍了？是赌博了，吸毒了，建造豪宅了，还是一掷千金吃喝玩乐了？

吴英反问公诉人：（公诉人：你有能力管好 8 家这么大的公司吗？）那你为什么说我没有能力呀？

这些声音，其实至少提供了一种可能性，而这种可能性，就是一种合理的怀疑。如就吴英的“融资模式”是否一定无力承担其所支付的“高息”这一问题，吴英反复提到：如果你放我出去，我一定还得上。（借款）可以还得清，通过公司经营，我认为这也是一种经营方式。我觉得可以还上，因为公司有项目在谈，而且我觉得公司将来还有可能上市。张雁峰律师在一审辩护词中也提出：公诉人称吴英借款利息太高根本不可能通过经营所获利润还款，因为经营企业不可能有这么高的利润，2008 年银行利润只有 17.8%，这种说法是没有事实依据的。因为现实生活中，根本无法推断哪个行业究竟能够获利多少，如果按照公诉人所谓经营企业不可能有过高利润的理论，那福布斯评出的数百位亿万富豪就无法解释了。杨照东律师也在二审辩护词中强调：企业的经营利益包括既得利益，也包括期待利益，包括有形资产，也包括无形资产，吴英的目的是打造“本色”品牌，如果将来的某一天本色集团上市了，又有谁能预计出它价值几何？钟瑞庆教授也曾指出：“很多成功的商业运作，都曾被认为是不可能的”。[①]

而法官和检察官都没有情景化地看待吴英的商业帝国及其未来的发展，因此认定吴英所进行的投资无法获得相应的收益，根本不可能偿还所谓的高息借款，因此推定吴英对不能偿还借款是明知的，从而推定吴英在主观上以非法占有为目的。他们孤立、静态地看待企业的利润构成，忘记了索绪尔所说的：世界是由各种关系而不是事物构成的，在任何既定情境里，一种因素的本质就其本身而言是没有意义的，它的意义事实上是由它和既定情境中的其他因素之

---

① 钟瑞庆：《集资诈骗案件刑事管制的逻辑与现实——浙江东阳吴英集资诈骗案一审判决的法律分析》，《法治研究》2011 年第 9 期。

间的关系决定的。他们只是追求既定的结果，即死刑判决的结果，甚至不顾及死刑判决会给被集资人收回欠款带来更大的风险。结果，直至 2013 年 3 月 20 日，参加中国政法大学“吴英案刑事申诉案研讨会”的林卫平①还在抱怨：“我们这些债权人的债务仍然没有得到清偿，直到现在，我们一分钱也没有拿回来；直至 2015 年 6 月，距离吴英 2007 年 2 月被捕已经过去八年，八年间，吴英案资产处置始终无果。”

除此之外，吴英在法庭调查阶段还关注了很多法律人并不在意的细节。

公诉人：对你这些公司，你做了哪些宣传？

吴　英：我没有做什么宣传过。

公诉人：在东阳的马路上，广告牌做过吗？

吴　英：那些是我的广告公司，我肯定要做的。难道做企业就不要广告投入吗？不要做广告吗？

公诉人：不要问我，我现在问你。

事实上，吴英对“宣传”一词的感觉是敏锐的，她隐隐觉察出的该词的威胁，后来正是被冠以“虚假”二字之后，转录为“虚假宣传”，成为将其定性为诈骗犯的证据之一，在判决书中反复使用。但其他人在此处都没有在意“宣传”一词与“广告”一词的含义，无论是就此进行心证的裁判者们，还是分析此案的语言学家——“结合庭审语境，可以认定公诉人所说的‘宣传’与‘广告’在此处是同义词”，甚至认为这是一个即将面临死刑的人“防范意识过强”。②

程序即细节，细节即程序。但无人倾听的庭审，更遑论做出有利于被告人的心证。吴英在法庭上说得越多，越少被采纳和相信，越多被打断。吴英案庭审辩护所显现出来的与其他案件的巨大区别也在于此，其他案件的被告人，在法庭上，不惜放弃最后陈述这样一个本来作为特许给被告人的进行辩护的最后机会，他们不相信程序，不相信辩护会带来有利于自己的结果。他们将程序赋予他们的权利抛在一边，反其道而行之，将最后辩护的权利变为忏悔的义务，

① 林卫平是吴英案所谓最大的受害人。

② 徐章宏：《“死刑判决”与“无罪申诉”的较量——基于吴英非法集资案涉法话语分析》，《广东外语外贸大学学报》2015 年第 2 期。

千方百计取悦控审，并坚信对程序规则和价值的践踏可以换来真正的实体利益。为此可以和自己的律师划清界限，为此可以在最后陈述中以自我归罪换取量刑从轻。因而法庭上不会出现行使自己诉权、主张自己权利的“强词夺理”，出现的是绕过规则和程序，并把它们当作一道可有可无的手续。由此反观吴英案，这也正是其辩护的价值所在。

而且，吴英对程序的信赖和敏感，不仅表现在法庭审判中。

2009 年 12 月 17 日，两个法官带着当年 4 月开庭的笔录到看守所，让吴英签字。她以笔录上错别字太多为由拒绝签字，并表示自己“不是电脑”，8 个月前庭审的很多话都忘了。在法官的执意要求下签名后，吴英又特意在后面加了一句话：“因为时间太长记不清，以当庭录音为准”。之后，吴英还特别提出：我 2009 年 12 月 17 日才签庭审笔录，判决书于 2009 年 10 月 29 日就打印好，为什么？

在看守所，吴英只要一发现看守所有不规范的行为，比如劳动量过大、管教人员态度不好等，她就会提出来，只要认为是自己应有的权利，她就努力去争取，甚至跟管教和所领导顶撞并接受处罚，导致被管教人员认为“不识好歹”“太过分”。

田文昌律师为了阻止吴英撤回上诉，去会见她。田文昌说：“将来你干了大事业，你来给我养老行不行？”吴英：“不行。”田文昌不解。吴英：“我是说已经说我是骗子了，现在我又出不去，我出不去还答应给你养老，不就证明了我是骗子了吗？”

但是，辩护与一切无关，程序和细节于事无补，之所以后来死刑改判为死缓，只是因为我们看待吴英，正如我们看待《悲惨世界》里的珂赛特，《红楼梦》里的英莲，《边城》里的翠翠，正是一个弱者形象的出现，才让“民意汹涌，网民神伤，一干学者慷慨激昂”，[①] 从而救下吴英一命。

---

① 高艳东：《诈骗罪与集资诈骗罪的规范超越——吴英案的罪与罚》，《中外法学》2012 年第 2 期。

《元典章·刑部》特殊语言现象研究

张　文*

一、前言

《元典章·刑部》大约至治元年（1321年）颁行，汇集了元世祖中统元年（1260年）至仁宗延佑七年（1320年）的文书，作为官吏管理和办案的依据。《元典章·刑部》是元代有大量译自蒙古语的白话公牍，多为蒙元统治者所颁发的各种旨书（圣旨、懿旨、令旨、法旨等）及中央省、院、台官的奏议、札付。《元典章·刑部》作为元代法律文书，深入研究其中的语言现象，对于了解元代法律语言特点有重要意义。本文主要选取《元典章·刑部》前十卷来讨论其特点。

二、《元典章·刑部》特殊语言现象

（一）本文所讨论的语言参数

本文拟采用类型学研究所关注的语言参数来讨论《元典章·刑部》的语言现象。Dryer（2005）在以往学者研究基础上对语序有关的类型学参数进行了系-统总结，其中所讨论的语言参数有：

宾动（OV）	动宾（VO）
后置词（postpositions）	前置词（prepositions）
领属词—名词（genitive-noun）	名词—领数词（noun-genitive）
方式副词—动词（Manner adverb-verb）	动词—方式副词（verb-manner adverb）
标准—标记（standard-marker）	标记—标准（marker-standard）
标准—形容词（standard-adjective）	形容词—标准（adjective-standard）
后置从属连词（final adverbial subordinator）	前置从属连词（initial adverbial subordinator）

---

* 张文，中国政法大学人文学院讲师。本文获得中国政法大学校级青年科学研究项目资助（16ZFQ74001）。

续表

宾动（OV）	动宾（VO）
介宾短语—动词（adpositional phrase-verb）	动词—介宾短语（verb-adpositional phrase）
主要动词—助动词（main verb-auxiliary verb）	助动词—主要动词（auxiliary verb-main verb）
谓语—系词（predicate-copula）	系词—谓语（copula-predicate）
疑问词居后（final question particle）	疑问词居前（initial question particle）
补足语居后（finalcomplementizer）	补足语居前（initial-complementizer）
名词—冠词（noun-article）	冠词—名词（article-noun）
从句—主句（subordinate clause-main clause）	主句—从句（main clause-subordinate clause）
关系从句—名词（relative clause-noun）	名词—关系从句（noun-relative clause）
名词—复数词（noun-plural word）	复数词—名词（plural word-noun）

从语言类型学研究所关注参数的视角来系统探索《元典章·刑部》语言特点的研究还较少，《元典章·刑部》作为元代的法律文书对于认识当时的语言面貌具有非常重要的意义，本文拟在 Dryer（2005）所涉及的语言参数的基础上讨论《元典章·刑部》的语言特点。

（二）《元典章·刑部》的语言特点

1. 基本语序类型

（1）动词和宾语

“VO”语序共 8031 例，占 88.88%，如：世祖皇帝以来定到的断例，后头自元贞元年以来，因做好事上，好生失的宽了有。（《元典章·刑部》卷之一）

“OV”语序共 1005 例，占 11.12%，如：如今星芒天旱、百姓缺食的其间，似这般有罪过的歹人每放了呵，被害的人每，冤气无处伸告，伤着和气。（《元典章·刑部》卷之一）

（2）系动词—谓语（copula-predicate）

“系动词 + 谓语”语序共 559 例，占 99.29%，如：既是回回人氏，庄农为业，自合守分过日。（《元典章·刑部》卷之三）

“谓语 + 系动词”语序共 4 例，占 0.71%，如：又知竟这贼每，赴官告报来的一个陈景春名字的里正，又拿贼去来的州司吏林朴，这两个行的是来。（《元典章·刑部》卷之三）

（3）介词和宾语（prepositions）

前置词语序共 1168 例，占 63.37%，如：亦有泼皮凶顽，皆非良善，以强

凌弱，以众害寡，妄兴横事。(《元典章·刑部》卷之一)

后置词语序共675例，占36.63%，如：如今，中政院管着的怯怜口、呵塔赤、阿察赤、玉烈赤匠人每管民官吏等，但是俺管着，省里、台里、内外衙门，俺根底不商量，做罪过来。(《元典章·刑部》卷之一)

(4) 助动词—VP (auxiliary verb-main verb)

"Aux+V"语序用例如：又用麻绳于搥上悬吊，将欲垂命。(《元典章·刑部》卷之三)

没有发现"V+Aux"语序用例。

(5) 动词—副词 (verb-manner adverb)

"V+Adv"语序没有发现用例。

"Adv+V"语序用例如：张德安告松州官吏不公，本州岛挟雠，执罗张德安不孝为名，枉断八十七下，迁徙辽阳，沿路杖疮溃发身死等事。(《元典章·刑部》卷之一)

(6) 介词短语和动词 (verb-adpositional phrase)

"V+Pre+O"语序共97例，占8.37%，如：可以行而不行，则失乎法；不可行而行之，则遂乎奸。(《元典章·刑部》卷之六)

"Pre+O+V"语序共1053例，占90.85%，如：张敏继母党氏，系父张世英以礼求娶，义同亲母。(《元典章·刑部》卷之三)

"O+Pre+V"共9例，占0.78%，如：若同凡人以斗殴致命论罪，何以劝示当世？(《元典章·刑部》卷之四)

(7) 领属性定语和名词 (noun-genitive)

"G+N"用例如：侵使军人盘缠，比之取受，罪犯情重。(《元典章·刑部》卷之八)

"N+G"没有发现用例[①]。

(8) 复数标记和名词 (plural word-noun)

"复数标记+名词"共43例，占8.16%，如：诸官吏不许将带行人等，取受过度钱物，俱有禁例。(《元典章·刑部》卷之十)

---

① 李崇兴、祖生利(2011：283)提到《元典章·刑部》中也可以看到人称代词领格做定语后置于中心语的语序，如：不拣是谁，但是有性命的，背地里偷杀的人每，不断按荅奚那甚么！圣旨俺的。(《元典章·刑部》卷之十九)，并指出这种表达是直译蒙古语后置的人称代词领格形式的结果。但我们认为这种类型多是单独成句的形式，比较特殊，对其性质还有待进一步研究。

“名词＋复数标记”共484例，占91.84%，如：随路、江南罪囚每，哏遅慢着有。（《元典章·刑部》卷之二）

（9）疑问语气词—S（initial question particle）

“疑问语气词＋S”语序共28例，占45.16%，如：斗殴误伤，或有主奴相害，奚能一一遍数？（《元典章·刑部》卷之五）

“S＋疑问语气词”语序共34例，占54.84%，如：完泽、阿忽歹两个根底商量了奏那？（《元典章·刑部》卷之一）

（10）主从连词—子句（initial adverbial subordinator）

“主从连词＋子句”共986例，占95.08%，如：前项飞粮钞数，若仓攒下鉴亦赴按察司告首，缘所委官治中问出月日在前，其钱理合征解本省，合无止令按察司作数？（《元典章·刑部》卷之九）

“子句＋主从连词”共51例，占4.92%，如：所据盗粜粮价、飞钞轻赍尽数追没外，正粮，于仓官并结揽籴买人处依价均征还官。（《元典章·刑部》卷之九）

2. 特殊语序形式

（1）宾语居前

A. 否定句中，如：军官不罢了，只依旧交管着他每的上头，不敢告有。（《元典章·刑部》卷之八）

B. 疑问代词做宾语，如：诸牧民官，不先洁己，何以治人？（《元典章·刑部》卷之八）

C. 有代词复指宾语

①刑罚之用，本为禁暴止奸。（《元典章·刑部》卷之二）

②合面仰卧，顺波而下，手足舒张裸形者有之，沿身带伤者有之，皮肉溃乱者有之，连衣用绳绑缚者亦有之。（《元典章·刑部》卷之五）

D. 惟……是、唯、惟

①钦惟国朝开辟以来，创立制度，粲定刑法，酌古准今，典章具备。（《元典章·刑部》卷之八）

②近年以来，率多新进年幼，不谙大体，经营差使，惟利是求。（《元典章·刑部》卷之十）

E.“总括”副词做状语

①伪造盐引者，皆斩。（《元典章·刑部》卷之十四）

②及诸人告捕是实，犯人家产全行给付。(《元典章·刑部》卷之十三)

F. 时间副词做状语

①徐保所犯，既已断讫，固难再拟处重。(《元典章·刑部》卷之十七)

②先谓帖里、八扎哈牙等作歹，一干人等，明正典刑讫，告人已经陛赏。(《元典章·刑部》卷之三)

G. 有情态助动词

①事轻者，止当羁管。(《元典章·刑部》卷之十)

②尝谓法令固当谨守，奸弊亦可关防。(《元典章·刑部》卷之六)

③虽事已改正，其原断情由仍须究治。(《元典章·刑部》卷之十五)

④枉法赃满者，应授宣勅，并行追夺。(《元典章·刑部》卷之八)

⑤他每根底重要罪过呵，怎生？(《元典章·刑部》卷之八)

H. 连词

①鞠勘罪囚，皆连职官同问，不得专委本厅及典吏推问。(《元典章·刑部》卷之二)

I. 有后置宾格标记

为这般上头，皇帝根底奏呵，今后休教放者。(《元典章·刑部》卷之一)

(2) 动词居后

A. VO 来 / 去

①往常时，汉儿皇帝手里有两个好将军来。(《元典章·刑部》卷之三)(V+O+ 来)

②麽道教行来圣旨来。(《元典章·刑部》卷之一)(V+ 来 +O+ 来)

B. VO 有

使人去呵，将使去人打了，更教贼人躲闪了有。因此迁调得讼词长了，交百姓每生受有。(《元典章·刑部》卷之一)

C. VO 是

俺如今怎生般理会呵是？(《元典章·刑部》卷之三)

(3) 叠加式

A. 表唯舍

本省除已札付龙兴路，将童庆七、童庚二牢固监收听候外，谘请照详。(《元典章·刑部》卷一)

B. 表假设

①若有罪而殴，邂逅致死者，不坐。（《元典章·刑部》卷之四）

②若有女孩儿呵，与女孩儿。（《元典章·刑部》卷之五）

C. 表原因

为这般上头，皇帝根底奏呵，今后休教放者。（《元典章·刑部》卷之一）

D. 表疑问

夫所以为善，岂缁黄祝禳祈祷之事哉。（《元典章·刑部》卷之十九）

E. 表时间

自阿合马擅权以来，专用酷吏为刑部官。（《元典章·刑部》卷之二）

F. 表完成

徐保所犯，既已断讫，固难再拟处重。（《元典章·刑部》卷之十七）

G. 表处所

其豪霸、茶食、安保人等，似前违犯，取问是实，初犯，于本罪上，比常人加二等断罪，红土粉壁，标示过恶。（《元典章·刑部》卷之一）

三、《元典章·刑部》与其他文献比较

本文选取《新编五代史平话》与《元典章·刑部》语言进行比较，据以往学者研究，从《新编五代史平话》书中不避宋讳，书前署“新编”“平话”字样以及版式刀法来看，当是元人增删的本子。《新编五代史平话》采用编年叙述的体例，近似一部五代史的通俗讲话，可以作为元代纯粹汉语的代表。

（一）基本语序类型

1. 动词和宾语

（1）“VO”语序共 12349 例，占 96.39%，如：

话说郭威事汉高祖刘知远，凡军府之事，无问大小，悉以咨问于威。（《新编五代史平话·周史平话上》）

（2）“OV”语序共 462 例，占 3.61%，如：

岂料得这孩儿后，家中生计萧条，田禾耗损。（《新编五代史平话·周史平话上》）

2. 系动词—谓语（copula-predicate）

（1）“系动词 + 谓语”语序共 740 例，占 98.54%，如：

颈上一颗肉珠，乃是禾宝；（《新编五代史平话·周史平话上》）

（2）“谓语 + 系动词”语序共 11 例，占 1.46%，如：

三国各有史，道是《三国志》是也。(《新编五代史平话·梁史平话上》)

3. 介词和宾语（prepositions）

（1）前置词语序共 1272 例，占 60.86%，如：

郭和向常氏道：“这个肉珠作怪！珠内有禾，莫是田禾之宝？”（《新编五代史平话·周史平话上》）

（2）后置词语序共 818 例，占 39.14%，如：

郭和抱那儿孩一觑，见左边颈上生一个肉珠大如钱样，珠上有禾穗纹十分明朗。(《新编五代史平话·周史平话上》)

4. 助动词—VP（auxiliary verb-main verb）

（1）“Aux+V”语序用例如：

一日出市上闲走，有一汉将着一条宝剑要卖。(《新编五代史平话·周史平话上》)

（2）没有发现“V+Aux”语序用例。

5. 动词—副词（verb-manner adverb）

（1）“V+Adv”语序没有发现用例。

（2）“Adv+V”语序用例如：

黄帝乃依阵布军，遂杀死炎帝，活捉蚩尤，万国平定。(《新编五代史平话·周史平话上》)

6. 介词短语和动词（verb-adpositional phrase）

（1）“V+Pre+O”语序共 324 例，占 25.98%，如：

话说郭威事汉高祖刘知远，凡军府之事，无问大小，悉以咨问于威。(《新编五代史平话·周史平话上》)

（2）“Pre+O+V”语序共 909 例，占 72.89%，如：

我为你改了名，唤做郭威。(《新编五代史平话·周史平话上》)

（3）“O+Pre+V”共 14 例，占 1.12%，如：

四方贡献，随以给赐，所余止此耳。(《新编五代史平话·唐史平话下》)

7. 领属性定语和名词（noun-genitive）

（1）“G+N”用例如：

只有汉高祖，姓刘字季，他取秦始皇天下，不用篡弑之谋。(《新编五代史平话·梁史平话上》)

（2）“N+G”没有发现用例。

8. 复数标记和名词（plural word-noun）

（1）“复数标记＋名词”共201例，占48.91%，如：

又怕山北诸州出兵，邀其归路而击之。（《新编五代史平话·晋史平话上》）

（2）“名词＋复数标记”共210例，占51.09%，如：

①您孩儿每识个甚么，您也不是个买剑人，咱这剑也不卖归您。（《新编五代史平话·周史平话上》）

②知远使郭威等诱承福等入城，以谋叛诬承福等，合其族四百人，杀之无遗。（《新编五代史平话·周史平话上》）

9. 疑问语气词—S（initialquestionparticle）

（1）“疑问语气词＋S”语序共272例，占60.18%，如：

举措孟浪，谋略深沉，将至行营，必夺公兵柄，岂不使将士疑骇？（《新编五代史平话·晋史平话上》）

（2）“S＋疑问语气词”语序共180例，占39.82%，如：

闭关自守，又何忧乎？（《新编五代史平话·周史平话上》）

10. 主从连词—子句（initial adverbial subordinator）

（1）“主从连词＋子句”共910例，占94.01%，如：

只因父亲把那钱分付小人去纳粮，在卧龙桥上被五个后生厮合掷骰，一齐输了。（《新编五代史平话·汉史平话上》）

（2）“子句＋主从连词”共58例，占5.99%，如：

昔吾西征，见唐朝十八陵，无不被人发掘的，此无他事，只是多藏金宝故也。（《新编五代史平话·周史平话上》）

（二）特殊语序形式

1. 宾语居前

（1）否定句中

①但茂贞不除，关中无宁息之日。（《新编五代史平话·唐史平话卷上》）

②国贼未除，先蒙恩赏。（《新编五代史平话·唐史平话卷上》）

③军士至汴，自仁和门入城，秋毫无犯，百姓欢悦。（《新编五代史平话·周史平话卷下》）

（2）疑问代词做宾语

城陷食尽，又将安归？（《新编五代史平话·晋史平话卷下》）

（3）有代词复指宾语

①故门高之弑，乐器之焚，亦是自取其祸也。(《新编五代史平话·唐史平话卷下》)

②旧所进羡余物，悉罢之。(《新编五代史平话·周史平话卷上》)

(4) 惟……是、唯、惟

①虏惟利是嗜，安铁胡止以袍裤赐之，今欲其来朝，必重赂乃可致耳。(《新编五代史平话·晋史平话卷下》)

②惟河东必死之寇，不可以恩信诱，必当以强兵制之。(《新编五代史平话·周史平话卷下》)

(5) "总括"副词做状语

①此等虚文，宜一切革罢。(《新编五代史平话·周史平话卷上》)

②克用前后表凡八上，乃遣杨复恭奉使李克用军，宣谕圣旨。(《新编五代史平话·唐史平话卷上》)

③眨眼间，三十贯钱一齐输了，无钱可以出注。(《新编五代史平话·周史平话卷上》)

(6) 时间副词做状语

①今延光反形已露，大梁去魏不过十驿田地，彼若有变，大军寻至，所谓迅雷不及掩耳也。(《新编五代史平话·晋史平话卷下》)

②且中国新败，士气凋沮，又和亲既绝，则当发兵守塞。(《新编五代史平话·晋史平话卷下》)

③大家左右有此等言话，我将废乎？(《新编五代史平话·唐史平话卷下》)

④今大功始就，封赏未加于战阵之士，先以伶人为刺史，恐忠义之士扼腕，缓急无以为用。(《新编五代史平话·唐史平话卷下》)

(7) 有情态助动词

①若得郓州，则心腹内溃，而东平可得也。(《新编五代史平话·唐史平话卷下》)

②咱每这刀，要卖与烈士！(《新编五代史平话·梁史平话卷上》)

③由此得将士心，所守必固，所攻必克。(《新编五代史平话·周史平话卷上》)

2. 动词居后

(1) VO 来 / 去

令左右将去剥取皮来，将付军中蒙鼓。(《新编五代史平话·晋史平话

卷下》)

(三)叠加式

(1)表唯舍

除征行军马，别行犒赏外，加诸镇节度使各转三官。(《新编五代史平话·周史平话卷上》)

(2)表假设

若去劫他时，不消贤弟下手。(《新编五代史平话·梁史平话卷上》)

(3)表疑问

我岂能束手死在道路乎?(《新编五代史平话·晋史平话卷上》)

(4)表时间

臣仰惟皇帝陛下，自居尊履位以来，未正中宫位号。(《新编五代史平话·唐史平话卷下》)

(5)表完成

议论已定了，威背后使心腹的人，诣契丹牙帐，请事成后邀求重赏。(《新编五代史平话·晋史平话卷下》)

(6)表处所

不旬日间，当致茂贞之首悬于阙下，取进止!(《新编五代史平话·唐史平话卷上》)

我们把上述语序形式列表如下:

结构表达	语　序	《元典章》	《新编五代史平话》
动词和宾语	VO	88.88%	96.39%
	OV	11.12%	3.61%
系动词—谓语	系动词 + 谓语	99.29%	98.54%
	谓语 + 系动词	0.71%	1.46%
介词和宾语	Pre+O	63.37%	60.86%
	O+Pre	36.63%	39.14%
助动词—VP	Aux+V	100%	100%
	V+Aux	0	0
动词—副词	V+Adv	0	0
	Adv+V	100%	100%

续表

结构表达	语　序	《元典章》	《新编五代史平话》
介词短语和动词	V+Pre+O	8.37%	25.98%
	Pre+O+V	90.85%	72.89%
	O+Pre+V	0.78%	1.12%
领属性定语和名词	N+G	0	0
	G+N	100%	100%
复数标记和名词	复数标记 + 名词	8.16%	48.91%
	名词 + 复数标记	91.84%	51.09%
疑问语气词—S	疑问语气词 + S	45.16%	60.18%
	S + 疑问语气词	54.84%	39.82%
主从连词—子句	主从连词 + 子句	95.08%	94.01%
	子句 + 主从连词	4.92%	5.99%

由上表可见：

1. 基本语序（Basic word order）

根据频率的原则，纯粹汉语《新编五代史平话》和蒙式汉语《元典章》中的基本语序均是 VO，但蒙式汉语《元典章》中 OV 比例高于纯粹汉语《新编五代史平话》中 OV 比例。

2. 和谐语序（Harmonious order）

在纯粹汉语《新编五代史平话》和蒙式汉语《元典章》中与 VO 和谐的又有用例表现的语序为：系动词 + 谓语、前置词、Aux+V、V+Pre+O、复数标记 + 名词、疑问语气词 + S、主从连词 + 子句。与 OV 和谐的又有用例表现的语序为：后置词、Adv+V、Pre+O+V、G+N、名词 + 复数标记、S + 疑问语气词、子句 + 主从连词。

需要注意，蒙式汉语《元典章》中与 OV 和谐的语序 Pre+O+V、名词 + 复数标记、S+ 疑问语气词高于纯粹汉语《新编五代史平话》中对应语序比例。

3. 优势语序（Dominant order）

在纯粹汉语《新编五代史平话》中优势语序为：VO、系动词 + 谓语、Pre+O、Aux+V、疑问语气词 +S、主从连词 + 子句、Adv+V、Pre+O+V、G+N、名词 + 复数标记，其中 Adv+V、Pre+O+V、G+N、名词 + 复数标记是与 OV 语序和谐的语序，其余是与 VO 语序和谐的语序。

在蒙式汉语《元典章》中优势语序有：VO、系动词 + 谓语、Pre+O、Aux+V、主从连词 + 子句、Adv+V、Pre+O+V、G+N、名词 + 复数标记、S+ 疑问语气词，其中 Adv+V、Pre+O+V、G+N、名词 + 复数标记、S + 疑问语气词是与 OV 语序和谐的语序，其余是与 VO 语序和谐的语序。需要注意，S + 疑问语气词这一与 OV 语序和谐的语序在蒙式汉语《元典章》中是优势语序，这与纯粹汉语《新编五代史平话》中疑问语气词 + S 是优势语序的情况不同。

4. 特殊语序

本文所讨论的特殊语序明显带有混合的语序特征。

对于“宾语居前”来说，纯粹汉语《新编五代史平话》中和蒙式汉语《元典章》中的情况是：否定句中、疑问代词或指示代词做宾语、有代词复指宾语、惟……是、“总括”副词做状语、表“完成”的副词做状语、有情态助动词几种类型，此外，需要特别注意的是，蒙式汉语《元典章》中还有后置宾格标记的类型。

对于“动词居后”来说，纯粹汉语《新编五代史平话》中和蒙式汉语《元典章》中有“VO 是”的类型，此外，蒙式汉语《元典章》中有“VO 来 / 去”“VO 有”的类型。

对于“叠加式”来说，纯粹汉语《新编五代史平话》中有表唯舍、表假设、表疑问、表时间、表完成、表处所的类型，蒙式汉语《元典章》中除了上面几种类型外，还有表原因的类型。

四、《元典章·刑部》中特殊语言现象的原因

1. 与汉语和蒙古语语言接触的社会大环境有关

元代受北方少数民族语言影响较大，元代汉语为适应交际的需要，在接受阿尔泰化同时，从母语中寻找自己的生存基点，从而派生出了“新”的汉语模式“汉儿言语”。阿尔泰语系语言的基本语序是 OV，所以受阿尔泰语系语言蒙古语影响的《元典章·刑部》中会存在与 OV 语序有关的特殊语言现象，这是人口接触的影响。

2. 受到法律文书这种文体的影响

（1）《元典章·刑部》中带有公牍体的性质，公牍体中带有汉语文言色彩，古代汉语宾语居前这种句法要求在上古汉语中比较严格，中古以后特别在口语

中，这种句法上的要求逐渐宽松，但仿古的作品中还是带有句法上宾语居前这种句法特点。法律文书是公牍体的一种，带有较多文言固定格式。如：

①刑罚之用，本为禁暴止奸。(《元典章·刑部》卷之二)

②钦惟国朝开辟以来，创立制度，累定刑法，酌古准今，典章具备。(《元典章·刑部》卷之八)

(2)法律文书中情态词、否定词、总括词等的使用，满足宾语前置句法环境，从而出现较多OV语序，如：

①枉法赃满者，应授宣勅，并行追夺。(《元典章·刑部》卷之八)

②军官不罢了，只依旧交管着他每的上头，不敢告有。(《元典章·刑部》卷之八)

③伪造盐引者，皆斩。(《元典章·刑部》卷之十四)

(3)规定法律文书条文的施事者经常不须出现或不必出现，从而使SVO语序中的S位置为空，使得宾语O可以前置于句首话题位置并得以强调从而出现OV语序。如：

①合用器仗必须备足。(《元典章·刑部》卷之十三)

②如今星芒天旱、百姓缺食的其间，似这般有罪过的歹人每放了呵，被害的人每，冤气无处伸告，伤着和气。(《元典章·刑部》卷之一)

五、结论

通过比较《元典章·刑部》与同时期的其他语料，可以发现《元典章·刑部》中存在如下特殊的语言现象：

(1)《元典章·刑部》中OV比例较高。与此相关，《元典章·刑部》中与OV和谐的语序“Pre+O+V”“名词＋复数标记”“S＋疑问语气词”高于同时期其他文献。“S＋疑问语气词”这一与OV语序和谐的语序在《元典章·刑部》中是优势语序，这与同时期其他文献中“疑问语气词＋S”是优势语序的情况不同。

(2)《元典章·刑部》中出现“宾语居前”的句法环境如下：否定句中、疑问代词或指示代词做宾语、有代词复指宾语、惟……是、“总括”副词做状语、表“完成”的副词做状语、有情态助动词几种类型，此外，需要特别注意的是，《元典章·刑部》中还有后置宾格标记的类型。《元典章·刑部》中出现“动词居后”的句法环境如下：有“VO是”“VO来/去”“VO有”几种类型。对于“叠加式”来说,《元典章·刑部》中有表唯舍、表假设、表疑问、表时间、表完成、表处所、表原因几种类型。

（3）《元典章·刑部》中的特殊语言现象，一方面与汉语和蒙古语语言接触的社会大环境有关，另一方面受到法律文书这种公牍体的影响。

参考文献

1. 胡敕瑞:《汉语负面排他标记的来源及其发展》,《语言科学》2008 年第 6 期。

2. 江蓝生:《语言接触与元明时期的特殊判断句》,《语言文字学》2004 年第 28 期。

3. 蒋绍愚:《语言接触的一个案例——再谈“V（O）已”》,《语言学论丛》2007 年第 36 辑。

4. 蒋绍愚、曹广顺:《近代汉语语法史研究综述》，商务印书馆 2005 年版。

5. 李崇兴、祖生利:《〈元典章·刑部〉语法研究》，河南大学出版社 2011 年版。

6. 李蓝:《现代汉语方言差比句的语序类型》,《方言》2003 年第 3 期。

7. 余志鸿:《元代汉语的后置词系统》,《民族语文》1982 年第 3 期。

8. 遇笑容:《汉语语法史中的语言接触与语法变化》,《汉语史学报》2004 第 4 期。

9. 遇笑容、曹广顺、祖生利:《汉语史中的语言接触问题研究》，语文出版社 2010 年版。

10. 张赪:《汉语语序的历史发展》，北京语言大学出版社 2010 年版。

11. 祖生利:《元代白话碑文中方位词的格标记作用》,《语言研究》2001 年第 4 期。

12. 祖生利:《元代白话碑文中词尾“每”的特殊用法》,《语言研究》2002 年第 4 期。

13. 祖生利:《元代直译体文献中的原因后置词“上 / 上头”》,《语言研究》2004 年第 1 期。

14. Dryer, Matthew 2005 Word Order. Language 68：81-138. *Language Typology and Syntactic Description*, Vol. 1.

15. Taylor, J. R. 1995 *Linguistic Categorization：Prototypes in Linguistics Theory*, Oxford, Clarendon Press.

起诉书制作的语言文字规范问题

张 彦*

起诉书是人民检察院经侦查或审查，确认被告人的行为构成犯罪，依法应当交付审判，向人民法院提起公诉时，制作并使用的文书。[①]它是检察机关行使公诉权的重要载体，在侦查程序或审查起诉程序与审判程序之间起到纽带作用，具有终结审查起诉启动审判程序、制约审判权、限定庭审和最终裁判的范围、提供辩护信息以保障被告人一方的辩护权等功能。因此在刑事诉讼中具有举足轻重的地位，是应用最广泛的法律文书之一。为了确保功能的实现，起诉书的制作必须规范严肃，包括语言表述形式的规范与统一，这也是起诉书发挥功能的基础条件。但是，起诉书的语言表述问题一直都没有得到应有的关注。

我们对北京市各级检察院 2014 年 7、8 月份共计 4187 份起诉书做了全面调查，据此审视目前起诉书制作的语言规范情况。根据最高人民检察院《法律文书制作（样本）》，起诉书的格式构成由首部、被告人基本情况、案由和案件的审查过程、案件事实、证据、起诉理由及依据、尾部这七个部分构成。为了便于操作，我们只选取了起诉书中的一部分来考察，即起诉理由及依据部分。这部分是起诉书的制作重点与核心，要对被告人的犯罪事实进行高度概括并结合法律规定进行分析提炼，最终提出定罪量刑意见。我们就以此为观察点，观察分析其常见的语言规范问题，从而管窥起诉书制作的语言规范情况。起诉书制作的语言规范情况直接影响起诉书的表达效果，影响起诉书的权威性和严肃性。

一、标点的使用问题

1. 标点缺少

（1）缺少逗号

不当示例 1　本院认为，**被告人曹 × 故意伤害他人身体致一人轻伤**，其行

---

* 张彦，中国政法大学人文学院副教授、硕士生导师，中国政法大学法律研究中心副主任，主要研究方向为法律语言学等。

① 马宏俊主编:《法律文书学》，中国政法出版社 2001 年版，第 77 页。

为触犯了《中华人民共和国刑法》第二百三十四条第一款。

不当示例 2 被告人刘 × 违反国家规定，**非法经营扰乱市场秩序**，情节严重。

正确示例 1 **被告人张 × 故意伤害他人身体，致一人轻伤。**

正确示例 2 被告人茅 ××、杨 ×× 违反国家规定，**未经国家主管部门批准，非法经营证券业务**，扰乱市场秩序，情节严重。

两个不当示例的划线部分中间缺少标点符号断句导致句子过长，影响理解。不当示例 1 应在“伤害他人身体”后加逗号，从而在犯罪行为和犯罪结果之间明确界限，逗号前为犯罪行为，逗号后为犯罪结果；不当示例 2 应在“非法经营”后加逗号，从而明确犯罪行为和犯罪后果的表述界限。

（2）缺少顿号

不当示例 1 犯罪性质恶劣，**情节后果**特别严重。

不当示例 2 被告人刘 ×× 故意伤害他人身体**致一人轻伤一人轻微伤。**

不当示例 1“情节”与“后果”并列作为全句的主语，即“情节后果特别严重”。根据《中华人民共和国国家标准标点符号用法 GB/T15834-1995》[①] 规定，句子内部并列词语之间的停顿，用顿号。不当示例 2“一人轻伤”与“一人轻微伤”也是并列成分，做全句的宾语；以上并列成分之间都应当加顿号，否则会造成理解上的不畅。

2. 标点多余

不当示例 被告人关 ×× 在有期徒刑执行完毕之后，五年内再犯应当判处有期徒刑以上刑罚，属于累犯。

正确示例 被告人张 ×× 曾因犯罪被判处有期徒刑，在刑罚执行完毕后五年内再犯应当判处有期徒刑以上刑罚之罪，依据《中华人民共和国刑法》第六十五条第一款，系累犯，应当从重处罚。

不当示例“执行完毕之后”后面的逗号多余，应取消。“在……内”表示的是在某期间，“有期徒刑执行完毕之后五年”才是一个期间的完整表述，中间加逗号就割裂了这一表述，故此处逗号多余。

---

① 该标准由国家语委语言文字应用研究室“标点符号用法”课题组负责起草，主要起草人龚千炎、刘一伶，于 1996 年 6 月 1 日起实施。

3. 标点误用

（1）顿号误用为逗号

不当示例 被告人姚 ××，遇事不能正确处理，采用暴力手段，故意伤害他人身体，并导致一人死亡，一人重伤的后果。

示例划线处的逗号应为顿号，该标点所分隔的两个并列成分均为“（导）致”的宾语，即这两个并列成分共同充当一个谓语中心所支配的对象，所以应该结合紧密，用停顿更短的顿号隔离比用逗号更能表明这种紧密关系。

（2）逗号误用为顿号

不当示例 被告人李 ×、王 ×、张 ×× 无视法律、以暴力手段伤害他人身体。

示例划线处的顿号所隔离的前后两个成分不是并列关系，不应用表示并列关系的顿号，应为逗号。

二、词语的使用问题

1. 用词繁简不当

起诉理由及依据部分要对被告人的犯罪事实进行高度概括并结合法律规定进行分析提炼，最终提出定罪量刑意见。因此，要求词语运用要高度概括，要凝练，避免烦琐的细枝末节的具体描写。

不当示例 1 本院认为，被告人余 ×× 不能正确处理矛盾，因琐事将他人手部**掰伤**，致人受到轻伤二级的损伤后果。

不当示例 2 本院认为，被告人杨 ×× 不能正确处理矛盾，**咬伤**他人手指，致人受到轻伤二级的损伤后果。

不当示例 3 本院认为，被告人范 ×× 遇事不能正确处理，竟**打伤**他人，并造成轻伤一级的后果。

不当示例 4 本院认为，被告人李 ×× 法制观念淡薄，遇事不能正确处理，竟**持械砍伤**他人，致一人轻伤和一人轻微伤的后果。

不当示例 5 本院认为，被告人崔 ×× 故意**持械击打**他人头部，致人死亡。

不当示例 6 本院认为，被告人谢 × 家、谢 ×× 结伙**殴打**被害人，致一人轻伤，一人轻微伤。

正确示例 本院认为，被告人赵 ×× **故意伤害**他人身体，致一人轻伤。

上述案例均为故意伤害罪，在犯罪行为的表述上，虽都是伤害行为，但采用了不同的细节描写词语“掰”“咬”“打”“砍”“殴打”“击打”“伤害”。其中“伤害”为上位词，其余词语为表示具体伤害行为的下位词。起诉理由及依据部分对于犯罪行为的表述应高度概括，在不影响定罪量刑的情况下，尽量选取与相应法律规定的相一致的用词。比如故意伤害罪里，“故意伤害他人身体的，处三年以下有期徒刑、拘役或者管制。”表述为“伤害”即可。但是《刑法》里对以特别残忍手段致人重伤造成严重残疾的，又有从重处罚的明确规定，所以，当手段特别残忍时需再具体表述，不宜简单表述为“伤害”。

罪状概述部分的这一用词特点有其独特性，体现了承上启下的作用，即向上承接事实部分，向下承接法律规定立法层面。词语的选用虽然来源于事实，但不像事实部分表述那么具体，通常要做适当概括；虽然紧扣法律规定，多用相应的法律规定里的表述，但也不完全都是直接套用，还要根据具体情况最终确定。

2. 用词不够凝练

不当示例 本院认为，被告人李 ×× 故意伤害他人身体，<u>**造成**</u>一人轻伤。

“造成”宜用为“致”，例中划线处宜表述为“致”一人轻伤，更为简洁、凝练。

3. 代词的使用

（1）该用代词而用了实词

不当示例 1 被告人顾 ×× 违背妇女意志，强行与<u>**他人**</u>发生性关系。

不当示例 2 被告人邵 ×× 违背妇女意志，强行与<u>**被害人**</u>发生性关系。

不当示例 3 被告人张 × 为满足个人淫欲，违背妇女意志，强行与<u>**妇女**</u>发生性关系。

以上三个例子中“强行与……发生性关系”中，发生性关系的对象表述不一，却均使得整句句意表达不清楚，这几个对象与前文“违背妇女意志”里的“妇女”为同指还是异指，并不明确。指向不同，句意就不同。为了避免歧义出现，也为了使句子更简洁，建议将发生性关系的对象“他人”“被害人”“妇女”均改为“其”。

（2）该用代词而未使用

不当示例 本院认为，被告人范 ×× 因感情琐事故意非法剥夺他人生命，致两人死亡，盗窃他人财物数额较大，犯罪性质极其恶劣，情节、后果特别严重，社会危害性极大，其行为触犯了《中华人民共和国刑法》第二百三十二条、第二百六十四条，犯罪事实清楚，证据确实、充分，应当以故意杀人罪、盗窃罪追究刑事责任。

例句主干为“本院认为，被告人范××……，应当以……罪追究刑事责任。”最后一个分句里应在“追究”后加“其”，以明确指代前面的“被告人范××”，使得句意完整。

“其”是起诉书里的高频词，它的使用要高度注意。合理使用“其”，能够让起诉书更加精炼；但是“其”的使用也是一把双刃剑。稍有不慎，这个词就会带来很多消极的表达效果，会引起歧义，或者会导致表意不清。问题主要出现在多项并列的情况下，“其”是指代某一项还是指代全部？不明晰，而且即便明确了指代的是某一项，却又不明确指代的是哪一项。因此，在使用“其”的时候，必须要仔细校对是否会出现表意问题。

三、语法问题

1. 成分残缺

句子成分残缺突出表现为缺少宾语中心语、谓语中心语或宾语。例如：

不当示例1 根据《中华人民共和国刑法》第十八条，**被告人邢×为限制刑事责任能力**，可以从轻处罚。

不当示例2 被告人张××实施上述行为时，辨认和控制能力不完整，**属于限制刑事责任能力**，可以从轻或者减轻处罚。

不当示例3 被告人徐××为牟取私利，**销售含有有毒、有害的保健品**。

不当示例4 被告人栾××、解××**明知假药**而予以销售。

示例1缺少宾语中心语。主干为“被告人……系限制能力。”“限制能力”只是一个限定语，它所限定的中心语“人”缺失，应补充，为“被告人……系限制能力人。”

示例2缺少宾语中心语。主干为“被告人……属于限制刑事责任能力。”同上，也应该在“能力”后补充上中心语“人”，为“被告人……属于限制刑事责任能力人。”

示例3缺少宾语中心语。划线处谓语“含有”所支配的宾语缺少中心语“成分”，应为“销售含有有毒、有害成分的保健品”。

示例4缺少谓语中心语。“明知假药”中“明知”的宾语应为一件事，不能是一事物，这里是在“假药”前缺少了谓语中心语“系”。“系假药”为“明知”的对象。

2. 成分冗余

句子成分多余造成表述烦琐。例如：

不当示例 1 本院认为，被告人孙 ×× 纠集他人**实施故意伤害他人身体之行为**，致一人轻伤。

不当示例 2 被告人杨 ×、张 × 违反国家规定，**未经烟草专卖行政主管部门许可，无烟草专卖零售许可证非法**经营烟草专卖品，扰乱市场秩序，情节严重。

示例 1 划线处“实施……行为”与“故意伤害他人身体”重复，建议删掉“实施”与“行为”这两个冗余成分，精炼概括为“故意伤害他人身体”即可。

示例 2 划线处不够精炼，“未经烟草专卖行政主管部门许可”与“无烟草专卖零售许可证”表意重复，因为，通常情况下，“未经许可”必定就“无许可证”。而且，这种未经许可的经营行为就是非法的，所以，后面的“非法”也是多余的。因此，建议改为“无烟草专卖零售许可证经营烟草专卖品”或者“无证经营烟草专卖品”。

3. 成分搭配不当

成分搭配不当主要表现在动宾搭配不当、主谓搭配不当。例如：

不当示例 1 被告人王 ×× **违背妇女意识**，持刀并使用暴力手段奸淫妇女。

不当示例 2 被告人张 ×× 实施上述行为时，**辨认和控制能力不完整**，属于限制刑事责任能力（人），可以从轻或者减轻处罚。

示例 1“违背……意识”搭配不当，应为“违背……意志”。

示例 2“能力”与“完整”搭配不符合语言习惯，应该是“能力不完全”。在刑法中，将人的行为能力分为“完全行为能力、限制行为能力和不完全行为能力”，所以“能力不完全”的表达不仅符合语言的使用习惯，而且与刑法的表述一致。

4. 歧义

歧义出现的原因多表现为修饰语不明确、指示代词指代不明、缺少必要的限定成分。例如：

不当示例 1 被告人齐 ×× **故意伤害他人身体，致一人轻伤二级的行为触犯了**《中华人民共和国刑法》第二百三十四条第一款，犯罪事实清楚，证据确实、充分，应当以故意伤害罪追究其刑事责任。

不当示例 2 被告人杨 ×× 纠集他人故意伤害**他人**身体，致人重伤，其行为触犯了……

不当示例 3 被告人刘 × 故意伤害**身体**，造成一人轻伤、一人轻微伤，其行为触犯了……

示例 1“行为”的修饰语不明确导致歧义：是故意伤害他人身体的行为触犯了……？还是致人轻伤二级的行为触犯了……？还是二者共同触犯了……？表述不清。应表述为“被告人……故意伤害他人身体，致……轻伤（二级），其行为触犯了……”

示例 2 出现了两个“他人”，事实上这两个“他人”所指是不同的。第二个代词“他人”指代前一个他人还是另外的他人？不明确，导致歧义，建议改为“被告人杨 ×× 纠集他人故意伤害被害人身体”。

示例 3“身体”所属不明确导致歧义：是被告人自己的身体还是他人身体？根据案情可知其故意伤害的不是他自己的身体，建议在“身体”前加“他人”。

5. 句式杂糅

句式杂糅，是一种常见的语病，往往是 A 句式的开头与 B 句式的结尾融合为一句，突出表现在罪状表述部分的犯罪后果的叙述中。例如：

不当示例 本院认为，被告人刘 × 故意伤害他人身体，**致被害人轻伤后果**，……（故意伤害罪—京石检公诉刑诉〔2014〕228 号）

正确示例 本院认为，被告人刘 ×× 故意伤害他人身体，**致人轻伤**，其行为触犯了《中华人民共和国刑法》第二百三十四条第一款，犯罪事实清楚，证据确实、充分，应以故意伤害罪追究其刑事责任。

不当示例中“致被害人轻伤后果”为“致被害人轻伤”和“造成被害人轻伤后果”这两个句式杂糅而成，不恰当。有人表述为“造成被害人轻伤后果”，从语法上来说没有问题，但是从表达的经济性角度考虑还是不够精炼。因此表达为“致被害人轻伤”是正确的，再经济一些，可进一步精炼，表述为“致人轻伤”。

6. 句子冗长

起诉理由及依据部分要求高度概括，不宜使用过于松散的短句，宜用逻辑严密的长句，但是也要在不影响理解的前提下使用。句子太长会造成读者理解困难。例如：

不当示例 本院认为，**被告人陈 × 以非法占有为目的，冒用他人信用卡，且数额较大的行为**触犯了《中华人民共和国刑法》第一百九十六条第一款第三项，犯罪事实清楚，证据确实、充分，应当以信用卡诈骗罪追究其刑事责任。

正确示例 本院认为，**被告人黄 ×× 冒用他人信用卡，数额较大，其行为**触犯了《中华人民共和国刑法》第一百九十六条第一款第三项，犯罪事实清楚，证据确实、充分，应当以信用卡诈骗罪追究其刑事责任。

不当示例主干为“本院认为，被告人……的行为触犯了……，应当以……追究其刑事责任。”“行为”前的修饰成分过长而导致读者理解困难。这种情况下，宜将过长的修饰成分拆解为短小的分句逐项来表述。改为“本院认为，被告人……，其行为触犯了……，应当以……追究其刑事责任。”如正确示例。

7. 缺少表示关联关系的词语

起诉书写作中涉及事实的叙述与说理。逻辑关系必须清楚，易理解，无歧义。常见问题有缺少关联词、缺少表示关联关系的实词“分别”“均”等。

（1）缺少关联词

不当示例 本院认为，被告人陈 ×× 为满足个人淫欲，违背妇女意志，强行与妇女发生性关系，以非法占有为目的，采用暴力手段强行劫取他人财物，且多次盗窃，其行为触犯了《中华人民共和国刑法》第二百三十六条、二百六十三条、二百六十四条，犯罪事实清楚，证据确实、充分，应当以强奸罪、抢劫罪、盗窃罪追究其刑事责任。

上例中的被告人一人犯三罪，在罪状表述中，前两罪之间没有明确的界限，使表达不够清晰。应在第二个罪状前加表示并列关系的“还”，为“还以非法占有为目的，……”。加关联词表示逻辑关系的方法宜用于一人犯两罪或三罪的表述，三罪以上建议还是用分号隔开，层次更清晰。或者用分号分隔几个并列的小句，这也是目前起诉书里比较常见的办法。

（2）缺少表示关联关系的实词

不当示例 本院认为，被告人任 ×× 无视国家法律，遇事不能正确处理，故意伤害他人身体，致一人轻伤、一人轻微伤的后果；以非法占有为目的，虚构事实、骗取他人财物，数额较大，**其行为**触犯了《中华人民共和国刑法》第二百三十四第一款、二百六十六条的规定，犯罪事实清楚，证据确实、充分，应以故意伤害罪、诈骗罪追究其刑事责任。

上例为一个被告人实施了两个犯罪行为，起诉书采用了罪状分开表述、情节认定合并表述的方式，为了使句子逻辑更清晰，有必要在两个罪状阐述完毕之后表述“其行为分别触犯了……”，即在原文“行为”前加“分别”，以更加明确前两个罪状同后面的两个适用法条之间的关系。

四、表达色彩问题

起诉书的语言表达色彩分为语体色彩与感情色彩。

1. 语体色彩

起诉书属于公文语体中的法律文书语体，是书面语体的一种。因此应尽量使用书面语来表述，少用口语、大白话。

不当示例　被告人刘 × 被抓到案后基本如实供述，依据《中华人民共和国刑法》第六十七条第三款，可以从轻处罚。

上例中“抓”是一个口语色彩很浓的词语，在庄重而严肃的起诉书不宜出现，而且从表达的经济性角度而言，这里“被抓”可以全部省去，只交待“到案后”即可。

另外，书面语体的运用也应有度，有人过度使用文言色彩突出的词语，如大量使用文言词汇“之”，也是不妥的，毕竟现在的起诉书的读者受众是当下的审判机关及民众，所以应尽量使用普遍通行的现代汉语。

2. 感情色彩

起诉书是对被告人犯罪事实审查认定后向审判机关提起公诉的司法文书，因此要对被告人犯罪事实和罪行做总结评价，但这种评价是基于犯罪事实的理性评价，有别于社会普通公众的道德评价，应避免使用主观感情色彩强烈的言辞，如目前起诉书中比较常见的语气副词“竟”便是一例：“被告人甘 ×× 为满足个人淫欲，竟强行与妇女发生性关系。”还有“目无国法”“无视国家法律”等言辞，一方面，会影响公诉机关的客观公正性，与自己作为法律监督机关的角色相悖，另一方面，也会无形中传递给法官，影响其自主判断，形成心证。这一问题是长期以来一直存在的问题，虽早已被关注①，但目前仍然未引起公诉

① 程捷:《功能、要素与格式：起诉书制作检讨》,《中国刑事法杂志》2007 年第 1 期；李玲、董常青:《起诉书制作改革的理论与实务研究》,《新疆公安司法管理干部学院学报》2001 年第 1 期。

人的重视，还是比较常见。

五、语言文字规范建议

首先，起诉的理由和依据部分应针对起诉书所指控犯罪的基本特征，对被告人行为性质、危害程度、情节轻重、指控犯罪的依据等起诉书重要内容加以表述，做到语言概括、凝练、准确、清晰。语言要高度概括，这一要求突出体现在叙明罪状部分。这部分要在前文事实部分的相对详细叙明的情况下，再次对被告人行为的性质、危害程度、情节轻重做高度概括。所以，在用词上，多用概括性的上位词，尽量少用具体的下位词。语言要高度凝练，多从语言表达的经济性角度考虑，尽量选用高度凝练的表述。语言要准确、清晰，在从犯罪性质、危害程度、情节轻重角度对被告人的犯罪行为做提炼与评价时，语言要准确清晰，避免出现差错和表述不清的情况。

其次，标点和语法要准确。标点和语法的很多问题需要通过自我检查和学习交流来解决。此类问题出现原因大概有两种：一是因为疏忽；二是因为习惯成自然。如是因为疏忽，可以加强反复审查校对的环节，自我检查，发现了即修改，长期坚持下来，形成良好的表述习惯，就会大大减少此类问题的出现。如是因为长期形成这种不当的习惯用法，那就需要多学习多交流，从别人身上发现自身问题，主动调整，强化记忆，形成正确的表述习惯。

再次，表达色彩要恰当。尽量使用书面语体，感情色彩强烈的言辞应避免使用；避免主观感情色彩强烈的用语。

从检察官客观义务的角度谈起诉书语言规范化

赵晓敏 *

一、检察官客观义务与起诉书语言的关系

1. 检察官客观义务概述

检察官客观义务又称检察官客观公正义务、检察官客观公正原则，指检察官为了实现司法公正，在刑事诉讼中不应站在当事人立场、而应站在客观立场上进行活动，努力发现并尊重案件事实真相。检察官客观义务在德国问世后，先后被世界上不同法系国家和地区所借鉴，并被国际准则所确认[①]，成为检察官的重要行为准则。在实行职权主义诉讼模式的国家，刑事诉讼中，检察官负有不同于当事人的权利、义务，不能把获得有罪判决作为唯一目标，而应从社会的立场出发，客观公正地按照事实和法律进行公诉。[②]在实行当事人主义诉讼模式的英、美、加拿大等国，虽然检察官被认为是当事人，但也同样负有客观义务。如美国，在1935年的伯格诉合众国一案中，大法官萨瑟兰 (Sutherland) 指出：美国检察官代表的不是普通的一方当事人，而是国家政权，他应当公平地行使自己的职责；因此检察官在刑事司法中不能仅仅以追求胜诉作为自己的目标，应当确保实现公正，也就是说，从这个特别的、有限的意义上讲，检察官是法律的奴仆，具有双重目标，既要惩罚犯罪，又要确保无辜者不被错误定罪。检察官可以而且也应当全力以赴地追诉犯罪，但在他重拳出击时，却不能任意地犯规出拳。[③]联合国《关于检察官作用的准则》的序言开宗明义：该准则的目的在于协助会员确保和促进检察官在刑事诉讼中发挥有效、不偏不倚和公

---

* 赵晓敏，北京市石景山区人民检察院检察管理监督部检察员。

① 朱孝清：《检察官客观公正义务及其在中国的发展完善》，《中国法学》2009年第2期。

②［法］卡斯东·斯特法尼、乔治·勒瓦所、贝尔纳·布洛克：《法国刑事诉讼精义》，罗结珍译，中国政法大学出版社1999年版，第135页。

③［美］爱伦·豪切斯泰勒·斯黛丽、南希·弗兰克：《美国刑事法院诉讼程序》，陈卫东、徐美君译，中国人民大学出版社2002年版，第230页。

正无私的作用。[①]检察官客观义务在我国已经逐渐为检察官所接受，但根植于心的司法理念的彻底转变不会一蹴而就。

2. 起诉书语言背后司法理念的演变

语言不是孤立存在的，语言背后隐藏的是语言使用者的思维和理念。公诉人撰写起诉书，看似单纯套用他人模板抑或职业习惯使然，但其语言的选择与使用都是内在逻辑思维和司法理念的外显。

查阅某基层检察院S院自20世纪60年代至2014年间的起诉书，根据起诉书内容表述和语体色彩的异同，分为四个发展阶段：第一阶段，60年代到80年代末[②]，该阶段检察机关的职责以打击犯罪为主，起诉书注重犯罪事实的表述，语体风格上政治色彩、主观色彩、感情色彩较浓；第二阶段，90年代初到21世纪初，随着法治进程的推进，特别是1997年《刑事诉讼法》修改，“无罪推定”理念逐步深入人心，1998年高检院制发了起诉书样本，文书语言逐步规范；第三阶段，2002年至2012年，高检院正式印发起诉书制作模板，从内容设置到语言使用，更加理性、客观，更加注重保障人权。2002年以前的起诉书，从整体语言风格看，侧重表达的是“控斥”犯罪，语言风格强势，“结论”突出而明确；案件事实部分多冠以“犯有如下罪行”“查明犯罪事实如下”“具体犯罪事实如下”等字样，证据部分只罗列证据种类，有些起诉书不列明在案证据。2002年至2012年，高检院制发的起诉书模板明确案件事实部分的引语应表述为“经依法审查查明”，但实践中仍有使用“具体犯罪事实如下”“上述犯罪事实有……为证”的情形；案件事实部分的表述存在以结论代替客观表述的情况；仍有一定数量起诉书的起诉理由及依据部分会以“目无国法”“无视国法”评价被告人。2013年，高检院根据修改后的《刑事诉讼法》制发了新的起诉书样本，内容安排上更契合“理性、平和、文明、规范”的检察执法理念，也更符合检察官客观义务的要求。

3. 检察官客观义务对起诉书语言的要求

检察官客观义务的内涵之一为坚持客观立场，就是检察官必须站在客观立场，而不应站在当事人立场上片面追求控诉结果。落实到起诉书撰写上，

① 朱孝清：《检察官客观公正义务及其在中国的发展完善》，《中国法学》2009年第2期。

② 由于S检察院所在辖区S区成立较晚，加之“文革”期间停止办公，1978年后才恢复重建，20世纪60~80年代间可查阅的起诉书数量较少，80年代后档案工作才陆续规范，故该阶段的文书主要为80年代期间的文书。

就要使用理性、中立的语言，避免使用带有强烈感情色彩或者政治色彩的词语描述被告人行为。有观点认为，起诉书本身就是检察机关经审查认定被告人有罪，用以提起公诉的文书，不可避免地存在立场问题。但是，检察机关提起公诉，其“立场”是“以事实为根据”，这种“立场”的展现无需激烈的言词，而是结合证据及法律客观表述。是否构成犯罪、构成何种犯罪，理性、中立的语言同样可以清楚呈现。从庭审效果的角度看，理性、中立的起诉书更易为被告人及辩护人接受，一份尊重人权的起诉书也更利于削减与被告人的对立。

检察官客观义务的内涵之二为忠实于事实真相，就是检察官必须努力发现并尊重案件事实真相，还案件本来面目[①]，落实在起诉书撰写中，就应该详细表述有证据证明的影响定罪量刑的关键情节，避免以法律评价的语言替代事实情节的表述，机械套用刑法条文关于犯罪构成的表述，避免提前入罪。起诉书的基本功能之一就是为审判限定范围和目标，而以概括性、结论性或者法律评价的语言代替案件事实的合理表述，会使得起诉书存在巨大解释空间，可能会掩盖很多案件证据上存有的疑点。目前，很多公诉人秉持的观点是言多必失，为了便于指控，笼统表述案件事实，将存在争议或者尚未查清的细节甩给法院，以防法院改判，这种所谓的“诉讼技巧”实际上是在逃避公诉责任。同时，以中立的叙述性语言客观表述案件事实的关键情节，可以倒逼检察官反思整个案件，补充完善相应证据，一一排除影响定罪量刑的疑点。

检察官客观义务内涵之三是实现司法公正，就是检察官必须通过自己的诉讼活动使案件的办理达到公平正义的目标。这里的“公正”既包括检察官自身的诉讼活动公正，又包括通过自身的诉讼活动去促进法院公正审判。落实到起诉书撰写上，就是将案件事实表述和指控罪名紧密结合，从案件事实表述合乎逻辑、合乎法理得出指控结论，避免直接以结论性语言或者刑法条文对指控罪名的记载代替起诉理由中对案件事实的精炼总结。实践中，很多起诉书在案件事实表述和证据罗列之后，流于形式地援引刑法条文提出指控的罪名，使得案件事实与指控结论脱离，阅读者无法从起诉书中看到检察官在诉讼活动中实现司法公正的影子，更无法起到对审判的实际约束作用。

---

① 朱孝清：《检察官客观公正义务及其在中国的发展完善》，《中国法学》2009 年第 2 期。

二、有悖于检察官客观义务的起诉书语言失范现象

我们对B市检察系统2014年7、8月份制发的全部起诉书[①]进行梳理，发现新刑事诉讼法实施以后，虽然起诉书语言的使用较以前规范很多，但仍存在一定问题。

1. *以带有强烈感情色彩或政治色彩的词语代替理性表述*

（1）带有强烈感情色彩的词语。有些起诉书中常出现带有强烈感情色彩的词语，如带有贬义色彩的动词“窜至”“得逞”“溜门”，表示惊讶的副词“竟”，推测被告人主观动机的短语“以满足个人淫乐／淫欲为目的”，这些词语形在描述被告人行为，实质反映了语言背后蕴藏的“有罪推定”理念。

例1　2014年5月3日21时许，被告人刘××伙同黄××（在逃）窜至B市F区某小区3号楼1单元8层楼道内，将被害人张××停放在此的黄色雅迪牌电动自行车盗走，并藏匿于路边一广告牌下。

分析：“窜至”用以描述被告人如何到了作案地点。目标文书中“窜”共出现142次。从“窜”的起源看，繁体“竄”为会意字，从鼠从穴，表示老鼠在洞穴里“隐匿”“逃窜”，现在指乱跑、乱逃，常用来形容敌军、兽类、匪徒，带有明显的贬义色彩。类似的词语还有“流窜”。

例2　2013年11月25日4时许，被告人段××……趁被害人王××熟睡之机进入其房间，采用捂嘴、摁压等暴力手段，欲强行与其发生性关系，后因被害人丈夫回家而未得逞。

分析：“得逞”，意为达到目的，多用于贬义，指阴谋或者坏事成功。起诉书中“得逞”多用在案件事实部分、起诉理由及根据部分表述被告人的行为未实际完成，在目标文书中共出现119次，几乎所有涉及犯罪未遂的案件均使用了“得逞”一词。“得逞”的适用暗示了检察官在撰写起诉书时已经认定被告人实施了该项犯罪。究其根源，起诉书中“得逞”的使用也是刑法第二十三条关于未遂规定的效仿。

例3　被告人刘××于2014年7月5日，窜至B市D区某公寓2402房间，趁无人之际，溜门进入事主裴×的暂住地内，盗窃人民币80元，后被

① 2014年B市检察系统共制发起诉书4137份，这一语料是北京市检察院为“公诉法律文书制作规范问题实证研究”课题研究提供的语料，本文在征得课题组负责人同意后使用，以下简称为“目标文书”。

抓获。

分析："溜门"，一种民间的口语化表达，指趁人不备进入他人住宅（行窃），作为一种作案手段，用来形容不需要作案工具，趁他人未关或者未锁房门时进入室内盗窃物品，带有明显贬义色彩。

例 4 2014 年 1 月 10 日 16 时许，被告人管 ××……使用言语威胁手段欲奸淫胡某某，因其自身原因而未得逞。当日 23 时许，被告人管 ××……使用同样手段强行对胡某某实施奸淫。

例 5 本院认为，被告人姚 ×× 为满足淫乐目的，以暴力、胁迫手段强奸妇女，其行为触犯了《中华人民共和国刑法》第二百三十六条第一款之规定，犯罪事实清楚，证据确实、充分，应当以强奸罪追究其刑事责任。

分析："奸淫"指使用暴力或不正当手段强行与女性发生性关系。从其含义上，"奸淫"实际是在事实描述中对被告人行为的一种法律评价，有提前定罪的嫌疑。例 5 中"为满足淫乐 / 淫欲目的"非法言法语，以明显带有贬义色彩的语言推测被告人的主观目的。

例 6 本院认为，被告人朴 ×× 无视国法，以非法占有及满足个人淫欲为目的，竟持刀抢劫他人钱财并强制猥亵妇女，其行为触犯了《中华人民共和国刑法》第二百六十三条、第二百三十七条第一款，犯罪事实清楚，证据确实、充分，应当以抢劫罪、强制猥亵妇女罪追究其刑事责任。

分析："竟"表示出乎意料，说明所修饰的内容与社会文化规则或者法律规范不相符合，显现语言选择主体对所选择事实的负面评价或者诧异情绪，在起诉书中借以表现被告人主观恶性极深。这是一个带有很强情绪化的词语，明显违背检察官客观义务。

（2）带有政治色彩的词语。在对目标文书的梳理中，发现"目无国法""无视国家法律""无视国法""法律意识淡薄""法制观念淡薄"共出现了 1553 次，占目标文书总数的 37.54%。这些词语带有强烈的历史感，除了可以增强起诉书的气势外，言之无物，不能对公诉机关指控犯罪起到任何论证作用。

例 1 被告人赵 ×× 无视国法，过失致人死亡，其行为触犯了《中华人民共和国刑法》第二百三十三条，构成过失致人死亡罪。

分析：被告人作为保姆看护被害人，对被害人死亡结果无疑是持否定态度的。起诉书指控被告人过失犯罪，即因疏忽大意而没有预见危害结果的发生，那么，指控被告人"无视国法"就无从谈起。

例 2 依据《中华人民共和国刑事诉讼法》第一百七十二条之规定，本院提起公诉，请依法惩处。

分析：现代汉语中，“惩处”意为惩戒、处罚。目标文书中共出现“惩处”230 次。在未经过庭审、法庭尚未确定被告人有罪的情况下，直接使用“惩处”是有罪推定理念的外显。而“判处”意为裁判、处理，语体色彩更为客观、中立和全面。

2. 以法律评价代替客观表述

案件事实部分的意义在于，通过对事实的客观表述，在阅读者心中形成被告人的行为是否构成犯罪、构成何种犯罪的认知和判断，进而得出起诉结论。当然，起诉书案件事实叙写，不是“讲故事”，不是漫无边际记载所有关涉犯罪事件的细枝末节，而应是围绕控诉事实构成犯罪的主客观方面以及主客体适格性的“叙事”，即特定的构成要件事实①，在案件事实中使用刑法条文中对犯罪构成的直接表述或者使用与罪名相同的“诈骗”“盗窃”“抢劫”“强奸”等带有法律评价的语句描述事实情节，是以结论代替事实情节表述。证据最怕抠细节，案件的关键细节能不能被有效证明，直接关系到整个证据体系是否扎实。以结论代替事实细节的表述，会掩盖很多证据疑点。只有客观表述影响定罪量刑的关键细节，才能让检察官反观整个案件是否真的达到“事实清楚，证据确实、充分”，进而补充完善证据体系，排除案件疑点。

例 1 被告人张 ×× 于 2013 年 1 月至 6 月间，虚构事实、隐瞒真相，诈骗 A 科技发展有限公司价值人民币 790 万余元的货物，诈骗被害人张 ××120 万余元……

例 2 2014 年 3 月 24 日 22 时许，被告人杨 × 甲、蔺 ××、杨 × 乙经预谋……使用暴力方法，抢劫过路行人陈某某现金人民币 181 元。

例 3 2014 年 7 月 21 日 1 时许，被告人梁 ×× 在本市 F 区某村 133 号，入户盗窃被害人王 × 的人民币 300 元。

例 4 2014 年 4 月 4 日 13 时许，被告人陈 ×× 在金结厂院外，驾驶摩托车将骑自行车的被害人段 ××（女，2001 年 3 月 3 日出生）撞晕后，将段 ×× 从金结厂西墙墙洞抱入院内西南角一土坑处准备实施强奸，见段 ×× 苏醒，陈 ×× 采用掐脖子等暴力手段，将段 ×× 掐晕后实施强奸。

---

① 谢进杰：《刑事起诉书记载制度评析》，《环球法律评论》2008 年第 5 期。

例 5 被告人魏 ×× 于 2014 年 4 月 24 日 20 时许，在 B 市 C 区某街 19 号楼底商某情趣商店内，向黄 ×× 销售有毒、有害的食品，后被民警抓获，当场起获男性壮阳类保健食品“坚硬王”等共计 27 盒，经鉴定其中含有有毒有害成分西地那非和他达那非的共计 18 盒。

例 6 被告人周 ××……以人民币 3000 元的价格，向教 ×× 贩卖毒品海洛因 1.46 克，后被民警抓获，并从其身上起获毒品海洛因 0.5 克。毒品已经鉴定收缴。

例 7 被告人匡 ××……以 10 元价格向吴某贩卖黄色视频 33 个，后被民警当场查获。民警从其电脑中查获淫秽视频 1040 个。

分析：上述示例均在案件事实表述中直接对被告人行为进行了法律评价。有毒有害的食品、毒品海洛因、黄色视频、淫秽视频均需经过专门鉴定才可确定，但例 5、例 6 在表述鉴定意见之前，先行对涉案物品定性，例 7 在案件事实中没有表述鉴定意见就直接认定涉案视频为黄色视频或淫秽视频，上述表述方式不符合事情发展的逻辑顺序，也有提前入罪的嫌疑。

3. 以结论代替罪状概述

根据高检院起诉书制作说明的要求，起诉理由及依据部分的罪状概述是结合犯罪各构成要件对行为性质、危害程度、情节轻重进行概括性的表述，精炼、准确地突出本罪的特征，是对案件事实的精炼概括。罪状概述是由案件事实得出指控罪名的应有过渡，若罪状概述与指控结论完全一致，会使得指控罪名与案件事实脱离，结论的得出无逻辑及法理的支撑，记载流于形式。

例 1 被告人李 ×× 无视国法，以营利为目的，**侵犯他人著作权**，且情节严重，其行为触犯了《中华人民共和国刑法》第二百一十七条的规定，犯罪事实清楚，证据确实、充分，应当以侵犯著作权罪追究其刑事责任。

例 2 被告人张 ×× 以营利为目的，未经著作权人许可，复制发行其音像作品，情节严重，其行为触犯了《中华人民共和国刑法》第二百一十七条的规定，犯罪事实清楚，证据确实、充分，应当以侵犯著作权罪追究其刑事责任。

分析：例 1、例 2 均是关于“侵犯著作权罪”的罪状概述，例 1 的罪状概述只有笼统的“侵犯他人著作权”，并未说明被告人行为符合侵犯著作权的哪种类型，而例 2 表述相对规范，先对案件事实精炼概括，进而得出“侵犯著作权罪”的指控结论。

三、起诉书语言规范化的建议——以检察官客观义务为准

我国刑事诉讼传统上一直奉行“国家本位主义”的诉讼理念，注重发挥刑事诉讼程序中“追诉犯罪、惩治犯罪”的功能，对刑事诉讼中的人权保障机制相对轻视甚至忽视。1996年《刑事诉讼法》的修改虽然对这种强职权主义诉讼模式进行了根本性修改，但“重打击犯罪，轻人权保障”“有罪推定”的理念却一直影响着我们检察官的执法行为和职业习惯。《刑事诉讼法》在机制上约束了司法工作者的权力，但根植于内心的理念仍然在通过语言外显。长久以来的职业习惯和固化的思维方式，使得“检察官客观义务”仍存在于检察官的概念体系中，尚未内化于心，以及外化于行为。起诉书语言规范化，归根结底，还是要强化检察官客观义务的履行。

1. 域外起诉书语言规范要求

为平衡控辩双方的悬殊实力，各国除在诉讼制度和机制上通过限制控方权力、加大控方责任、赋予辩方权利等措施来平衡控辩双方实力外，还赋予了检察官以客观公正义务，要求检察官在追诉犯罪的同时，还要注意保护犯罪嫌疑人，以进一步平衡控辩双方的实力[①]。为此，英美法系国家、日本均奉行起诉书一本主义，起诉书一本主义是英美法系国家对抗制诉讼得以成功运作的基石。通说认为，起诉书一本主义的功能包括三个方面：一是排除法官的审前预断；二是强化公诉人的举证责任，确保法官的中立地位；三是维护被告人的合法权利，增强辩护效果。[②]

在日本，为了防止起诉书一本主义被破坏，检察官提起公诉时如果违反了排除预断原则而添附材料，属于公诉重大违法行为，受诉法院应根据《日本刑事诉讼法》第三百三十八条第四项的规定判决驳回起诉。因违反起诉书一本主义而被驳回公诉的，不得再行提起公诉。[③]日本起诉书在描述案件事实时，使用的语言中没有任何可能引起他人先入为主、提前定罪印象的词语，实际就是用客观、中立的语词替换了与罪名相关的词语。这是“起诉一本主义”的要求。提倡“起诉一本主义”的检察官，主张我们的起诉书应当简约、概括，但是简约、概括只是形式，“起诉一本主义”的更高要求是客观、中立地表述案件事实。

---

① 朱孝清：《检察官客观公正义务及其在中国的发展完善》，《中国法学》2009年第2期。

② 李奋飞：《从“复印件主义”走向“起诉状一本主义”》，《国家检察官学院学报》2003年第2期。

③ 孙长永：《日本刑事诉讼法论》，重庆大学出版社1993年版，第208页。

而我们所坚守的起诉书简约、概括实际是用法律评价代替客观表述，案件事实实际就是起诉结论的重复。这种做法只是片面的追求“起诉书一本主义”的字面含义，内核却大相径庭。

2. 完善建议

“事实清楚，证据确实、充分”是起诉书中所有结论得出的根本逻辑，“以事实为根据，以法律为准绳”这一客观归罪原则也要求检察官必须克制自己的主观情绪，用准确、理性的语言客观表述所指控的事实及罪名。最高人民法院在2016年召开的第六次全国刑事审判工作会议上再一次明确“无罪推定”和“疑罪从无”原则，强调庭审中心主义，追求庭审实质化，防止将起诉中带有明显追诉倾向的意见不加甄别地转化为人民法院对被告人的有罪判决。这些信号提示我们，起诉书中为表明检察机关立场、看似可以震慑犯罪的词语已经没有实际意义。起诉书应该回归其应有的功能：启动审判程序、限制审判范围、为辩护提供方向。

（1）增强“无罪推定”的意识，严格履行检察官客观义务。《刑事诉讼法》第十二条规定，“未经人民法院依法判决，对任何人都不得确定有罪”。“被告人不等于罪犯”，这是无罪推定理念的首要之义[①]，那么检察机关“经依法审查查明”的案件事实也不等于犯罪事实。秉持“无罪推定”理念，就要做到在起诉书案件事实的撰写中，避免使用带有法律评价和主观判断的语句；严格履行检察官客观义务，就要做到起诉书语言的选择应客观、理性、中立，避免带有感情色彩、政治色彩的语言。起诉书案件事实部分与起诉理由及依据部分的关系，实际反映了大众语言向精英语言的转换，以白描的语言叙写案件事实，以评价的语言概述罪状，合乎逻辑地得出起诉结论，这也是起诉书说理的最基本要求。

（2）厘清检察官角色定位，坚守客观公正的立场。检察官自诞生以来，始终处在法官与警察两大山谷的“谷间带”，学界一直调侃检察官角色的尴尬，检察官自己对自身的角色定位也存在迷茫和质疑。实践中，我们常常在审查起诉时化身“辩护人”，制作起诉书时化身“法官”，指控犯罪时化身“当事人”，唯独没有成为检察官自己。林玉雄教授面对外界对检察官角色的质疑，大声喊出了检察官“非上命下从之行政官，亦非独立自主之法官。余乃处于两者之

① 卞建林:《刑事正当程序研究——法理与案例》，中国检察出版社2006年版，第12页。

间、实现客观法意旨并追求真实与正义的司法官署”[①]。作为法律的守护人，检察官既要保护被告免于法官的擅断，也要保护其免于警察之恣意。虽然检察官不是法官，但要监督法官裁判，共同追求客观正确的裁判结果；虽然检察官也不是警察，但要以司法的属性控制警察的侦查活动，确保侦查追诉活动的合法性。[②]明确自身角色定位，坚守检察官客观公正立场，才不会在审查起诉时以“诉讼风险”捆绑手脚，才不会在制作起诉书时掺入提前入罪的意识，才不会在指控犯罪时片面追求胜诉，真正实现司法公正。

（3）制定常用罪名规范化表述手册，进行有针对性培训。高检院起诉书模板要求，案件事实的撰写应围绕刑法规定该罪的犯罪构成要件叙写。检察官的职业习惯就是将案件事实直接套在刑法条文规定的犯罪构成要件上，在习惯了“精英语言”和“法言法语”后，反而不知道如何将其转化为大众语言。常用罪名规范化表述手册就是用大众语言解释罪名，并标注上表述该罪名时需要详细表述的关键情节。例如，“入户盗窃”可以表述为未经允许而进入被害人家中拿走被害人财物，要对实施盗窃的地点进行详细描述，以判断该地点是否为“户”，要具体说明行为人进入被害人家中的方式，以确定其是否具有非法性。常用罪名规范化表述手册可以指导检察官繁简适当地、客观地表述案件事实。同时，以规范化手册为教材，有针对性地对检察官进行培训。

（4）严格起诉书的审批，拒绝签发存在非客观表述或带有主观评价的起诉书。人的惰性决定，个人难以单凭自我意志改变长久形成的习惯。从文书审批者的角度增强文书规范化制作就显得尤为重要。严格文书审批流程，自上而下强制规范文书撰写，明确惩戒措施，可以从形式上有效地规范起诉书制作。

四、结语

无论是无罪推定理念的要求，还是人民对公平正义的追求，起诉书语言规范化都将成为必然趋势。希望起诉书语言规范化可以倒逼检察官司法理念的转变，以表象上文字语言的规范引导检察官对客观义务的遵循，进而在不久的将来推动刑事法律及司法解释在词语表达上的完善。

---

① 林钰雄：《检察官论》，法律出版社 2008 年版，第 26 页。

② 蔡勇：《检察官角色客观定位 —— 读〈检察官论〉之感想》，《人民检察》2011 年第 13 期。

检察官语言思维训练及路径研究

赵永红 *

马克思曾经说过："语言是思想的直接现实，观念是不能离开语言而存在的。"[①] 思维是内容，语言是形式。检察工作的公开性决定，检察官的专业性办案活动实质上就是检察官语言思维的一体化展现过程。语言思维的运用程度，直观反映检察官专业水平的高低。因此，重视检察官语言思维训练，对有效提升检察官专业化办案能力十分必要。

一、问题的提出：检察官语言思维现状分析

从大量检察文书和检察笔录中，我们发现，检察官语言思维的最大障碍是思维定势。主要表现在以下几方面：

1. 就案办案思维定势

现阶段检察工作处于社会经济发展方式转变、创新活动大发展时期，各类经济犯罪、职务犯罪、利益矛盾和纠纷导致的违法犯罪数量增长、手段翻新、认定复杂、处理多元化，需要检察官善于洞悉和甄别案件内外的各种因素，在依法办案的同时有效促进社会治安综合治理。但在实践中部分检察官还没有自觉地、主动地把办案工作纳入到服务大局中思考和把握，存在着就案办案、按指标办案等狭隘思想，对统筹兼顾办案数量、质量、效率、效果还欠缺积极的行动，对立足于执法办案、推进社会管理创新工作还缺乏足够的主动性。这种思维定势导致检察官在办案中容易忽视与案件当事人或案件相关人员之间必要的社会化沟通与表达，缺少对纠纷解决方式的多元化综合性思考。

2. 权威思维定势

由于受中国伦理本位文化传统和检察机关管理体制的影响，在我国检察官管理中，历来强调下级服从上级，领导与检察官之间是一种"权威—服从"型

---

* 赵永红，北京市人民检察院第一分院未成年人案件检察部主任，三级高级检察官，法学博士，主要研究方向为刑事诉讼法学、检察学。

① 施光：《蕴涵着性别歧视观念的伊斯兰经典》，《江苏外语教学研究》2003 年第 1 期。

关系。这种关系对保证上级检察机关或领导的意志得到准确执行起着积极有效的作用，但对身处一线业务实际、直接接触社会管理对象、承担具体检察工作事务的检察官而言，其求异思维却不容易得到很好的发展，个性化思维得不到有效的培养，有时甚至一些创造性火花还会因其与领导意见的不相符合而受到否定。久而久之，检察官不论在心理上、知识上，还是在思想上都会心安理得地依赖领导决断，习惯于做一个不折不扣的执行者，渐渐失去在本职岗位上创新的动力和能力。实践中，一些检察法律文书的千篇一律和过分格式化特点，也在一定程度上反映了这种定势思维的影响。

3. 单纯的法律思维定势

大多数检察官具有高等学校学习背景和司法考试经历，长期以来跟随法律应试教育的指挥棒，对与考试有关的法律知识无条件地记忆、信奉，不自觉地养成了崇尚书本、死读法律的坏习惯。其中部分同志从事检察工作后习惯性地在唯书、唯上、盲目服从的思维定势中生活，习惯用法律法条规定去套用分析社会现象，不注重甚至漠视法律背后的社会生活实践，习惯性地把法律仅仅当成办理个案的工具，把执行法律当成办案工作的目的，认识不到检察机关执法办案工作在社会管理中的广阔空间和重要作用，不仅导致个人能力在法律规定、个案办理两点一线的循环圈里走向雷同和平庸，而且使法律人应有的社会责任感在机械适用法律的事务性工作中逐渐被虚化。实践中，有些貌似合乎法律法规，但实则脱离社情、民生、民情的文书表达，就是这种定势思维的产物。

二、目标分析：检察官创新语言思维能力要求

“当前，我国社会结构多元多变，社会管理环境从静态封闭走向动态开放，社会管理对象从‘单位人’转为‘社会人’，社会管理领域从现实社会延至虚拟社会，‘人（流动人口）、屋（出租屋）、车（机动车）、场（重点场所）、网（互联网）、会（社会组织）’等社会管理要素纷繁复杂，新情况、新问题层出不穷。”[①] 检察机关参与社会管理的广度和深度出现前所未有的新局面，对检察官有效化解矛盾、协调利益关系的专业化办案能力，提出了新的更高的要求。适应这一要求，我们要实现的检察官创新语言思维能力目标主要表现为：

---

① 任和辰、张志善：《把握规律性问题　推进社会管理创新》，《前进》2011 年第 3 期。

1. 求异质疑的批判认知能力

这实质上是一种发现问题的能力。检察官通过办案参与社会管理的任务包括协调社会关系、规范社会行为、解决社会问题、化解社会矛盾、促进社会公正、应对社会风险、保持社会稳定等。这些任务各不相同、各有侧重，又相互联系、相互制约，呈现交织互动、有机统一的辩证关系。只有在全面认识、统筹兼顾中抓住重点环节，才能发现并解决好现实中的突出问题。这就要求检察官转变就案办案、案结了事的观念，努力拓展和延伸检察职能，在坚持办好每一个具体个案的同时，学会通过提出恰当的问题来质疑和反思个案和类案，排查研判、防范解决案件背后可能影响社会稳定、危害社会管理的苗头性、风险性问题，促进从源头上遏制、减少犯罪和社会矛盾的发生。这一能力是激发检察官参与社会管理创新的催化剂和原动力，检察官需要不断增强社会责任感和社会敏感性，并经过不断提高专业素养的艰苦努力才能获得。

2. 系统分析的逻辑论证能力

社会管理中的突出问题，往往是社会主要矛盾的具体体现，是多种利益相互交织的集中反映，折射出不同的观点和主张。这就要求检察官立足社稷民生实际，详查社情民意，对在执法办案中发现的问题进行系统剖析，去伪存真，客观分析隐藏在问题背后的各种利益诉求和社会因素；要求检察官必须学会有条不紊地进行思考，对他人提出的任何观点及其理由都进行理智的审视，自主做出合理论证，公正、独立地形成判断意见，或者对他人论证的合理性做出评价。除了服从法律和正义、探求事实真相之外，不听从于任何权威，克服从众心理，对任何形式的材料敢于并善于提出质疑，及时识别虚伪，通过可靠的论证得出合理的、有说服力的结论。检察官的这一能力对于其在涉案要素日趋增多、难度不断加大的新形势下，妥善应对日益多元化的矛盾纠纷解决需求、切实发挥检察工作的社会管理功能是十分必要的。

3. 探索求真的创新思维能力

解放思想、引导创新是社会管理创新的应有之义。创新思维对于检察官在新的历史条件下灵活运用法律，维护和谐社会秩序进而促进社会管理创新具有重要的现实意义。因为法律本身就是一种社会现象，要随着社会发展而不断变化和演进，检察官忠实于确定化、普遍化的法律固然是其神圣天职，但服从于易变的、个别性的客观事实更是其有效地、创造性地服务于社会管理的基础和使命。检察官需要自觉形成对多变的政治、经济、文化乃至法律自身的适应性，有意识地获得符合社会发展方向的创新品质，全方位、多角度地探索检察职能作用于社会管理的方式和途径，正确认识法律在社会管理中的功能有限性，避免掉入“法律全能”的误区，在执法办案中综合考虑各种因素，平衡好各种利益和冲突，力争达到执法效果的最佳和最大化，确保社会公平正义观念得到真正实现。

批判性认知思维重在“破”，系统化逻辑思维和创新性思维重在“立”，没有破就没有立，三种能力相互融通、相互促进。对检察官而言，完成法律程序意义上的个案办理工作固然重要，但更重要的是对办案过程进行思考与批判，针对检察职能深入社会管理的触角，提出新的命题，进行缜密的论证，开展新的实践。因此，批判性认知思维、系统化逻辑思维和创新性思维，是检察官通过办案实践参加社会管理创新所必具备的素质能力，也是我们开展检察官语言思维训练工作中要追求的三个基本目标。

三、路径选择：提升检察官语言思维能力的思路和途径

1. 丰富岗位实践锻炼，促进思维理性

不同的岗位实践平台，不仅可以为检察官思维训练提供优良的先导环境，促使检察官自觉和有意识地丰富检察工作专业知识，加强对社会生活的观察和了解，而且有助于其在不同思维的交流中取长补短，提炼更好更优思维，提高思维水平。实践中，可采取工作课题促进法，即根据不同岗位特点设置不同的课题，组织检察官立足本职工作开展研究，并适时开展课题间的相互交流。工作课题研究作为一种综合思维的训练，可以促使检察官在认真开展实际工作的基础上对工作原理、机制和方法等进行深入的理性思考。适时开展工作课题的交流，可以建立一个开放的思维交流平台，利于不同岗位的检察官之间互相交流，取长补短，共同学习和提高。此外，还可开展经常性的研讨式教学。由检察教官在充分调研的基础上，提出一个或若干个起始问题并进行开放式讨论，不预先设定单一的或标准的答案，启发和引导不同岗位的检察官查阅参考资料，并从不同角度做出自己独到的解答，进而获得对所讨论问题更深刻、更广泛的理解。在这项实践中，必须注意的一个问题是研讨式根本不同于填鸭式，要注重从环境和机制上创造一种研讨式教学的“教”和研讨式教学的“学”的整体氛围，要把检察教官的“一言堂”变成参训检察官的“群言堂”，同时在这个“群言堂”中，检察教官的主导作用不仅要坚持，而且要加强。

2. 发挥主观能动作用，促进自主思维

“科学的发展，以及一般的创造性精神活动的发展，还需要另一种自由……这种精神上的自由，在于思想上不受权威和社会偏见的约束，也不受一般违背哲理的常规和习惯的约束。”[①]思维的主体是人，思维能力的提高依赖于人的主观能动性发挥。只有最大限度地发挥个人主观能动性，主动而有活力地思考，才会引导人的思维能力不断提升。人的主观能动性提升，其思维的全面性、灵活性、平衡性都会随之得到相应的锻炼和提高。因此，检察官主观能动性最大限度的发挥是推进其语言思维训练的重要保证。实践中，要把检察官语言思维能力训练需求调查作为训练计划和训练课程生成的必经环节，确保训练活动围绕组织需求、岗位需求和个人需求展开，开放式地组织训练，启发式地加以引导，突出检察官的主体地位，促使其勤于思考，敢于质疑权威，敢于提出新见解。

3. 加强推理方法训练，促进逻辑思维

逻辑思维是人们能正确思维的基础，在人类的一切思维活动和知识领域中都要应用逻辑思维，符合正确的思维规律。逻辑思维的根本特性是实事求是，核心是根据已知的事实，推演事物发展的必然趋势或结果。它通过归纳推理、类比推理、回溯推理（或然推理）等形式提供尽可能真实的前提素材，以演绎推理（必然推理）为定案思维模式，通过正确的推理，必然地推出结论。逻辑思维对法律工作者尤其重要，例如，在美国，“法学院入学考试（LSAT）主要测试题集中于逻辑分析。逻辑分析约占总题量的四分之三，偏重于测试逻辑论证和分析推理。逻辑分析的测试目标是检验考生的三种能力：批判性思维能力、逻辑论证能力和分析推理能力。”[②]加强检察官逻辑思维能力训练，一方面，可以从培养检察官观察、分析、综合、归纳、猜想、证明的科学思维方法入手，加强简易逻辑、归纳推理、类比推理、演绎推理方法训练，让检察官系统掌握分析法、综合法、领会形式逻辑思维方法的应用过程，促进其提高形式逻辑思维能力；另一方面，可以充分利用检察工作中辩证逻辑思维的素材，发掘其中蕴含的辩证概念、辩证判断、辩证推理，加深检察官对对立统一规律、质量互变规律、否定之否定规律、绝对运动和相对静止观点等辩证唯物主义基本

①《爱因斯坦文集》，许良英、范岱年等编译，商务印书馆 1979 年版，第 98~99 页。

② 谷雨：《GRE GMAT LSAT 逻辑论证与分析推理》，东方出版社 2002 年版，第 2~5 页。

理论的认识和理解，引导其用辩证逻辑思维分析问题、解决问题，提高辩证逻辑思维能力。

4. 通过角色跨域训练，促进创新思维

在长期的检察工作中，检察官会或多或少地形成惯性思维，习惯性地从单一角度思考问题。这不仅限制了思维的拓展，也阻碍了创新思维的产生。而角色交叉跨越式思维的挖掘，鼓励检察官从新视角观察问题，不仅有利于促使检察官思维能力达到一个新的层次和水平，而且有利于发现和研究检察工作新特色，推动检察职能在社会管理层面的合理延伸。因此，在思维训练中，有必要使检察官学会多角度换位思考，通过跨越式思维锻炼，提高其发现和探索问题的能力。例如，可以经常性地开展“对抗性”模拟训练，鼓励检察官学会站在辩护方立场和审判方立场思考问题，进而审视和检讨其控方工作的得失，获得新的启示。

5. 注重思维实效引导，促进思维转化

检察官语言思维训练要以“学以致用”为宗旨，以提高检察官的实际应用能力为目标，注重深入思维的挖掘，将检察官思维带入更深的发展层次，完成从感性认识到理性认识的过程，实现思维内容与语言理性表达的一体化，并在不断的认识深化中更好地解决实际问题。实践中可采取检察业务工作实训模式，以解决检察工作中的实际问题为标准，紧紧围绕检察实践所需要的业务能力来设计课程，通过实战训练的方式引导检察官发现问题、呈现问题、讨论问题、解决问题，提高其实际工作能力。

手持法律监督利剑、肩负维护公平正义使命的检察官，理应是这人世间最懂得道理、也最会讲道理的精英人士。这要求检察官在专业性办案活动中，要努力使其语言思维一体化的展现过程更加严谨、更加完美。如何更有针对性地培养和提高检察官的语言思维能力，还有待我们在推动检察官专业化建设的实践中做更深入的研究。

论法律语言学学科体系构建

邹玉华 *

一般认为，欧美学者的法律语言研究始于20世纪60年代初，早期主要是对立法语言和法律文本的研究，同时也将言语识别（如声纹识别技术）用于司法实践。至1991年国际法庭语音学协会成立[①]及1992年国际法庭语言学家协会成立，[②]法律语言学“自立门户”成为一门专门的学科。我国学者的法律语言研究始于20世纪70年代末，早期主要是对立法语言字、词、句的研究。随着中国法治建设的推进，中国的法律语言学研究得到迅速发展。继中国修辞学会下法律语言学会成立之后，至2009年行为法学会下法律语言研究会成立，法学界、外语界和汉语界的法律语言学研究进一步融合，三路人马联手共创未来。继多所学校设立法律语言学作为硕士招生方向以来，近年来不少学校已作为博士研究生招生方向设立，法律语言学学科逐渐建立起来。作为一门法学与语言学的交叉学科，法律语言学的学科体系亟须建构，有关学科体系的一些问题也需要进一步思考和完善。

一、学科名称

关于法律语言学学科名称，还存在一些需要进一步澄清的问题。英文名称为Forensic Linguistics，在汉语中常见的译名有两个，即“法律语言学”和“司法语言学”。据刘蔚铭考察，吴伟平1994年刊登在《国外语言学》第2期的论文《法律语言学：会议、机构与刊物》中首先使用“法律语言学”作为Forensic Linguistics的中文译名，而庞继贤1996年在《外国语》第1期发表的文章《语言学在法律中的应用：司法语言学》中第一次将Forensic Linguistics译为“司法语言学”。[③]这样，Forensic Linguistics就有了“法律语言学”和“司

* 邹玉华，中国政法大学人文学院教授，主要研究方向为法律语言学、语言规划、语言学证据等。

① International Association for Forensic Phonetics，简称IAFP，一般译为“国际法律语音学协会”。

② International Association of Forensic Linguists，简称IAFL，一般译为“国际法律语言学家协会”。

③ 刘蔚铭：《法律语言学研究》，中国经济出版社2003年版，第12页。

法语言学”两个译名。另据刘蔚铭对 forensic 的考察，forensic 首要文义是“法庭的或与法庭有关的”，pathology 和 forensic expert 分别指“法医病理学”和“法医鉴定人”。[①]Forensic Linguistics 的字面义为“法庭的语言学”，因此，译为“司法语言学”尚可，译为“法庭语言学”更为准确。更多学者则认为，应该译为“法律语言学”，因为“法律语言学”包容性更大，也更有利于该学科的进一步发展。[②]

汉语的名称“法律语言学”早已存在。1985 年陈炯就发表了《应当建立法律语言学》一文，使用了“法律语言学”这个名称。[③]虽然有学者用“法律语言学”作为 Forensic Linguistics 的译名使用，但 Forensic Linguistics 与“法律语言学”的字面义及内涵皆不完全相同。约翰·吉本斯（John Gibbons）认为，Forensic Linguistics（法庭语言学）在狭义上“仅指语言证据问题”，在广义上则泛指“与语言和法律有关的各种问题”，“不仅涉及立法和法庭语言，而且也涉及警察和监狱语言”。[④]汉语的法律语言学起源于立法语言字词句的研究，早期影响较大的也是字词句研究。可见“狭义的法庭语言学”与汉语的“法律语言学”研究内容差别较大；广义上的 Forensic Linguistics 似乎与“法律语言学”相当，但是，有学者认为，Forensic Linguistics 只是最近才关注立法语言，IAFL 只是“为了不致于因研究对象问题束缚自己的手脚”才提出如此宽泛粗略的描述。[⑤]而且，“法律语言学”作为法学与语言学的交叉学科，是不是一个与“语言与法律”（或“法律与语言”）相当的学科，值得思考。因此，Forensic Linguistics 的汉语译名应还原为“法庭语言学”，这样，其起源、研究特点及内涵才不至于被淹没。

汉语的“法律语言学”涵盖面较广，那么，“‘语言与法律’研究”或“‘法律与语言’研究”是不是与之划等号的概念？不少学者把“语言与法律”或“法律与语言”看成广义的 Forensic Linguistics（法庭语言学）的同义语。如前述吉本斯对广义的 Forensic Linguistics 的看法。韩永强也认为，“法律语言学”应

① 刘蔚铭：《法律语言学研究》，中国经济出版社 2003 年版，第 15 页。

② 刘蔚铭：《法律语言学研究》，中国经济出版社 2003 年版，第 16 页。

③ 陈炯：《应当建立法律语言学》，《现代法学》1985 年第 1 期。

④［美］约翰·吉本斯：《法律语言学导论》，程朝阳、毛凤凡、秦明译，法律出版社 2007 年版，第 14 页。

⑤ 韩永强：《也谈“forensic linguistics”的汉译名及我国法律语言学的主要研究对象》，《宁波大学学报》2005 年第 5 期。

该独立作为我国“语言与法律”研究学科的学科名称。[①]虽然有学者把“法律与语言”称为一门学问，但是，这两个概念的“组合”只反映了研究之初的情况，强调交叉学科的性质，但是作为一门成熟的交叉学科名称，不应再称为“法律与语言”或“语言与法律”，应该体现出二者融合的特点和性质。

二、学科定位

法律语言学属于语言学还是法学？有学者认为属于语言学，有学者认为属于法学。著名语言学家彼得·特鲁吉尔（Peter Trudgill）在为吉本斯（2003）的《法律语言学导论》（*Forensic Linguistics:An Introduction to Language in the Justice System*）一书撰写的序言中，将之定位于应用语言学的语境之内（应用语言学自身被定义为语言研究成果在解决现实世界问题中的应用）；在特鲁吉尔看来，法律语言学涉及“将语言学研究——社会语言学领域的研究，例如话语分析、方言研究、语言变异与语体学以及其他语言学核心领域——应用于与法律相关的不同社会问题”。[②]而法实务背景出身的边缘法学论者李振宇则认为：“法律语言学归属于边缘法学，在中国图书分类中已经成为事实。”[③]也就是说，法律语言学属于法学（交叉学科），而不属于语言学。

就理论而言，法律语言学作为法学与语言学的交叉学科，既可归属于法学亦可归属于语言学。但是定位于语言学或定位于法学，其研究目标是不同的。胡范铸认为，一切对具体语言现象的研究，目的大致都可以分别归入这样两类：一是为了说明抽象的“语言”体系，为了证明语言学理论，或者说是为了发展基于语言一般规律的语言学理论而进行语言学研究；一是为了生活，为了解决语言生活中的问题，而用语言学以及其他学科的方法去研究。[④]由此而论，胡范铸认为，法律语言的研究目的也可以分为两类：一是用法律语域中的语言材料去证明、补充乃至调整语言学的理论，或旨在“证明语言的一般规律”，或进一步旨在“揭示法律语言特有的规律”；一是用语言学乃至其他一切

---

① 韩永强：《也谈“forensic linguistics”的汉译名及我国法律语言学的主要研究对象》，《宁波大学学报》2005年第5期。

② 程朝阳：《一块崛起于语言学与法学之间的交叉地——〈法律语言学导论〉导读（代译序）》，［美］约翰·吉本斯：《法律语言学导论》，程朝阳、毛凤凡、秦明译，法律出版社2007年版，第5页。

③ 李振宇：《论法律语言学的学科归属》，《江西社会科学》2006年第10期。

④ 胡范铸：《中国法律言语行为研究的若干问题——代主持人的话》，《修辞学习》2006年第4期。

可以运用的相关理论资源，去解决法律领域中的语言生活问题。可以说一个是为语言学理论即语言学的研究，一个是为法律或法学的研究。语言只是其研究对象，语言学理论和方法是其当然而可行的研究方法，但却不是唯一的方法或路径。为法律或法学的语言研究其实就是一种应用语言学研究，只有为生活的语言研究才能谈得上“应用研究”。但把所有与应用相关的语言学研究都放在应用语言学之下，并非十分有利于学科的发展，因为，只有法律或法学才最清楚自己的需求和目标。

从语言学角度经常把法律语言看作领域语言研究，是把法律语言作为全民语言在法律领域的变体，法律语言研究的最终目的是为普通语言学提供领域语言材料，是为语言学的研究。陆俭明先生在为《法庭问答及其互动研究》一书所作的序言中，曾经谈道：“20 世纪 80 年代初我在朱德熙先生家里曾见到过一本由北京政法学院老师编写的内部印刷的《关于司法文书中的语法修辞问题》，这是我所见到的最早的一本谈论法律语言问题的书。不过严格说，这还算不上真正的法律语言研究成果，因为那本书主要的还不是用语言学知识来研究、分析、说明法律语言所特有的语言现象，主要的还是用法律文书中的实例来说明汉语语法修辞规律。”[①] 胡范铸认为，即使是用法律语言的材料“揭示法律语言所特有的规律”也未必就可以称为法律语言学研究；法律语言研究根本的目的不应该是解决（一般意义上的）语言学的问题，而是解决法律生活的问题，即“法律语言学的根本目的就在于运用语言学的方法，处理法律语言，直接关注法律领域中的语言运用问题，直接为法律行为中的语言交际问题提供解释模型，以有效提高法律语言生活的质量。也就是帮助法律语言的说话者更有效地说话，帮助法律言语行为的听话者更有效地听话”。[②]

法律语言学产生于法律实践的需要，法律语言学的最终目标是为法学服务，解决法学的理论问题和实践问题。

三、法律语言学的研究对象

汉语的“法律语言学”是从研究“立法语言”开始的，据李振宇考察，1982 年 10 月中国政法大学宁志远、刘永章两位学者合写的《法律语言风格

---

① 廖美珍：《法庭问答及其互动研究》序，法律出版社 2003 年版，第 1 页。

② 胡范铸：《中国法律言语行为研究的若干问题——代主持人的话》，《修辞学习》2006 年第 4 期。

初探》在《语文论坛》丛刊第1期发表，这是第一篇以“法律语言”为题目的学术论文，也是“法律语言”一词第一次在中国出现。[①] 早期影响最大的就是所说的“字词句模式”。毫无疑问，“法律语言”这个客体是法律语言研究的对象，也是法律语言学的主要研究对象，即使是有学者从法学视角确定研究对象，认为法律语言学应该以立法语言、司法语言、执法语言、法律研究语言为主要研究对象。[②] 从廖美珍对国外法律语言研究的梳理，可知其研究对象主要是“法律语言”。[③] 当然，这里的法律语言已从静态走向动态的法律话语及其运作过程。

法律语言虽然是法律语言学的主要研究对象，但却不是唯一的研究对象。作为交叉学科至少还要研究“语言与法律”或“法律与语言”的交叉关系。刘愫贞曾提出，法律语言学是法律学与语言学的交叉学科，它的这个性质决定了它的研究对象应是法律与语言的关系。[④] 因此法律与语言或语言与法律的关系至少应该是交叉学科的主要研究对象之一，当然不能是其唯一的研究对象。

不少学者把语言权利和语言立法作为法律语言学的一个研究对象。把法律语言学做广义理解或作为等同于“法律与语言”或“语言与法律”的学者，一般都把语言权利和语言立法作为其研究内容。但就本质而言，语言立法是关于语言的立法或对语言的立法，不是一般意义上的语言学知识在法学中的应用，更像一种部门法，超出了“法律语言学”的研究范畴。

不少法律语言学著作也把笔迹鉴定作为研究对象。笔者认为，笔迹鉴定如果说与语言有一点关系，那就是它的研究对象“笔迹”跟文字或字体有点关系。但是我们知道，文字是记录语言的符号，它不同于语言符号本身。法律语言学研究的对象还应主要与“语言”有关。再者，“笔迹”与“文字”的概念已相去甚远。书面语也是语言，不是文字，是用文字记载的语言，具有书面色彩。法律语言学不应该研究笔迹，笔迹学不应属于法律语言学。

---

① 李振宇：《论法律语言学的学科归属》，《江西社会科学》2006年第10期。

② 韩永强：《也谈“forensic linguistics”的汉译名及我国法律语言学的主要研究对象》，《宁波大学学报》2005年第5期。

③ 廖美珍：《国外法律语言研究综述》，《当代语言学》2004年第1期。

④ 刘愫贞：《论法律语言学的学科定位——语言与法律的关系》，《上海市政法管理干部学院学报》2002年第3期。

四、理论基础和基本理论

基础理论是一门学科的基石和核心，对一个学科的建设具有至关重要的作用。有学者认为，法学和语言学理论是法律语言学的理论基础。说法学、语言学理论是交叉学科法律语言学的理论基础并没有错。但是，笔者认为用于指导法律语言学研究的理论基础还应该到二者共同的上位概念即“哲学”中寻找答案。一般认为，在 20 世纪哲学发生了“语言学转向”（linguistic turn），即所谓哲学由认识论到语言论的第二次转向，由于这种转向为现代哲学提供了一种崭新的研究范式和发展路向，因此被人称作 20 世纪哲学上的“哥白尼式的革命”。[①] 语言学转向后的哲学被称为“语言哲学”或“语言学哲学”。正是哲学的语言学转向才促成了法学的语言学转向，也才有了法律语言学研究。因此，语言哲学应该是法律语言学最基本和最直接的理论基础。

随着语言学转向的进一步深入，哲学认识论也发生了变化，传统认识论的“主—客”框架被超越是大势所趋。然而在超越传统认识论这一问题上，当代哲学却走向不同的道路。伽达默尔、罗蒂等人将认识论消解、转化为解释学；而卡托拉斯却将基础主义认识论、单一的“主—客”模式转化为具有相互证伪性和“批判性对话”功能的知识发展论（知识论模式）。[②] 因此，有学者认为，哲学的语言学转向并未导致认识论的消亡，认识论是不可消解的，语言论对认识论的冲击带来的是认识论框架和体系的更新，是新的认识论的诞生，即狭义认识论的“主体—客体”两极模式被新的“主体—客体—主体”认识论框架的超越。[③] 新的认识论框架被称为广义认识论框架。广义认识论将实践理解为交往实践，即在“主—客”“主—主”双重关系交叉张力作用下的活动。新的认识论框架把语言和语言论提高到认识论的本体地位，看到了语言和语言论在认识论中的作用。

法律语言学的基本理论应当是语言的“认识论意义”在法学上的投射。用

---

① 程朝阳：《一块崛起于语言学与法学之间的交叉地——〈法律语言学导论〉导读（代译序）》，[美]约翰·吉本斯：《法律语言学导论》，程朝阳、毛凤凡、秦明译，法律出版社 2007 年版，第 2 页。

② 任平：《论语言符号系统在广义认识论中的地位——兼论从解释学到广义认识论的发展》，《苏州大学学报》1989 年第 2、3 期合刊。

③ 任平：《论语言符号系统在广义认识论中的地位——兼论从解释学到广义认识论的发展》，《苏州大学学报》1989 年第 2、3 期合刊。

语言的“认识论意义”审视语言与法律关系的本质，最终确定法律语言学的基本理论和框架，在此基础上对法律语言学的研究目标、对象和性质等进行分析和阐释，从而构建新的法律语言学学科体系。

五、研究方法

法律语言是其研究对象，语言学的理论和方法是法律语言学当然而可行的研究方法，但却不是唯一的方法。应以解决法律或法学问题为目的，寻找恰当而适宜的理论和方法。这也正是胡范铸所说的，“为了解决语言生活中的问题，而用语言学以及其他学科的方法去研究”。[①] 作为法学与语言学的交叉学科法律语言学，法学的研究方法也是其当然而可行的研究方法，其他有契合点的理论和方法如社会学、政治学、心理学等也是法律语言学必不可少的理论和方法。法律是典型的社会现象，语言也是一种社会制度，对法律语言及其相关问题的研究必然会运用社会学的理论和方法进行研究，而“语言与权力”是目前法律语言学研究的热点问题，是一种运用话语批评理论和政治学理论的研究。

只有多角度、多元化的理论和方法才能真正地达到为法律或法学服务的目的。当然，即使是语言学中对语言问题的研究方法也是不断汲取其他学科的研究方法。

法律语言学的研究方法应当主要探讨哲学、语言哲学方法在法学、法律研究上的投射。常安、朱明新认为，西方法学界“法学的语言学转向”对探求我国法律语言学研究方法论创新具有重要启示。[②] 以哈特为代表的新分析实证主义法学把语义分析方法引入法学研究中，佩雷尔曼则将语用学方法运用到论辩研究中，而法律解释学则是将语言哲学思想和方法运用到法律解释研究中，都在法学研究领域取得举世瞩目的学术成就。

---

① 胡范铸：《中国法律言语行为研究的若干问题——代主持人的话》，《修辞学习》2006 年第 4 期。

② 常安、朱明新：《“法学的语言学转向”及其对我国法律语言学研究的方法论启示》，《琼州大学学报》2003 年第 3 期。

后 记

四月是一个美好的季节。风送暖，花争艳，草长莺飞，生机勃勃。想起林徽因的“你是一树一树的花开，是燕在梁间呢喃，你是爱，是暖，是希望，你是人间的四月天”，越发觉得四月可以与人间最美好的情感相连。

对中国政法大学中文系来说，2016 年 4 月 15~17 日是载入史册的日子。在这个美好的季节，我们召开了首届“司法文明与法治文化”高端论坛——“文学·语言·法治”学术研讨会，探讨法治中国进程中的文学和语言。会议议题与这个季节可以说是相得益彰，或者也可以说，这是一个充满生机和希望的会。

会议从筹备到组稿、召开、处理各项后续事宜，离不开学校学院领导及中文系师生的支持和协助。

感谢国家“2011 计划”司法文明协同创新中心的精神支持和资金支持。

感谢人文学院领导的关怀和帮助。

感谢终身教授李德顺老师鼎力相助。

感谢法学院刘星教授悉心指导。

感谢崔玉珍、张文、潘珊、罗世琴、徐文贵、许慧芳、杨莉莉、宋黎明等老师无条件的付出。

感谢可爱的学生们。

更加感谢与会嘉宾、学者，感谢中文系老师的参与。是大家的到来使这次会议焕发光彩。

论文集根据会议主题，分为文学与法治、语言与法治两大部分，可以看作是传统、古老的中文专业对当下全面推进依法治国的顶层设计的呼应。推进法治建设，离不开文学、语言层面的鼓与呼，中国政法大学人文学院中文系愿意承担这一时代使命，为法治观念的树立、法治思维的培养提供更多理论建构理路，并彰显中国社会独特的文化观念、情感模式和法律思维。

云雾苍茫，山高水长。有大家的共同努力，便处处皆风景，处处有生机。

中国政法大学人文学院中文系　董燕

2017 年 7 月